JN273187

FDガイドブック
Faculty Development

大学教員の能力開発

ケイ J. ガレスピー
ダグラス L. ロバートソン 編著

羽田貴史 監訳
今野文子　串本剛　立石慎治　杉本和弘　佐藤万知 訳

A GUIDE TO
FACULTY DEVELOPMENT

玉川大学出版部

A GUIDE TO FACULTY DEVELOPMENT
Second Edition
Kay J. Gillespie, Douglas L. Robertson, and Associates
Afterword by William H. Bergquist

Copyright © 2010 by John Wiley & Sons, Inc.
All Rights Reserved. This translation published under license.
Japanese translation rights arranged with John Wiley & Sons International Rights, Inc. through Japan UNI Agency, Inc., Tokyo.

目　次

はじめに……………………………………………………………… 3

第1部　ファカルティ・ディベロップメント・プログラムの開始と維持

　　　解説：羽田貴史・今野文子　　　　　　　　　　　　　　8

　第1章　ファカルティ・ディベロップメントについての概観
　　　　　──歴史と選択……………マシュー・L・オウレット　13

　第2章　プログラムの型と原型　………バージニア・S・リー　27

　第3章　教育開発プログラムの開始
　　　　　　………………………ダグラス・L・ロバートソン　41

　第4章　ファカルティ・ディベロップメント委員会との協働
　　　　　　……………………………………キム・M・ムーニィ　56

　第5章　重要なスキルと知識　………トッド・D・ザカライセック　71

第2部　ファカルティ・ディベロップメントにおける優先事項
　　　──評価，多様性，テクノロジー

　　　解説：串本剛・立石慎治　　　　　　　　　　　　　　90

　第6章　ファカルティ・ディベロップメントのプログラム評価
　　　　　………キャスリン・M・プランク，アラン・カリッシュ　95

　第7章　形成的目的のための教育実践と効果の評価
　　　　　　マイケル・ジオール，ジェニファー・L・フランクリン　111

　第8章　ファカルティ・ディベロップメントの国際展開
　　　　　──世界中の仲間たちとの協働を推進する
　　　　　　………………………ナンシー・バン・ノート・チズム，
　　　　　　デビッド・ゴスリング，メアリー・ディーン・ソルチネッリ　127

　第9章　テクノロジーとファカルティ・ディベロップメントに関する問題
　　　　　　………………………………サリー・クーレンシュミット　143

1

第3部　高等教育機関，キャリア，組織に応じた
　　　　ファカルティ・ディベロップメントの進め方

　　　解説：杉本和弘・佐藤万知　　　　　　　　　　　　　　　162

　　第10章　研究大学における効果的実践
　　　　　　　──研究と教育の生産的な組み合わせ
　　　　　　　………………………………コンスタンス・ユーイング・クック，
　　　　　　　　　　　　　　　　　　　　ミシェル・マリンコビッチ　167

　　第11章　小規模カレッジにおける効果的実践　…マイケル・レダー　183

　　第12章　大学院生および専門職大学院の学生の能力開発プログラム
　　　　　　　　　　　ローラ・L・B・ボーダー，リンダ・M・フォン・ヘーネ　200

　　第13章　非常勤教員との協働………………………テリー・A・ター　219

　　第14章　キャリアの各段階における教員への支援
　　　　　　　………………………………………アン・E・オースティン　234

　　第15章　組織開発……………………………………ケイ・J・ガレスピー　248

あとがき………………………………ウィリアム・H・バークィスト　267
エピローグ………………………………………………………………　291
訳者あとがき……………………………………………羽田貴史　293
参考文献……………………………………………………………　297
執筆者・翻訳者……………………………………………………　331
索　　引……………………………………………………………　335

はじめに

　1980年代中ごろに，高等教育専門性開発ネットワーク（POD：Professional and Organizational Development Network in Higher Education）では，この分野のハンドブックの必要性が認識されるに至った。本書は，POD が後援した出版物としては，3番目にあたる。最初に出版したのは，『新人実践者のためのハンドブック』（Wadsworth, Hilson, & Shea, 1988）であり，ガレスピー（Gillespie）がそれを編集して大きく手直しし，2002年に本書の初版を出版した。本書第2版は，初版が出てから10年足らずで必要となったもので，高等教育とその分野がきわめて活動的であり，新版を求める声が寄せられていたということである。この第2版は，重要な改訂と加筆を行い，完全に書き改められ，新たな執筆者と18章を改めた構成となった。

本書の目的と読者

　本書は，大学やカレッジで，貴重なサービスを提供したり，相談業務を行ったり，リーダーシップを発揮しなければならないベテランおよび新人の教育開発担当者を援助するために企画された。本書は，それほど伝統はないが急速に成熟している教育開発の分野の性質，有用性，展望を理解する必要があり，その意欲のある大学管理運営者，教員，理事，会計担当者，そして学生のために，教育開発の分野について詳細な説明を行っている。

内容の概略

　本書は全23章，3部構成となっている。第1部は，「ファカルティ・ディベロップメント・プログラムの開始と維持」と題し，歴史，文献及び鍵となるテーマ，基本的な論点，成功する教育開発プログラムの開始と維持のための決定と実践という，この分野での入門的事項を扱っている。そして，教育開発担当者として，卓越した力を持つために必要な知識とスキルについての論点も扱っている。

　第2部は，「ファカルティ・ディベロップメントにおける優先事項——評

価,多様性,テクノロジー」と題し,プログラム,授業,学習の評価に焦点を当てた8章からなっている。そして,教育開発担当者が,教員,学生,同様な業務をする職員を援助し,異文化と多様な文化にふさわしい能力を身につけるために知らなければならないことを検討する。また,自分たちの業務で効果的にテクノロジーを活用できるのと同じく,教員が自分たちの授業で効果的にテクノロジーを使うのを援助するにはどうすればよいかを論じる。

最後に第3部「高等教育機関,キャリア,組織に応じたファカルティ・ディベロップメントの進め方」は,7章構成で,研究大学,小規模カレッジ,コミュニティカレッジのような多様な機関のタイプでの教育開発について深め,教員のキャリア全体にわたって支援しうる方法を検討し,機関レベルの組織的な開発において,担当者が果たす役割について論じている。本書には切り口が多数あり,読者には,自分たちの必要性と関心に対応するように関連付けられた章に進むことを勧めたい。

分野の呼称

読者は,この分野が,教育開発,ファカルティ・ディベロップメント,そして専門性開発など多数の専門用語によって表されていることに気付くと思う。読者は,旧版の題目が残っていることに気付くだろう。それは伝統的であるが,次第に不正確になっている名称,「ファカルティ・ディベロップメント」の分野を表しているのである。ファカルティ・ディベロップメントの関心,熟練,核となる目的は,教員開発以上のものを含んでいるのであり,この分野を,ファカルティ・ディベロップメントとは呼ばないことは明らかである。しかし,我々専門家集団は,呼称すべき名称についての合意に達していない。我々編集者は,呼称をどうするかについての議論は,より実りある課題として残されているので,執筆者諸氏に共通の用語を課すことは,現時点ではそぐわないと信じている。そこで,編集者としては,この議論をあらかじめ排除しないようにしたのである。読者は,本書で多様な用語に遭遇することになるだろう。第3版が出版されるときには,名称に関する合意に達しており,書名も更新されるに違いないと堅く信じている。

むすび

　本書の23章は，31人の執筆者によって執筆され，別な執筆者によって繰り返されたり，強調されたりした論点もある。執筆者の幾人かは，全く同じ論点について，異なった立場から述べている。また，むろん，彼らは論点を検討しただけでなく，新たな問題も提起している。この複雑さは，意見が一致し，分散し，発展している，現時点での教育開発分野をよく表している。我々は読者が本書によって，この分野の豊かな蓄積と今後の可能性を知ることを期待している。

　2009年8月

　　　　　　　　　　　　　　　　　　　　　　ケイ・J・ガレスピー
　　　　　　　　　　　　　　　　　　　　　　ダグラス・L・ロバートソン

第1部

ファカルティ・ディベロップメント・プログラムの開始と維持

　第1部は8章から成り，領域，歴史，文献，主要テーマについての紹介，うまくいく教育開発プログラムの開始と維持に関する基本的な問題の特定，決定事項，実用性についての説明，卓越した教育開発担当者になるために必要な基本的な知識とスキルについて検討する。〔本書ではこのうち5章を訳出している。〕

【第1部　解説】

　本書の第1部は、「ファカルティ・ディベロップメント・プログラムの開始と維持」と題した、FD活動の定義、内容、組織についてのレビューであり、以下の8章で構成されている。第2部以降で取り扱われる論点を概観している部分もあるため、関連する章と合わせて読むと有益である。

　Chapter 1　ファカルティ・ディベロップメントについての概観──歴史と選択（マシュー・L・オウレット）
　Chapter 2　プログラムの型と原型（バージニア・S・リー）
　Chapter 3　教育開発プログラムの開始（ダグラス・L・ロバートソン）
　Chapter 4　ファカルティ・ディベロップメント委員会との協働（キム・M・ムーニィ）
　Chapter 5　聴け、学べ、導け──ファカルティ・ディベロップメントを始める（マーガレット・W・コーエン）
　Chapter 6　重要なスキルと知識（トッド・D・ザカライセック）
　Chapter 7　プログラムの促進と組織内での定着（エド・ニール、アイオラ・ピード-ニール）
　Chapter 8　プログラムと活動のための実践的な提言（ドナ・E・エリス、レズリー・オルトクイスト-アーレン）

　本書では、日本の大学において教育開発活動を進めていくために有益と思われるChapter 1〜4、6を訳出し、第1部とした。
　Chap.1は、マシュー・L・オウレット教授が執筆している。教授は、マサチューセッツ大学アマースト校教育センター長、POD会長も務め、現在はウェイン州立大学筆頭副学長補佐兼教育・学習センター長である。同センターは1986年にリリー財団の支援を受けてスタートし、北米を代表する4つの専門開発プログラムとして表彰されるなど、アメリカの教育開発活動の中核を担っている組織である。教授は、2010年には国立教育政策研究所の招聘で日本を訪問している。教授は、アメリカにおけるFDの起源、歴史、活動の諸段階、用語、FDの拡大に伴う課題について整理している。2002年の第1版には、歴史にあたる部分がなく、実践的な課題が中心であった。第2版

では，ソルチネッリ（Sorcinelli et al., 2006, *Creating the Future of Faculty Development: Learning from the Past, Understanding the Present*）の影響が色濃いものの，歴史的考察が書かれるようになったということは，アメリカのFD活動も自己省察を経て新たな枠組みを構築する新たな段階に入っているのではと感じさせる。

　Chap.2は，高等教育コンサルタントを務めるバージニア・S・リーの執筆である。1980年代にニューヨーク大学でセキュリティ担当者としてキャリアを始めた彼女は，仕事に幻滅し，ボランティアで成人読み書き教育のチューターを務めたのがきっかけで，アメリカ・モンテッソーリ協会の事務局員など教育の世界に転じ，ノースカロライナ大学チャペルヒル校で教育心理学を学び，ディベロッパーとして活動し，2008年にはPOD会長となっている。彼女のキャリアからだけでも，アメリカ高等教育の教育開発活動の多様性が窺える。

　ところで，Chap.2は，第1版ではデリビー・L・ライトが執筆しており，同じタイトルで第2版にもおさめられている数少ない章である。第1版でライトは，センター組織とプログラムとを結び付けて記述しているのに対し，リーはセンターを5つに，プログラムをワークショップなど10に類型化している。また，こうした類型に当てはまらない組織やプログラムの動向にもページを割いており，10年間に拡大したFD活動の多様性を理解することができる。また，第1版では，ダイアモンドが，教授法改善の3つのアプローチとしてFD，OD（組織開発），ID（機関開発）を並列していたのに対し，第2版では，教育開発ないし大学開発という高次な概念で統一されつつあると述べていることは注目すべきである。

　Chap.3は，ダグラス・L・ロバートソン教授の執筆である。教授は，シラキュース大学で文化地理学の学位を取得し，現在は，フロリダ国際大学の高等教育論の教授で，学士課程の学部長を務め，本書の共編著者でもある。教授は34年間にわたる教職生活で，175におよぶ博士課程および修士課程の委員会の委員長を務め，ケンタッキー州の高等教育システムでの上級スタッフを7年間，同システムのFDグループの議長を2年間，150を越える教育，ヘルスケア，人的サービス機関でのトレーニングやコンサルテーション，PODの理事会役員，編集委員長，西部地区基準協会（WASC）などのアク

レディテーション機関メンバーなど豊富な理論・実務経験を持っている。本章は，教育開発プログラムの策定を主題としており，多くのFD関係者には関心の高い課題である。内容は，「センターは必要か？」と刺激的なものも含めて，14の疑問を提示して応える形式を採用しており，わかりやすい。例えば，プログラムの提供すべきサービスについて，クライアント主導型とセンター主導型に区分し，両者のバランスを取ること，その可否について論じているが，さまざまな要素を取り込み，バランスを図りながら実践的な方向を示唆している。上からのFDか相互研修かと二項対立になりやすい日本のFD論には参考になる姿勢である。

　Chap. 4 は，フランクリン・ピース大学教務担当副学長を務めるキム・M・ムーニィ博士の執筆である。ニューハンプシャー大学から社会心理学博士を取得している。セントローレンス大学の教育・学習センター創設時のセンター長でもあり，同大学副学長補佐も務めた。本章は，FD委員会の活動を扱っているが，第1版では，FD委員会の活動に関して第4部が丸ごとあてられ，4章構成になっていた。第2版ではそれが1章のみになっている。とはいえ，第1版では，改めてFDの定義を加えている等，FD委員会にのみ焦点がある内容とも言えず，各章の分量が少ないこともあって，やや冗長な印象があった。しかし，第2版では，委員会の目標，リーダーの責任など整理された内容になっている。また，第1版では，「委員会がある場合でも，コーディネーターやFDセンターも必要か？」と問いを立てているが，その回答は，「センターがあるかないかにかかわらず」というもので，あまりすっきりしたものではない。これに比べると第2版の内容は，読んでお楽しみといったところだが，委員会活動を軸にしながらFDセンターの役割を位置付けている。我が国の高等教育機関でも，センター組織があるところはそう多くはなく，120弱と思われる（川島啓二『大学における教育改善のためのセンター組織の役割と機能に関する調査研究』2008年8月）。言いかえれば，教育開発活動の主力は，委員会によるところが依然として大きいのであり，委員会のあり方を説く本章は，大学関係者の必読部分であろう。

　Chap. 6「重要なスキルと知識」は，ノースカロライナ大学チャペルヒル校の大学研究センターの理事を務めるトッド・D・ザカライセックによる。ザカライセック氏は，これまでにセントラルミシガン大学の教育革新セン

ターとサウスオレゴン大学の教育・学習センターを設立している。心理学を教えていた経験を持ち，学生の学びやファカルティ・ディベロップメントに関する多くの文献を発表していることでも知られる。Chap. 6では，ファカルティ・ディベロップメントに関わる者が特定のトレーニングやバックグラウンドを持たないままに業務に従事しているという状況を指摘しつつ，求められる知識とスキルについてまとめている。文章の端々に著者のこれまでの経験をもとにした例や忠告がちりばめられており，成功を保証する公式などないとしながらも，初心者にエールを送る内容となっている。

このほか，出版事情から今回翻訳しなかった部分も興味深い内容であり，次に概略を紹介しておく。

Chap. 5「聴け，学べ，導け——ファカルティ・ディベロップメントを始める」は，ミズーリ大学セントルイス校の教育・学習センターの創設者であるマーガレット・W・コーエンによる。彼女の専門は教育心理学であり，専門性開発，教育・学習プロセス，および教員と学習者のエンゲージメントについての研究を行っている。Chap. 5では，ファカルティ・ディベロップメントを担う立場になった者に対してのメッセージとして，研究的視点を持って臨むことや，自身の個人内スキルと対人的スキルの重要性について述べられている。FD担当者は，一教育者として，教えることや他者の長所を伸ばすことへの情熱を持ち，一研究者として，鋭い観察者であり注意深い聞き手であることが求められる。自身の置かれた環境や資料を注意深く調査し，各種取り組みを評価し，フィードバックに耳を傾けるということを丹念に行うことで，その成果がFD担当者の能力を向上させ，ひいては同僚，組織の強みとなっていくだろうとまとめている。

Chap. 7「プログラムの促進と組織内での定着」は，ノースカロライナ大学チャペルヒル校のファカルティ・ディベロップメントオフィスの創始者であるエド・ニールと，そのパートナーであるアイオラ・ピード-ニールによる。エド・ニール氏は，すでに退職しているが，その後も精力的に全米で高等教育の専門コンサルタントとして活躍している。Chap. 7では，プログラムの普及と定着を図るための方略として，組織の中で認知度を高め協力を得ることの重要性と，効果的な広報戦略についてまとめている。継続的な取り組みを根付かせるためには，所属する組織の文化を深く理解し，マーケティ

ング調査の手法を用いること等が重要であることが説かれている。Chap. 7 の内容は，他章でも触れられていることと若干重複しているために訳出対象とはしなかったが，ニーズ把握のための具体的な手法やキーワードについては，簡潔にまとめられており，学内での認知と協力を得ようと奮闘しているFD担当者にとって有用であろう。

　Chap. 8「プログラムと活動のための実践的な提言」は，ウォータールー大学のドナ・E・エリスとオッターベインカレッジのレズリー・オルトクイスト-アーレンによる。エリス氏は，主に革新的な教育・評価方法に対する学生の反応や，教育開発担当者と大学院生のための専門性開発について研究を行っている。オルトクイスト-アーレン氏は，1920年代のドイツにおける大衆文化をはじめとして，ファシリテーションやリフレクション，協調学習といったFDに関連するトピックを研究対象としている。Chap. 8 では，FD活動やイベントの運営等に関する提案がまとめられている。それぞれ研究中心大学と私立小規模大学での実践から得られた知見が紹介されているが，結論としては，その両者に「共通解」は存在せず，各課題にはそれぞれの解決法を見出す必要性があると述べられている。FD担当者は，それらに対応できる柔軟性と変化を読み取る力を持つことが重要であると指摘されている。

　以上，関心のある読者は，ぜひ原著も手に入れてお読みいただきたい。

（羽田貴史・今野文子）

第1章 ファカルティ・ディベロップメントについての概観

歴史と選択

マシュー・L・オウレット

　本章の目的は，本書の大部分が基盤とする実践の蓄積と研究文献について読者に注意を喚起し，継続的にファカルティ・ディベロップメント活動を拡大かつ向上させる際に，追求すべき主な問題点を示すことで，各章につながる土台を設定することである。過去数十年間にわたり我々の仲間が着実に取り組んできた知識の豊かな集積により，我々が現在の方法で活動している理由，何をどのようにすべきか，現在の活動を支える原則と価値とは何であるかが明らかになりつつある。これは経験豊かな実践者と初めて活動に参加する人々双方にとって素晴らしい情報である。

言葉と範囲についての注意

　本書の編者は序文において，educational development, faculty development, professional development など，現在定義が不明瞭で言い換えが可能な用語から，共通して混乱があることについて触れている。編者が指摘するように，我々の世界は，我々の活動を表すのに一番ふさわしい用語について合意を確立する途中であり，まだ一致をみていない。そのため読者はこの分野を表すさまざまな用語を本書で目にするだろう。この現在進行中の議論への参加を呼びかけたい。

　個々の章で詳しく扱うテーマに関し基本的な事項を幅広く提供するため，歴史的文脈を要約すること，そして本書の各章で扱うテーマと問題点とを示すことが本章の目標である。この2つの目標を簡素に，そして他人のアイデアを横取りするのではなく，また同僚の成果を不必要に繰り返すことなく実現することが求められている。他の章では，研究，実践そして革新的方法の

最良のものを紹介し，教育開発担当者の視点から，これらの問題が意味するものを徹底的に探求するだろう。

ファカルティ・ディベロップメントの歴史の要約

アメリカの大学には，大学教員の専門分野での熟練と研究に関し，彼らの能力開発とその成功に関わってきた長い歴史がある。ルイス（Lewis, 1996）によると，1810年にハーバード大学に導入されたサバティカル（研究休暇）はおそらくファカルティ・ディベロップメント（FD）の最も古い形である。初期のサバティカルの本来の目的は，大学教員の専門分野における研究者としての能力開発の支援であった。1960年代，研究能力の向上に力を注ぐことが，大学における支援の標準的な形であった。

今日我々が理解しているようなファカルティ・ディベロップメントは1950年代後半から1960年代にかけて社会的経済的混乱が起きるなか，アメリカの高等教育の場で生まれた（Bergquist, 1992; Rice, 2007; Sorcinelli, Austin, Eddy, & Beach, 2006）。アメリカの高等教育において学生の権利運動が起き，学生は学習内容に関し変更を要求するようになり（たとえば少数民族学習プログラムなど），退屈であったり時代遅れだったりするコースについての意見を教師に伝える権利を主張するようになった（Gaff & Simpson, 1994）。さらに，学生の視点から，コースが自分たちの経験，関心，願望に対応するよう，カリキュラム内容の決定に関与を求めるようになった。

1960年代と1970年代の大学教員の生活を再度思い描くと，教員の主たる仕事と思われているものが拡大していった時代である。それ以前は，教員にとっての成功は研究と出版によってのみ決まると思われていた。教授能力とサービスに関し優れていることをよりトータルに評価し，報奨を与えることは，一般に受け入れられている基準からの劇的な脱却を意味した。次第に，教授団は制度上，そしてキャリア形成上の報奨，特にテニュア（終身在職権）および昇進基準に仕事の性質に対する幅広い理解が反映されるよう求めるようになった。こうした高等教育における大学教員の役割と報奨に対する考え方の変化は，人間の可能性および学生の権利という同時に発生した2つの重要な社会運動と連動している（Bergquist, 1992; Gaff & Simpson, 1994;

Lewis, 1996; Rice, 2007)。この時代は研究者の役割に対する伝統的な見方の見直し，および教授能力に秀でた教員の価値と報奨についての再評価が始まった。この議論は現在でも大学やカレッジと学会で続いている。

ファカルティ・ディベロップメントに関する活動の各段階

過去数十年間におけるファカルティ・ディベロップメントの研究と実践についてその進化の各段階を理解するためのモデルが多くの著者により提案されてきた（Rice, 2007; Sorcinelli et al., 2006; Tiberius, 2001）。ソルチネッリら（Sorcinelli et al., 2006）は，*Creating the Future of Faculty Development: Learning from the Past, Understanding the Present*で，ファカルティ・ディベロップメントの進化を4つの時代（学者，教師，開発者，学習者）と新しい時代（ネットワーク推進者）とに定義した。

ソルチネッリらは概念化作業において，第1段階（1950年代半ばから1960年代前半）を「学者の時代」とし，この時代，ファカルティ・ディベロップメントへの取り組みは，学者としての能力を高めることに向けられていたとしている。1950年代から1960年代前半まで，教授法の向上に取り組む正式なプログラムを設けていた教育機関はほとんどなかった。学者としての能力向上に支援は向けられ，それは研究における成功と出版のペースによって示された。ハイス（Heiss, 1970）は，その時代に広がっていた規範は，「理論と実践にしっかり取り組むこと」（p.229）により研究の技量を高めることを重んじ，教えることの技量は学者としての資質を高めれば「自然に」または自動的に身につくとされていたと指摘した。当然のことながら，当時，教授法に関する正式な訓練が含まれている博士課程がほとんどないことに気付いている研究者はいなかった（Nowlis, Clark, & Rock, 1968）。実際，大学教員は成功への道は研究と出版実績によると理解していた。

第2段階は1960年代半ばから1970年代にかけての「教師の時代」で，指導方法の有効性を改善するため，教授団（faculty），教授法（instructional），組織（organizational）に関する要素が含まれるようになった。この時代には，資金が減少し，教員の実績を表す絶対的な基準として研究だけが対象と

なることに不満を感じる教員が増えた。こうした状況の変化に気付いた個人や財団は，学者としての資質の定義の拡大や，教授団の充実と活力増強を図る場の模索を始めた（Astin, Comstock, Epperson, Greeley, Katz, & Kaufman, 1974; Rice, 2007）。同時に，研究機関はファカルティ・ディベロップメントのための機会を設けることでこれらの要求の変化に対応しようとした（Eble & McKeachie, 1985）。メルニックとシーハン（Melnik and Sheehan, 1976）は，当時現れた「授業改善プログラム」の主な3形式は，1回限りのプログラム，技能開発センター，奨励金付きプログラムだと述べている。1回限りのプログラムとは比較的短期間のワークショップ，討論会などの機会などである。技能開発センターの例としては，1962年にミシガン大学アナーバー校に設立された学習・教育研究センター（Center for Research on Learning and Teaching），1972年にマサチューセッツ大学アマースト校に設立された授業改善相談所（Clinic to Improve Teaching）が挙げられる（Melnik & Sheehan, 1976; Tiberius, 2001）。こうしたセンターでは，研修時間が与えられた教員に授業法改善のためのサービスや助言を持続して提供することが多かった。奨励金付きのプログラムでは，授業法改善プロジェクトの開発と実施を行う教員個人に対し，少額の奨励金が与えられた。この時代，1974年に大学教員と高等教育研究者のあるグループは，高等教育専門性開発ネットワークを設立した。これは現在ファカルティ・ディベロップメントまたは教育開発と呼んでいるものが進化してきた過程における，極めて重要な出来事であった。

ソルチネッリら（Sorcinelli et al., 2006）は1980年代を，「開発者の時代」と定義した。この時代は，ファカルティ・ディベロップメントを行う小さい数多くの組織が大学で正式に誕生し，ファカルティ・ディベロップメント担当者の役割の制度化が進んだ（Eble & McKeachie, 1985；Erickson, 1986；Sorcinelli et al., 2006）。学士課程教育の地位を変えようという民間財団（ブッシュ財団，フォード財団，リリー財団など）からの構想により，教授法開発およびファカルティ・ディベロップメントに関する新しい手法の開発や実験を行う者は資金とモチベーションを得ることになった（Sorcinelli et al., 2006）。

1990年代は「学習者の時代」だった。劇的なパラダイムシフトにおいて，

教師の教授法の熟達や壇上での技術開発（教師は「壇上の賢人」）だけに当たっていた授業や教育開発の焦点が，学生の学習（教師は「傍らにいるガイド」）に当たるようになった。このパラダイムシフトにより，学生が授業と学習とを同じものとして直接参加する協調的活動手法，問題解決探求学習戦略といった学生中心の教授手法に関心が高まった（Barr & Tagg, 1995 ; Sorcinelli et al., 2006）。

　また，この10年はファカルティ・ディベロップメント，教育開発，組織開発に対する構想に，新しくより複雑な選択肢と大量の資源がもたらされた時代でもあった。教員支援プログラムは，専門分野での能力を高めるための定期的なサバティカルから，キャリアの各段階と役割を通じて成長と発展を望む教員のニーズに対応するための包括的で教育機関全体にわたるプログラムへと比較的速く進化したが，これは，おそらく教育開発に対するより体系的な手法に価値があり，反響があることを強く示すものだろう。

　最後に，ソルチネッリら（2006）は，現在，「ネットワーク推進者の時代」という新しい段階に突入したと述べている。現代は，ファカルティ・ディベロップメント担当者が，「ファカルティ・ディベロップメントの目的の遵守，明確化，強化を行い，新世紀の問題に直面したとき，教授団および教育機関の指導者とともにネットワークを構築し組織的な問題に対処し建設的な解決策を提案する（p.28）」よう求められるのである。

　ソルチネッリら（2006）が収集したデータによると，大学において教育開発活動を行う個人の集まりが急激に増えている。調査の回答者の大半は，彼らの第一義的な役割は管理者としてのものであり，比較的この分野での経験年数は短い（10年以下）が，5分の3以上が大学教員の職に就いていると回答している。さらに，特に大きな教育機関の中にあるセンターのように，専任のポストがあるセンターもある。つまり，我々は教員の伝統的なキャリアパスを経ていないかもしれないが，教授法技術のような特定の知識を教育開発に持ち込める実践者とのつながりを手にしているのである。「集団としては〔ファカルティ・ディベロップメント担当者は〕比較的経験が浅く，10年以上ファカルティ・ディベロップメントに携わっているのはわずか4分の1だけである（p.36）」。こうした増加が，相互学習から得るものが多いという考えにより，ファカルティ・ディベロップメント実践者のうち経験を積んだ

者と比較的経験の浅い者との対話の強化に大きな関心を引き起こしている。当然のことだが，我々がしていることのつながりもまた進化しているのである。

共通の用語の構築

　初期の段階からフランシス（Francis, 1975）はファカルティ・ディベロップメントを，本来，個人に合わせた教室ベースの取り組みで，「学生，教員自身，教育機関のニーズに合うよう教員の態度，スキルそして行動を修正し，その能力と効果を高めるプロセス（p.720）」と定義した。およそ20年後ルイス（Lewis, 1996）は，ファカルティ・ディベロップメントという用語はその分野と同様，3つの活動を包含する拡張的な用語に進化したと述べた。3つの活動とは個人開発（自己省察，活力，成長），教授法開発（コースと学生主体の活動），そして組織開発（プログラム，学部，大学全体の取り組み）である。ダイアモンド（Diamond, 2002）は，この3つに分ける手法は相互排他的ではなく，こうした手法をとることで直面する問題や目標に一番適するようなプログラムと資源の組み合わせが可能になると指摘した。

　ダイアモンド（Diamond, 2002）は，ファカルティ・ディベロップメント，教授法開発，組織開発，そして専門能力の開発の領域は相互に依存しているととらえ，それぞれの役割をさらに分析した。彼の視点では，これらの役割は以下のとおりである。ファカルティ・ディベロップメントは個々の教員の教授能力を改善することに主眼が置かれ，教授法開発はコースやカリキュラムを改善することによる学生の学習の改善，組織開発は組織内の構成単位の相互関係と効果に主眼が置かれ，そして教育開発はこれら3つの取り組みから生じる相互作用全体を指す（Diamond, 1988, 2002）。

　ファカルティ・ディベロップメント，専門性開発，組織開発，そして教育と学習に関する学究的活動（scholarship of teaching and learning）は，相互互換的にファカルティ・ディベロップメント担当者が負う幅広い責務に関係する。国際的にみると，さらに広範囲の意味を持つ教育開発という語は，大学開発（academic development），スタッフ開発，そして質の向上に関する活動に使われる。最近では，フェリテン，カリッシュ，ピングリーとプラ

ンク（Felten, Kalish, Pingree, and Plank, 2007）は，教育開発という語は「大学が教育および学習の共同体として効果的に機能するよう援助することを指す専門性（p.93）」を表す最も包括的な語として採用されるよう主張している。これらの用語を，正確に，いつ，どのように使うかで起きる混乱は，この分野の国際的な急成長と，しばしば機能が重複するため求めるものが相反するという複雑さを物語る（Gosling, Sorcinelli, & Chism, 2008）。

今日，教員に対する要求，彼らの役割と責任の複雑さは，日々驚くべきスピードで変化している。そのため，「ファカルティ・ディベロップメント」が意味するものに対する理解，そしてこうした変化を全体的に表現する我々の言語は，新しい概念を反映するために進化し続けるだろう。

ファカルティ・ディベロップメントの地平の拡大

教育と学習方法におけるパラダイムシフトなど，高等教育における変化と大学教員に対する期待の変化，教員としての生活の各段階に関する新たな研究などにより，ファカルティ・ディベロップメントの範囲と幅が大きく変化している。ソルチネッリら（2006）は包括的な調査を行い，ファカルティ・ディベロップメント担当者に聞き取り調査をし，教員および高等教育機関が直面する課題のうち上位3つを明らかにした。予想どおり，回答者が選ぶ優先事項には幅があるが，組織のタイプや規模にかかわらず，重要なものとして5つが挙がった。それは以下のとおりである。

1. 複雑さが増し要求の多い教員の役割についてバランスを取ること
2. （特に学生の多様性が増す状況下での）教育と学生の学習の評価
3. テクノロジーの影響
4. 非常勤教員の必要への対応
5. 学科（chairs）と機関における学際的なリーダーシップ育成の要求（pp.104-105）

今日までの調査の結果，こうした課題は国際的に同じ傾向にある（Gosling, Sorcinelli, & Chism, 2008）。

チズム（Chism, 2006）は，複眼的な視点からの教育開発の取り組みには実用性があると指摘した。彼女は，このような取り組みの利点は，現在直面する課題に最適な，戦略，理論的観点，コンサルテーションを明確にすることだと指摘した。機関には優先事項や固有のニーズに対応する理由があるのは明白である。しかし，我々はファカルティ・ディベロップメント担当者として，仕事をするにあたり機関全体が共有する土台を有することが多く，こうした観点が機関の発展と進歩に影響を及ぼす新しい考え，モデル，実践を導入する機会をもたらしてくれるのである。

　他の章で，我々の同僚が効果的な教育開発を推進するのに必要な特定の内容に関する知識，スキル，価値を取り上げる。ファカルティ・ディベロップメントまたは教育開発の分野における歴史的発展と合致する章もあれば，最近生じた優先事項を指摘する章もある。全体として，これらの章は，ベテランの教育開発担当者及び新人双方が今後，より創造的に考え，より全体的に行動でき，多様な構成員の複雑なニーズを満たすことに成功を収めることに寄与する。次に，教育開発担当者に共通した課題について，(1) 大学教員の役割の複雑化，(2) 学生の学習とカリキュラムの改善に焦点を絞った評価，(3) テクノロジー，(4) 多様化といった4つのトピックを取り上げる。

大学教員の役割の複雑化

　大学教員の仕事の定義は，伝統的に研究，教育，サービスが含まれる。専門分野を究めれば（つまり研究がうまくいけば）教え方もうまくなるというのが従来の常識だった。優秀な教師は優秀な研究者になりうるし，優秀な研究者は優秀な教師になる可能性があるというのは正しいが，すべてに当てはまるわけではない。成人の発達，教育心理，そして学習理論をファカルティ・ディベロップメント分野に適用する努力は，実践者が専門的能力の成長と開発を導くさまざまな戦略をいつ使うかを決める手助けになってきた（Herbert & Loy, 2001; McKeachie, 1991; Menges & Rando, 1989）。ファカルティ・ディベロップメント担当者は以前から，学習理論の有用性（Kolb, 1984），省察的活動（Brookfield, 1995; Schön, 1983），成人教育（Saroyan, Amundsen, & Li, 1997），成人学習理論（King & Lawler, 2003）などに精通してきた。

しかし，研究論文が示すように，大学教員のニーズ，価値はキャリアパスの各段階で変化するため，基礎となる理論や実践も変化することになる。こうしたニーズに創造性と寛容性を持って対応することで，我々は恩恵を被るであろう（Rice, Sorcinelli, & Austin, 2000; Sorcinelli & Austin, 2006; Trower; 2000）。第14章「キャリアの各段階における教員への支援」は，この問題を扱っている。

　例えば，新任や若手の教員には，仕事と家庭のバランスの向上，共働きの夫婦の支援に対する必要，親業や年取った親の面倒をみる必要についての認識を求める動きが増えつつあることがわかる。伝統的な支援のしくみを再考する革新的な取り組みがもうすでに始まっているのである。ゴンザレスとバラン（Gonzales and Baran, 2005）は，同じ学部（department）の教員の先輩と後輩の間で持たれる多文化の対話の維持が，互いに実り多い知識とスキルの交換になっている点，また，彼らの関係が学生にとって人種間の対話のモデルになっている点について雄弁に述べている。別の例として，新人，若手ならびに有色人種の教員の社会化を求めるニーズに対応するために，メンターの方法がトップダウン式の個人に合わせる形式から仲間内で相互にメンターを務める方式へと大幅に変わったことが挙げられる（Yun & Sorcinelli, 2007, 2008）。

　さらに，特に大学でのキャリアを求めたい大学院生への，専門職への準備のニーズへの対応に関心が高まっている。1993年，全米大学院審議会（Council of Graduate Schools: CGS）は全米大学協会（Association of American Colleges）とともに大学教員準備（Preparing Future Faculty: PFF）の活動を始めた。これは，さまざまな制度の下，学生が大学教員としてのキャリアを準備できるよう資源とプログラム・モデルを開発しようとした初期の取り組みである（Council of Graduate Schools, 2008）。しかし，健全でより透明性の高い大学院教育と教授職への準備活動のモデルを確立するためには，残された課題が多数ある（Gaff, Pruitt-Logan, Sims, & Denecke, 2003; Golde & Dore, 2001; Lovitts, 2001）。この話題は特に，研究大学に勤めている担当者の興味を引いている（Nyquist, Austin, Sprague, & Wulff, 2001; Nyquist & Sprague, 1998; Wulff & Austin, 2004）が，実際には，多くの大学院生はタイプも規模もさまざまな機関で若手の教員になるのである。ボー

ダーとフォン・ヘーネは（Border and von Hoene）は，この問題について，第12章「大学院生および専門職大学院の学生の能力開発プログラム」で指針を与えている。

最後に，非常勤の大学教員数が急激な増加を示している点は，第13章でター（Tarr）が担当する「非常勤教員との協働」で扱い，大学でしばしば認知度が低い構成員のニーズに応えようとした教育開発担当者の取り組みについて述べる。

学生の学習とカリキュラムの改善に対する評価

ファカルティ・ディベロップメントは，親と議会の懸念を緩和し，学生に最適の教育と学習環境を保証するという必要性から生まれたと言える面がある（Lewis, 1996）。今日，緊縮予算，議会行動主義，アクレディテーション基準の変更など，さまざまな圧力により，評価とアカウンタビリティ運動は，学生がコース，プログラム，および教育機関の学習目標を達成していることを，親，議会，市民，入学希望者，および卒業生に伝える方法を模索することに，教員および大学当局が敏感な関心を持つようにしてきた（Wehlburg, 2006）。こういった努力は，教室の枠を超えたさまざまな大学開発活動に適用されている。

ファカルティ・ディベロップメント担当者は，討論を促進し，現在のカリキュラムの評価と評価データに基づく実証的証拠を提供し，既存のプログラムの見直しを支援することで，この分野で重要な貢献ができる（Diamond, 2005）。担当者は，大学当局が主要な決定を下す前の会議を組織し，促進することを助けるのに必要なスキル，中立性，及び技術への理解がある。また，先導的コースの設計と改革，プログラムの強化を評価するための知識と資源を提供できる。さらに，ファカルティ・ディベロップメント担当者は新しいカリキュラムの評価に役立つデータを継続して得ることができる。クック（Cook, 2001）は，教授法のコンサルタントがミシガン大学における最近のカリキュラム改良の試みに関与した例について有用な記録を残している。スミス（Smith, 2000）は，教員が，探求学習方法を利用することを推進する中等後教育改善基金（Fund for the Improvement of Postsecondary Education）主催のプログラムを紹介している。この問題は後の章で詳しく検討す

る。

テクノロジー

　教授技術は現在，ほとんどの大学に広がっている。多くの教員にとってテクノロジーに関する重要な点は，「使うべきか否か」から，「いつ，どの程度，そして何の目的に使うか」に移っている。よく知られているように，新旧ともにテクノロジーは適切に使われると教育・学習プロセスを速める働きをする。たとえば私の大学では，最も役に立つ教育資源として，ウェブコースを挙げる学生が多い。コースの連絡事項の確認，宿題の提出日の確認，そしてコースの資料やメモの入手が容易だからである。

　よい点は，教授技術を使う場合，教員が援助の必要性を進んで認めるところである。学生の状況からテクノロジーの利用が授業に有益な影響を及ぼしているとわかると，努力した甲斐があるからである。悪い点は，適切な指導方法をテクノロジーの効果的な使用と結びつけようとすると非常に手間がかかり，予測不能で，費用がかかることである。通例，問題になるのは，ハード，ソフトの費用，著作権と適正な利用に関する明快さの欠落，教育と学習の関係におけるテクノロジーの役割についての社会的意味などである（Shih & Sorcinelli, 2000）。明らかなのは，既存の教授法に置き換えるのではなく，高めるためにテクノロジーを使うように講師を導くには，統率力が必要だということである。具体的な適用の選択が明らかに授業スタイルに適合する場合，また，学生の学習スタイルのニーズに適合する場合，特に有効である（Gibbs, Major, & Wright, 2003; Shih & Sorcinelli, 2000）。

　現在，解決しがたく大学に蔓延している問題に，遠隔教育と従来の授業とのハイブリッド型の果たす役割がある。全部ではないが，こうしたコースは経費を削減し収入を増やす手段であり，教授法の好みというよりも，限られた教室を最大限に利用しようとする戦略である。しかし，オンライン授業を行った教員が証言するとおり，オンラインまたはハイブリッド式のコースは，対面式の授業より労力が少ないというのは全く正しくない。こうしたオンラインの取り組みに埋め込まれた授業について，その底に流れる仮定，価値，信念を探るため，講師と大学管理者との対話を促進することは，引き続き，ファカルティ・ディベロップメント担当者の重要な仕事なのである（Chickering & Ehrmann, 1996)。付け加えるよい点は，テクノロジーの取り組みに関する対話は，大学にネットワークを構築する機会を生み出すことである。第9章「テクノロジーとファカルティ・ディベロップメントに関する問題」では，サリー・クーレンシュミット（Sally Kuhlenschmidt）によるこの問題についての深い考察が示されている。

教員と学生の多様性

　1970年代以降，ファカルティ・ディベロップメント担当者は，組織構造の再検討の重要性に注目してきた（Diamond, 1988; Graf, Albright, & Wheeler, 1992; Lindquist, 1978)。一般にこうした努力は，今までに述べた，個人レベルのコンサルテーションや支援サービス，プログラムレベルまたは学部レベルの教授法開発（instructional development)，そして組織開発の3要素を踏まえ，プログラムに従った取り組みや改革の効果に焦点を合わせている。しかし，最近では，実践者や学者は，組織レベルでの継続的な分析を求めるようになった（Baron, 2006; Chism, 1998)。無視されがちなのは，多様性や多文化の力学により，こうした論点が我々の実践活動の各レベルに深く埋め込まれていることである（Jacobson, Borgford-Parnell, Frank, Peck, & Reddick, 2001; Lieberman, 2007)。

　しかし，複雑で新しい論点に直面したときは，組織を理解するための新しい研究，実践モデルが欠かせない（Jackson, 2005; Lockhart & Borland, 2001)。マルケサーニとジャクソン（Marchesani and Jackson, 2005）は，多文化組織開発（MCOD）の理論と実践を教育組織に適用した。このデータに基づくモデルは，組織の変化を追求する活動において社会的正義および多様化の目的を支援するツールである。MCODモデルでは他の組織変化システムとは異なり，あるレベルの社会的正義は社会の多様化を図るため存在する。コミュニティカレッジ，歴史的には黒人大学（HBCU)，主としてヒスパニック系のための教育機関（HSI)，そして先住民大学のように，異なる設定の機関が果たす個性的な役割と課題に我々の理解を広げるために，データに基づく多文化組織開発モデルを含む研究のパラダイムが拡大されることで，我々の分野は恩恵を受けるだろう。

　コミュニティカレッジにおけるファカルティ・ディベロップメントが関心

を集めているのは,そうした機関の教員が,学生の学習成果,学習者主体の授業の採用,テクノロジーを教室での授業に取り入れた学習に応えることをますます求められるようになっているからである。彼らは以前よりもずっと多様性が増した教室で効果的に教えるよう求められている（Eddy, 2005）。学生数の急激な増加,資源をめぐる競争,重い授業負担,そして資金不足が課題として挙げられることが多い。しかし,北米職員プログラム組織開発審議会（North American Council for Staff, Program and Organization Development：NCSPOD）のような組織を通じてこうしたニーズに対応しようという力強い取り組みが増えている。コミュニティカレッジは近隣の4年制大学に学生を供給する学校であることが多いので,我々の職場,学生数,機関の繁栄や健全さは,相互に結びつくようになっている（原著 Chap. 19,バーンスタッドとホスによる「コミュニティカレッジにおけるファカルティ・ディベロップメント」〔本書では未訳〕参照）。

　教育機関が異なればファカルティ・ディベロップメントのニーズが異なるのは明らかである（Sorcinelli et al., 2006）。歴史的には黒人大学には他にはない歴史的伝統,文化,高等教育における使命があり,そして他の高等教育機関と同様,教員,学生,スタッフの要求の変化に応えている。1994年に設立されたHBCUファカルティ・ディベロップメント・ネットワークは,教育機関におけるファカルティ・ディベロップメントの制度化を促進し,教育と学習におけるファカルティ・ディベロップメントの改革を強調している（Dawkins, Beach, & Rozman, 2006）。

　コミュニティカレッジと近隣の4年制教育機関との関係と同様,ファカルティ・ディベロップメント担当者は,教育機関のタイプや使命の違いを超え,同僚の仕事との緊密な連携から得られる利益を俯瞰できる立場にある。可能ならば,お互いの仕事を励まし提供し合えるような対話を維持する方法を探るべきである。このような活動例は,HBCUファカルティ・ディベロップメント・ネットワークがそのメンバーに対し,大学でどのようなファカルティ・ディベロップメントの機会が与えられ,将来の優先順位の高い事項が何なのかについて調査を行ったところ明らかになった。主に白人の多い組織,つまりPODネットワークのメンバーに同様の調査を行った調査チームとの協力体制ができたのである（Sorcinelli, Austin, Eddy, & Beach, 2006）。最終

的に，この協力のおかげで，両調査チームはデータを比較し，プロジェクトの成果を重要で新しい方向へ発展させることができたのである（Dawkins, Beach, & Rozman, 2006）。

終わりに

　本章は，その始まりと同様，どのファカルティ・ディベロップメント担当者にとってもどの教育機関にとっても，すべての論点に同じ特徴があるわけではないということを理解して終わることにする。新人から経験者まで実践者にとっての課題とは，教育機関のニーズ，支援のレベル，そして教員の期待に基づき，プログラムが提供できるものについて，そのバランスを取り最も有用な組み合わせを考えることである。実際，このように観点，期待，そして活動に多様性を持たせると，ファカルティ・ディベロップメント分野は豊かになる。我々の責務は，教員および故郷とも呼べる教育機関にとって最も重要な課題を見つけ取り組むことである。さらに，多くの教育開発の実践者が成長を続け，この分野の専門化がさらに進んだとき，さまざまな実践者のグループをいかにしてこの分野に招き，その準備と訓練をどのように支援するかに心を砕かなければならない。

第2章　プログラムの型と原型

バージニア・S・リー

　1962年，アメリカ初の教育センターである学習・教育研究センター（Center for Research on Learning and Teaching）がミシガン大学アナーバー校に設立された。その後ほどなくして，授業改善相談所（Clinic to Improve Teaching）がマサチューセッツ大学アマースト校に設立された。その後，アメリカとカナダにおいて教育開発センターは着実に増え，それ以外にも21世紀には新規のセンターが相次いで設立された。PODネットワークの会員数は拡大を示すバロメーターで，1976年には20名だったのが，2007年にはほぼ1,800名になった。同ネットワークはアメリカ，カナダ，その他の国の高等教育機関を代表する組織である。

　数十年の間にFDの分野もまた変化した。1950年代から1960年代にかけては，理論，研究，実践に関する独自の基盤を欠いていたため，この分野は，小中学校の領域の研究者および実践者の仕事に着想を求めていた。その後，FDは独自の分野として1960年代から1970年代にかけての社会的騒動に足がかりを見出した。バークィスト（Bergquist, 1992）によると，FDは，一方ではオックスフォード大学やケンブリッジ大学の遺産であり，他方ではドイツの研究大学の遺産である同僚的文化の不十分さに気づき，改善に取り組もうとした発達する文化の顕著な例である。同じ頃，在学中の学生の発達に主眼を置いた研究と，大学とカレッジにおける教育が成長し，専門家の組織による会合，大学教育に関する雑誌，出版社など，成功事例を共有するさまざまな手段が生まれた。

　この時期を通じて，高等教育における学習と教育が取り組むべき課題に大きな変化が生まれた。アメリカ経済の製造業に衰えが見え始め，農業分野の整理統合が進むなか，知識経済は高校の卒業証書の代わりに大学での学位を

求めるようになった。高等教育の民主化が着実に進み，大学への進学が増えた。今日，学生には，親世代が移民でアメリカ生まれの二世，有色人種，留学生，非伝統型学生が以前に比べて増えている。評価運動が定着し，それとともに高等教育のいわゆる消費者であるアメリカの一般大衆からアカウンタビリティに対する要求が高まった。それと同時に，学問分野が進化を見せ，フェミニズム，アフリカ系アメリカ人の研究，批判理論，ポストモダニズム，学際的研究から生じる代替的認識論など，新しい研究分野が生まれた。授業技術は，パソコン，Microsoft Office などのソフトウエア・パッケージ，ワールドワイドウェブ（WWW），オンライン環境，遠隔教育，スマートクラスルーム[1]，無線接続，携帯電話，MP3プレーヤーなどの誕生により，普及が進み多様化した。つまり，電子技術がいたるところに普及し，インド，中国など新興国が登場することで，高等教育はグローバル化が進み，輸出可能になり，競争力が増し，そして国家の戦略と結びつくようになった。

　活動の基礎となる構造および基本的な領域は変わることはなかったが，こうした状況を背景に，教育・学習センターが提供するプログラムの際立った特色，意味合い，呼び物はカメレオンのように変化した。1975年，*Journal of Higher Education* は，ウィリアム・バークィストとスティーブン・フィリップス（Steven Phillips）が書いた FD に関する長い論文を掲載した。著者たちはこの論文の中で，変化には態度，プロセス，構造の3段階があると述べている。これはそのまま専門的能力（または「教員」）の開発，教授法開発，そして組織開発に呼応する。この教育開発の古典的なモデルは，いまだに現代の教育・学習センターのあり方に影響を与えている（Burdick, 2007）。FD（または教育開発）の分野の進化に伴い，その下位3領域の重要度は変動している。FD の注目度が増すと教授法開発に対する初期の関心は薄れたが，最近では組織開発が注目を集めている。

　一方，センターでの実践および提供されるプログラムの種類は，教育機関のタイプ（研究，総合，リベラルアーツ，コミュニティカレッジ，専門）や，センター長およびスタッフの関心や経験レベルによりかなり異なる。

訳注　[1]　ビデオカメラ，マイクなど情報メディア技術を活用し，教材の提示，講義の撮影，配信などを行い，学習状況の確認，学習・教育の支援を行う教室空間。

実際には，センター長や主要スタッフのFD分野での経験が5年未満のセンターは非常に多く（Sorcinelli, Austin, Eddy, & Beach, 2006），近年目にするセンターの増殖は，おそらくこの分野の広がりを反映しているのだろう。センターの指導的スタッフのうち，FDの経験が比較的浅い者が多いのは，特に小規模大学にFDの職があり，大規模大学に少ないという特別な事情による。教育機関は，限られた期間（3～5年），通常業務を部分的にまたはすべて免除することで，教授陣からセンターの長を採用することが多い。教員のセンター長が教室での上手な指導方法に強い関心を持ち，優れた教授者であっても，FDに関して正式な専門的背景があるわけではなく，文献や基盤となる研究にあまり精通していないという場合がある。それに対し，大規模で基盤のしっかりしたセンター長の中には，FDの先駆者で，この分野での経験が20から30年になる者がいる。その結果，FDの現在の実践は，この分野の進化の歴史を要約したものになる。同時に，歴史の浅いセンターは，まず，初期の実践に典型的な教授技術についての基本的なワークショップを開くことが多く，より成熟したセンターは新しい分野を開拓しようとする。

　本章の後半では，第1に，組織構造の共通する特徴，アメリカのFD（または教育開発）センターが提供するプログラムとサービスについて述べる。次に，高等教育の学習・教育に関する課題における最近の変化に対応した新しい実践について説明する。

センターの種類

　教育開発センターの基本的な組織構造は，センターの数やセンターを置く高等教育機関の種類にかかわらず5種類ある。

1. 単一で大学全体の教育・学習センター
2. 個々の教員（センター施設の有無にかかわらず）
3. FDを支援する委員会
4. プログラムと提供のための情報センター
5. システム全体のオフィスのような組織（Sorcinelli et al., 2006）

こうした基本的な構造の特徴には，大学院生など特定の集団を対象とするセンター，問題解決型の学習など専門的に特化した活動やサービスラーニングを支援するセンター，部局（schools）内のセンターなどが含まれる。PODネットワークのウェブサイト（http://www.podnetwork.org）には，何百ものアメリカ，カナダその他の国の教育センターのウェブサイトを検索する便利な機能がある。

　単一で大学全体の教育・学習センターは，すべてのタイプの高等教育機関にあるけれども，総合大学と研究大学では最も一般的である（Sorcinelli et al., 2006）。他の構造に比べ，昔から存続する確立された典型的なセンターで，教員であるセンター長個人やFD委員会のような別の構造から発展してきたものもある。

　中心となる専門スタッフには，センター長，副センター長，助手かプログラム責任者が1〜2人（大学院生のような専門的な集団の場合もある），科学・技術・工学・数学（STEM），社会科学，人文科学などの専門分野担当者の集まり，運営のための助手のような補助スタッフが含まれる。センター長は，教員またはFDの専門家，あるいはその両方であり，正職員または非常勤職員である。年配で，テニュアの教授を採用した非常勤のセンター長，多くの場合FDの知識がある副センター長，そして学部の客員教授の組み合わせが一般的である。集中型センターには教員による助言委員会が設置されていることが多く，そのセンターが新設の場合，または，センター長がFDの専門家で，教員および管理部門の信頼をさらに得ようとしたり，組織内の政治に対処する支援を求めたりする場合，委員会は非常に活発である。センターでは，特別プロジェクト，テクノロジー，運営の補助などの多くの分野で大学院生や学部生が有給スタッフとして補助的な活動をしている。

　一般に，センター長は，教育担当副学長補佐代理（associate vice provost）を通じ，筆頭副学長（provost）のオフィスに報告する。教務への報告ラインは，上級管理部門へとつながることを確実にし，センターと高等教育機関の教育上の使命とを明白につなぐものであるため，とても必要である。センターのでき方とその後の発展のプロセスから，大学院長に報告するセンターもあるが，ここで検討しているモデルに比べその数はかなり少ない。一般に，集中型オフィスにはさまざまなプログラムが用意されていて，その中

には大学内の特定の集団を対象としたものや専門的活動を支援するものがあり，以下で説明する。

　核となる予算は，主にスタッフ数やセンターが教育用テクノロジーを支援するレベルによって大きく異なる。補助金のような外部支援で予算を補う場合もある。寄付による支援者の名前が付いたセンターは少ないながらある。

　個々の教員が行う活動は，最も典型的には小規模のリベラルアーツ・カレッジにあり，その割合は減るが，総合大学にも見受けられるモデルである（Sorcinelli et al., 2006）。しかし，前に指摘したように大規模な大学全体のセンターはこのモデルからスタートしている。このタイプの小規模カレッジのセンターは近年増加していて，現在，POD ネットワークはこのタイプを支援する小規模カレッジ委員会を活発化させている。

　このような活動を運営する者は，テニュア教員から選ばれることが多く，しばしば非常勤であり，専任の運営スタッフや施設がないことが多い。それほど多くないが，センターは副学部長または他の管理者の仕事に含まれることがある。センター長は，支援を確立し，教員のニーズを絶えず確認しておくため教員の諮問委員会と協力する。また，助言委員会との協力は，教員個人のテニュアにとらわれず，FD の持続的な成功に役立つ。小規模カレッジは，FD を教員個人についてのものだとしか見ない傾向がある。さらに，センター長がサバティカルを取ったり，部局の教員に戻ったりすると，こうした取り組みの成果は短命で終わることがある。

　センターの規模を抑制していると，プログラムの提供には限界がある。最初は，センターは他大学の活動と連携して1〜2のプログラムを提供し，そのうちに拡大する。活動は関連がなく，定期的な会合の一部だったり，委員会の業務，コースとカリキュラム企画立案の一部として行われたりする（Reder, Mooney, Holmgren, & Kuerbis, 2009）。このように運営されるセンターの予算は，通常非常に少ない。

　FD を支援する委員会は，基本的にはセンター長のいない助言委員会であり，リベラルアーツ・カレッジやコミュニティカレッジに多く，教員個人が行うセンター活動と共通点が多い。よく似たモデルに，プログラムと提供のための情報センターがあり，コミュニティカレッジに最もよく見られる（Sorcinelli et al., 2006）。こうしたモデルは徐々に正式な形を取ることがあ

り，副学部長の仕事の一部，教員個人の責任，あるいは集中型センターにも進化する。

システム全体のオフィスは，文字どおりカリフォルニア州やジョージア州など大きな州のシステムに見られる。集中型センターの取り組みや個々の大学のFDへの取り組みに対し，支援および調整を行うことが多い。

高等教育機関の状況にかかわらず，センターを設立する動きは，教授団の草の根的な活動，管理運営，大学のアクレディテーションへの取り組みの成果，問題解決型の学習や社会貢献型体験学習（service learning）のような特定の活動への支援など数多くの活動から起きる。同時に，センターは，管理運営の変化，管理運営部門による支援の減少，緊縮予算，大学内の再編統合，リーダーシップの欠如，主な支持者への働きかけの失敗，そして退職，サバティカル，他大学への転出によって，主要教員が突然いなくなるという危うさがある。

プログラムとサービス

個々のセンターが提供するプログラムやサービスの種類と数はかなり多様であり，タイプ別にするとおおよそ次のカテゴリーに分けられる。以下のプログラムやサービスのうち，ワークショップ，個人へのコンサルテーション，授業観察の項目で考察を行う最初の3つは，FD分野の初期のプログラムが示す特徴を持ち，現在でも多くのセンターでよく見られる。この3つは，教授法開発分野における教員のための知識の供給源として，また，FDの推進力として，FD専門家の熟練に重きを置いている。プログラムとサービスのリストは以下に説明するが，一般的に言ってFDの専門家は，教授法開発の専門家というよりも，まずはFDの推進者，そして組織開発の変革者として貢献することが増えている。こうしたプログラム戦略の多様性と組み合わせをうまく調整することで，センターを有する高等教育機関に重大な影響を及ぼすことができる。

ワークショップでは，センターのスタッフ，大学教員や大学職員，外部のコンサルタントが数多くのテーマについてイベントを1回のみまたは連続して行う。共通のテーマには，コース設計，授業戦略，学生の授業評価，授業

の評価，さまざまな授業テクノロジーの利用などが含まれる。

個人コンサルテーションは，教員が1対1でセンターのスタッフと懇談する場合，または頻度は低いがファカルティフェローと内密に会う場合に実施され，内容は，新しい授業戦略の導入，コースおよびシラバスの改善，学生の授業評価が特定の授業実践で低い場合の戦略として行う。コンサルテーションは強力な戦略で，コンサルテーションを利用する教員の実践に重要な変化をもたらすことができる。一方，非常に資源集約的で，スタッフ不足のセンターにとっては結果的にぜいたくな内容となる。

授業観察は，教員の要請により，センターのスタッフを招き，授業を観察してもらうことである。一般には個人コンサルテーションがこの観察の前後に行われる。授業観察前の面談で，コンサルタントは，クライアントの抱える問題をクライアントとともに理解し，観察後の面談では，ビデオなどを用いて，クライアントの授業方法を何らかの方法で変えるために授業内容について話し合い，授業観察の内容を共有する。授業観察には，少人数グループによる授業分析（Small Group Instructional Diagnosis: SGID）を使う場合がある。SGIDでは，センターのスタッフ，大学教員，大学院生のいずれかを問わず訓練を受けた進行役が，講師の許可を得て教員がいないところでクラスの学生と面談を行う。進行役は小グループの話し合いを進行したり導いたりすることで，改善のために中核となる強みと改善する部分についてコンセンサスを形成し，後で講師に情報提供を行う。

オリエンテーションは，新しい教員および大学院生のティーチング・アシスタント対象に秋の初めに行うことが多く，一般的ではないが春学期に行うこともある。センターはこうしたイベントを企画調整し，学内の専門家に加え外部のコンサルタントを招くこともある。オリエンテーションの長さや内容は，出席者が大学の資源などについて，座談会方式で話を聞く昼食が提供されることの多い1日限りのイベントから，重要な教授法技術や大学の資源などについての1日限りのワークショップ，学期の開始前に数日間行われるやや長めのオリエンテーションまでさまざまである。オリエンテーションのプログラムにあるイベントは，年度にわたり計画されることがある。

補助金は教員個人，教員のグループ，学部に与えられ，教育ソフトなどの教材の購入，大学院生への部分的な補助，教育関連の会議に出席するための

旅費，外部コンサルタントへの支払い，教員のリトリートなど，コースやカリキュラムの開発を主に支援するためのものである。

ファカルティフェローは，教授団との関係を築き，センターの影響力を拡大する。センターの中には，支援するファカルティフェローの数を制限しているところもある。フェローは，学部での授業やプロジェクトの業務を部分的に免除され，プログラムの開発，またセンターと交渉して実施が決まった仕事に取り組む。

ティーチング・サークルは，普通6～8人の教員から成り立ち，興味のある共通のテーマについて集まる。参加者は，大体は学期単位だが，通常，一定の期間，定期的に集まることにし，共通するテーマとしては，能動的学習や，問題解決型学習，ティーチング・ポートフォリオ，コースの評価，コース設計など特定の授業戦略があるが，テーマに制限はない。また，参加者は文献講読と討論を行い，教育への示唆を得ようとしたりする。センターは普通そうしたサークルの組織化を助け，書籍や教材などを一部負担する。

ファカルティ・ラーニング・コミュニティ（FLC）は，持続性と情報の供給源の両方においてティーチング・サークルよりも広範囲にわたるFDであり，教員を支援する資源である。FLCは，学期単位，もしくは，学期よりも通年単位の方が多いが，通年にわたって重点事項を取り上げ，さまざまな専門分野の教員8～10人で構成される。FLCには，主に参加者の構成を重視するタイプとテーマ重視のタイプがある。参加者重視のFLCは，新任教員，先輩教員，女性教員，有色人種といった教員，学科長といった管理職からなるそれぞれのグループのニーズに取り組む。テーマ重視のFLCは，チームティーチングや一般教育の学部別評価など大学での教育・学習の特別なニーズに焦点を合わせる。センターはFLCの組織をまとめ，食事や飲み物などを囲む集まり，キャンパスから離れたリトリート，会議への出張，書籍などの資料を援助する資金を用意する。

補助金助成プロジェクトの運営とは，他の教育・支援組織やプロジェクトの補助金を調達する他の高等教育機関と提携して，センターの大学における資源を拡大することが代表的なものである。プロジェクトには，探求型学習，1年次セミナー，科学，技術，工学および数学のコースとカリキュラムの改革，大人数のコースでの授業，授業技術の統合，メンタリングなどがある。

センターのスタッフは，補助金を受けてプログラムの拡大およびサービスの提案，補助金の調整，またはその両方を行うことで，補助金に簡単に申請することができる。また，補助金により，支給期間およびその後も成果を普及するための資金が供給されるため，センターの業務だけでなく高等教育機関そのものも，全国に知られるようになる。補助金獲得のための競争を勝ち抜くと，大学内のセンターの地位が向上し，大学からの支援も増える。

全国的プロジェクトへの参加は，補助金助成プロジェクトと関係がある。センターは自分の属する大学に対し，アメリカカレッジ・大学協会（American Association of Colleges and Universities: AAC&U）の「大いなる遺産プロジェクト」（Greater Expectations Project）や，カーネギー教育振興財団（Carnegie Foundation for the Advancement of Teaching）が支援するカーネギー奨学プログラム（Carnegie Scholars Program）などの多くの全国的プロジェクトへの参加を推し進める。一般的に，センターのスタッフは，他の高等教育機関との関係は刺激があり，他の機関の実践について詳しく知ることから得る利益が大きいとわかっている。補助金プロジェクト同様，全国的プロジェクトへの参加は，高等教育機関の知名度の向上，大学におけるセンターの地位の向上につながる。

センターでは他のプログラムやサービスも提供している。たとえば，センターは，教育表彰を行い，その選考過程，表彰式の計画と公表などのお膳立てを通し，優れた教育が認知されるよう支援することができる。しかし，公平さを維持するため，教育表彰のための選考に自らは参加しない。また，大半のセンターは，高等教育における教育・学習に関する書籍と出版物などの資源を整え，有用な記事を載せた会報を発行し，他の教育資源とリンクしたウェブサイトを構築している。

センター長やスタッフは，センターの活動の知名度を上げ，教授団および管理運営との協力体制を進め，他大学のグループや支持者との連携を働きかけるといった非公式の活動に携わることもある。さらに，自らの大学の教育・学習を向上させるもう1つの戦略として，センター長や中核となるスタッフは，属する高等教育機関の教育・学習に関係する委員会で働くことがある。熟慮して選択した委員会の業務は，組織開発のプロセスにも貢献し，教育開発の取り組みの認知度と信頼性を高めることができる。アクレディ

テーション機関は，健全な教育開発の取り組みの重要性を認識し始めてきた。そのため，センター長およびスタッフは，南部カレッジ・学校協会（Southern Association of Colleges and Schools: SACS）が適格判定している大学の比較的新しい要件である質向上計画の開発と実施など，アクレディテーションの取り組みにおいて重要な役割を果たすようになっている。また，彼らは，昇進，在職，テニュアなどのガイドラインの改訂，教室のリフォームなど物理的な空間の形状，学生の成功や学内の雰囲気などの広範な戦略的に計画する課題について，新しい視点を持ち込んでいる。

新しいタイプのプログラム

　高等教育における教育・学習が複雑さを増し，FDが実践分野として成熟するにつれ，センターの中には，基本組織だけでなく，自分たちの大学に影響を及ぼすため，利用するプログラムと戦略のタイプを拡大するところが数は少ないが増えつつある。さらに，長年研鑽を積み，キャリアの頂点に達しているFDの専門家の多くが，より広い範囲に実践を広め，影響力を増している。センターの閉鎖，予算の締め付け，景気の停滞を受けて，センターの中には機関の広い主導性のもとに自分たちを位置付けたり，大学の戦略的計画での文脈について考慮を重ねるところが出てきた。管理運営の上層部に接近する機会が増えるにつれ，センターは，FD，より啓発的な教育・学習へのアプローチ，そして持続的な人材育成をいかに進めるかが，人材の流出を止め，資源が逼迫する時代での学生増，学生集団の多様化といった，より大きな戦略的問題に対処できることを大学運営の側に示してきた。組織開発はゆっくりだが徐々に洗練され，専門化した実践分野として真価を発揮しつつある。

　特に，高等教育における以下の展開は，教育センターの伝統的な組織とプログラムへの課題であり，プログラムの構成と実践の分野に新しい形態をもたらしている。

　　○ 非同期的に提供される授業が，世界のどこにいる学生にも対応し，またその学生が電子技術を常に利用でき，こうした技術に慣れている状

況において，学習技術の普及と高度化が進み，学習プラットフォームが増加し，高等教育機関の境界があいまいになっている
- 学生集団の多様化，グローバリゼーションの進展，特にインドと中国の台頭によるSTEM分野における高等教育の国際競争の激化，アジアおよび中東へのアメリカの高等教育の輸出，高等教育の課題が全国的に拡大
- 評価分野の成長とそれに伴う教育と学習に関する研究の新たな勃興
- アクレディテーションプロセスにおける学生の学習の重視，成果志向プログラムの点検（review），特定の地域の質向上計画の包含など，地域別アクレディテーション団体によるアクレディテーションのためのガイドラインの変化
- 図書館，技術センター，学生関係事項と住居の専門家，大学が存在する地域社会など，学習活動のパートナーの増加
- 消費者主義志向の進展と遠隔通信の普及がもたらす親の注目の拡大
- 伝統的な教員の役割のアウトソーシング化による非常勤教員の増加

　こうした変化の結果，FD担当者およびセンターが教育・学習の効果の向上に貢献し，高等教育機関全体の使命にも貢献できる機会が高等教育機関の内外で爆発的に増えた。実際，内外の取り組みに適正なバランスを見出すことは，多くのFD担当者にとって継続的な課題である。基本的な組織構造を変えないまま，一般教育などカリキュラムの大きな問題の解決に関与したり，評価などの分野で学内の専門家と協力したりするセンターが増えている。さらに，ベテランの実践者が，FDを担当する学部長または教育担当副学長補佐代理など，上級管理職の高い地位に昇るケースもゆっくりではあるが増えてきた。また，新しい環境に適応する生命体のように，大きな使命を持ち，新しいパートナーシップを構築し，地域の状況に応じて新しい組織構造を作り上げるセンターも少数ではあるが増えてきた。以下に2，3の例を紹介する。
　教育用テクノロジー組織との統合は，電子的な教育用テクノロジーの普及が進み，遠隔教育プログラムの収益力によってその予算が増大し，情報担当の責任者が管理運営で高い地位を占めるようになったため一般的になった。

技術センターは教育開発センターと統合することはあったが，センターが技術部門に吸収されるなど，逆も起きている。しかし，教育センターは学習，教授学及びテクノロジー間の手段と目的の関係を正しく反映しているので，技術センターが教育センターに吸収されるのは妥当であると見ることができる。学習成果の目標に基づく教授学的な決定は，どの教育用テクノロジーを使うかに優先する。さらに，洗練された電子技術は，利用することを先行させるべきではない。ジョージタウン大学の学習・学術企画センター（Center for New Designs in Learning and Scholarship），およびノースカロライナ大学グリーンズボロ校の教育・学習センター（Teaching and Learning Center）は，強力な教育用テクノロジー部門を有した組織から始まったセンターの例である。

合同事業とは，専門性開発のアプローチを結びつけることを促進するために，1つのオフィスで一連のプログラムを教員に示すことを表す。プログラムの構成はさまざまで，授業，テクノロジー，教育に関する昇進とテニュアの方針および手順，教員の福利厚生に関連するプログラム，また，女性教員，新任教員，非常勤教員など大学教員の下位グループを対象とするプログラムがある。このような構成を持つセンターには，インディアナ大学－パデュー大学インディアナポリス校（IUPUI）の学習・学術コンソーシアム（Consortium for Learning and Scholarship, 教育・学習センターを含む），マサチューセッツ大学アマースト校のファカルティ・ディベロップメント室（Office of Faculty Development, 教育センターを含む）などがある。アパラチアン州立大学のヒューバード・ファカルティ・ディベロップメントセンター（Hubbard Center for Faculty Development）は，創立以来，教員に多様なプログラムを用意し提供するセンターである。

教員向け，職員向け，管理運営向けのプログラムを組み合わせたセンターも2，3ある。ミシガン州立大学の教育・組織開発室（Office of Faculty and Organizational Development）がそうである。

センターの使命を拡大することによる既存センターの再編は，ばらばらではあるが最近広がっている。たとえば，独立した特別委員会が，主要スタッフの退職を見越してFDのニーズについて長期にわたり再検討を行い，その結果，ノースカロライナ大学チャペルヒル校の教育・学習センターは，優秀

教員センター（Center for Faculty Excellence）として再編された。教員の中から指名された半日勤務のセンター長とFDに精通する常勤のセンター長が主導した新しいセンターは，教育，研究，リーダーシップという3つの活動分野から構成されている。センターは，拡大された使命に基づき，組織間の協力関係を強め，より明確になるように発信し，大学内の中央図書館の中にオフィスを構え，技術面を充実させている。

　こうした新しい組織構造やプログラムの出現が，FDの新しい面を表しているかどうかは断言できない。しかし，センターの使命の拡大がFDの伝統的な領域を広げ，実績を上げるのは確かである。偶然にも，イギリス，カナダ，オーストラリアで以前から使われている教育開発（educational development）という語は，ここ数年でアメリカでも使われるようになった。アメリカで広く使われているファカルティ・ディベロップメントと比べ，教育開発という語は，ファカルティ・ディベロップメント，教授法開発，組織開発の3つの戦略がしっかりと融合したイメージを持ち，高等教育の教育・学習の取り組みに影響を与えている。これよりも意味が広い，大学開発（academic development）という語が，研究，教育，リーダーシップおよびサービスなど，高等教育機関の大きな使命に関連する開発活動を意味し，よく使われるようになっている。私見では，大学開発は，教育と学習を教員の関心と活動の正当な領域とみなす好機と，教育と学習が研究という圧倒的な領域により消滅するという危険性とから成り立っており，この2つは対等である。

終わりに

　FDはその始まりから，1つの分野として発展し，教育開発センターの数も増えてきた。センターの大半は5種類の基本的な構造のどれかに当てはまり，共通したプログラムとサービスのどれかを組み合わせて提供している。こうしたプログラムとサービスは，FD，教授法開発，組織開発という教育開発の古典的な3分野を反映している。熟練したFDの専門家が指導するセンターは，新しい実践分野の出現の舞台となることがあり，それは，ばらばらに点在し教育開発センターの新しいモデルを体現するセンターと同じである。

FDまたは教育開発は，その始まりから変化に重点を置いた分野であり続け，これは現在も変わらない。教員が大学生活における中心であり，また高等教育における変化が加速していることを考えると，FDは今まで以上に重要である。FDは，高等教育機関の教育・学習の取り組みと緊密な関係を持ちつつ，高等教育機関全体の効率を向上させる重要な働きをする。教育開発担当者は，学生の成功，教員の流出防止，費用対効果，効率的運営などの広範な戦略計画の課題に対処するため，上級管理者と連携を取るようになってきた。すなわち，FDは大学，カレッジおよび高等教育の変容にとって中心となる役割を演じる者として勃興してきたのである。

第3章 教育開発プログラムの開始

ダグラス・L・ロバートソン

　多くの国の大学は，緊急課題として，教員の能力と組織の効率性を高めるための明確な取り組みの実施を迫られている。こうした圧力の結果としてよく見られるのが，組織的な教育開発プログラムの作成，復活，再編である。本章は，こうした課題に興味のある読者にとって有用な情報を提供するものとなるだろう。

　「プログラムの開始」には何が必要だろうか。プログラムの概念化とその構成要素の管理を早い段階から明確に区別しても，得られるものはないだろう。「プログラムの開始」という語句には，この2つの課題が重複して含まれている。それに加えて，教育開発プログラムの歴史は古い。かつては機能していたプログラムが特に理由もなく消滅，あるいは著しく縮小した後，最近になってまた生まれ変わるといったようなプログラムの復活など，新しい現象も見てとれる。恐らく，そのプログラムは新しい学長の支持が得られなかったか，予算不足による資金削減が避けられなかったのだろう。また，今日の教育開発プログラムは，他のプログラム（情報技術，人材開発プログラムなど）とともに実施されることもあり，これにより教育開発プログラムを根本的に再編する必要が生じてくる。これらプログラムの作成，復活，再編という3つの取り組みは，「プログラムの開始」というテーマに含まれる。

　本章の目的は，読者が以下の項目を行う能力を高めることである。

- どういう決断をしなければいけないのかを決める：教育機関における教育開発プログラムの作成，復活，再編に必要とされる基本的な考慮事項を明らかにする
- 重要な課題を決める：上記の基本的な考慮事項に対する望ましい姿勢

を理解する
- ビジョンを明確にする：教育開発プログラムに対する明瞭で説得力のあるビジョンと決定事項とを一体化させる

　これらの目的を達成するために，本章では一連の質問を示し，検討を行う。読者それぞれが持つ背景の違いによって，こうした質問への対応方法は異なってくるだろう。そのため本章では，「優れた実践の方針」とその状況とを切り離して議論することのないように配慮する。義務を強調することではなく，考慮すべき重要な事項を明らかにすることが目的である。また，読者の状況に密接に関係するような考慮事項について，読者がその姿勢を明確化できること，また，そうした姿勢を統合して明確なビジョンを持てるように支援することが本章の目的である。

　本章では，実践的な内容と同時に，この分野に関する文献情報も提供する。今後のさらなる研究に有用な文献を本章末尾の参考文献一覧に掲載する〔本訳書巻末に掲載〕。また，*To Improve the Academy*（PODネットワークによる査読付き年刊誌）は，27年の蓄積があり，知性と事実に裏付けられた実践的なアイデアの宝庫で，その多くが教育開発プログラムの開始という本章のテーマに沿っている。まだ目を通していない読者には，十分な時間を取り必要な箇所では立ち止まりつつ，そのすべてに目を通すようお勧めする。それにかける時間と努力は絶対にそれだけの価値があるだろう。

効果的なプログラムを作成する上での決定のポイント

　さて，教育開発プログラムを開始する際に問われる基本的な項目を示す。以下の14の問いは順序立てて並べられているわけではなく，ばらばらで特異なプロセスを有するものに無理やり単一の順序を付けたかのようになっている。読者には，自分の興味に従って，一連の質問に自由に取り組んでもらいたい。

教育開発プログラムを開始する際の望ましい前提条件は何か

　プログラムの開始には，幅広い構成メンバーを組織することが極めて重要

な第一のステップとなる。すべての教員，職員，管理職，学生から，教育プログラムの開始への賛同を得ることは，現実的な目標ではない。しかし，プログラムの開始を望む者をできるだけ多く集めることができれば，成功する可能性は高くなる。例えば，教員による特別委員会が，筆頭副学長や理事会の会長にFD支持の根拠を調査するよう求められたとする。特別委員会がプログラムを推挙する報告書を提出した場合，こうして集められた支持はプログラム成立に役立ち，成功へとつなげることができるだろう。もしプログラムが職員の役に立つものであれば，職員にも同じことが当てはまる。また，学長，筆頭副学長，その他副学長，学部長，学科長，センター長らの支援も有用である。学生はFDや職員開発の問題をほとんど知らない。しかし，学生自治会や，その他の学生グループがプログラム開始を支持する声明を出すなどして，話し合いに参加する方法を探ることは可能である。

センターは必要か

　教育開発プログラムの形式は非常にさまざまである（第2章「プログラムの型と原型」を参照）。ソルチネッリ，オースティン，エディ，ビーチ（Sorcinelli, Austin, Eddy, and Beach, 2006）は，PODネットワーク2001の会員全員にアンケート調査を行い，特にFDプログラムの構成について尋ねた。ソルチネッリらによると，回答を寄せた300の教育機関には，以下の構成が見られた（p.37）。

○ 専任職員がいる集中型ユニット（54％）
○ 個人の教員または本部メンバー（19％）
○ FDを支援する委員会（12％）
○ プログラムを提供する情報センター（4％）
○ システムワイド・オフィスのような構成またはその組み合わせ（11％）

　この調査では，FDプログラムの構成は教育機関のタイプによって大きく異なることがわかった（第10章「研究大学における効果的実践」，第11章「小規模カレッジにおける効果的実践」，Chap. 19「コミュニティカレッジにおけるファカルティ・ディベロップメント」〔本書では未訳〕も参照）。集

中型ユニット（通常「センター」と呼ばれる）は，研究大学，総合大学，コミュニティカレッジでは最も一般的であり（それぞれ，72％，51％，34％），リベラルアーツ・カレッジでは，個人の教員または中央執行部メンバーが最も一般的な構成員である（33％）（Sorcinelli et al., 2006, p.38）。特定の状況でどのような形式のプログラムを取るべきかを検討する際に使う大まかな決まりとしては，(1) 通常はセンターが望ましい形式である，(2) 何もないよりは何かがあった方がいい，の2つが挙げられる。

プログラムのミッションは何であるべきか

プログラムのミッションを策定するには，多くの重要な選択が必要である。例えば，そのプログラムで利益を得るのは誰か。プログラムの実施が大学教員のためであるのは当然だが，職員のためでもあるだろうか。管理職はどうだろう。非常勤教員，大学院生の授業助手はどうだろうか。教育開発プログラムに投資された教育機関の資源は，明確な目標に沿うものでなければならない。目標はどうあるべきなのか。目的は何で，対象は誰であるべきなのか。

センゲ（Senge, 1990）が「学習する組織」（learning organization）という語を広めてから約20年がたち，多くの大学が学習する組織になると宣言してきた。実際，すべての組織は望むと望まないにかかわらず学習する組織であるのだから，こうした願望は奇妙なものであるといえる。組織で働く者は，正式な専門職開発プログラムがなくても，働く者の相互作用により毎日学んでいる。また，彼らが学ぶことは組織にとって役に立つときも，立たないときもある。教育機関はもうすでに学習する組織なので，「意図的に学習する組織」になろうとしていると表現する方が正確だろう。そしてそうした組織では，戦略的方向性に合致した方法で，教員，職員，管理職による学習と発展を支援するために教育資源が利用される。

大きな組織では，その方向性に合致した意図的な学習に取り組む者を，「学習責任者」（chief learning officer）と呼ぶことがある。確かに，刊行物はその役職名で出版されている。こうした機能の概念は大学では通用するようだ。教育開発担当者は，こうした意図的な学習に責任を負う論理的な人物である。教育開発担当者とプログラムがこの重要で新しい機能を果たす場合，このことは使命に明示的に盛り込まれていなければならない。

学習を戦略的に導くもう1つの方法は，センターの活動の対象者が訴える学習ニーズに対応したプログラムを開発することである。戦略的方向に合致したプログラム作成よりも，この方が強力な効果が期待できる。

　こうした2つの方法からの選択は，授業設計に学習者を巻き込みたいと思いつつ，教員は授業内容について学生よりも詳しく，学習を導くリーダーである責任があると考えているような教員が直面する選択に似ている。こうした選択は，教育開発プログラムの使命の宣言文書の中で位置づけられうることである。

　プログラムの使命を決めるときに考慮すべきもう1つの点は，プログラムが取り組む開発の種類である。これには，少なくとも4種類がある。

1．教授法の開発：教える人がもっと効果的に教えられるよう支援する
2．ファカルティ・ディベロップメント（FD）：キャリアパス全体を通して教員の仕事をあらゆる面から支援する
3．カリキュラム開発：一般教育または学位プログラムなどのプログラム全体を構成するコースユニットにおけるインストラクショナル・デザイン（学習目標，活動，評価の統合）を推進する
4．組織開発：新しい学科長や職員の教育などを通じ，組織の戦略的な効率性を高めるため，意図的に学習する組織として教育機関の発展を促す

　教育開発プログラムは，教育・学習センター以上の内容を持ちうる。その対象範囲は，すべて使命の宣言文書（ミッション・ステートメント）に明記すべきである。

　以下に，教育・学習センターよりも広い意味で概念化を行った専門性開発センターについて，技術研修も含め，それを説明するミッション・ステートメントの例を示す。

　　　センターの第一の使命は，大学の教職員が，大学の核となる価値，および戦略的な優先課題と足並みを揃え，厳格で適切な能力開発を続けられるよう，個人的また集団的に援助し，意図的に学習する組織として全可能性を追求する大学を支援することである。センターは，教職員の以下の4分野での能力

開発を支援することで大学に貢献する。

1．教授法開発
2．ファカルティ・ディベロップメント（FD）
3．カリキュラム開発
4．組織開発

センターのプログラム作成とコンサルテーション，および関連技術ツールを用いての研修をこの4つの開発分野に組み入れる。

プログラムのミッション・ステートメントには多くの重要な選択が含まれるため，主だったステークホルダーの関与を仰ぎつつ，注意深くかつ明確に練り上げていく必要がある。既存の教育開発プログラムのミッション・ステートメントを検討することは有益だろう。PODウェブサイトのトップページにある検索エンジン（http://www.podnetwork.org/search.htm#faculty）を使えば簡単にアクセスできる。

ミッションと戦略的計画の作成にはどういうプロセスを使うべきか

教育開発プログラムのためのミッション・ステートメント，ビジョン，主な価値，戦略的計画（目標，活動，評価）を生み出すプロセスにはいろいろな形式がある。一般にそうしたプロセスは，どのような形式を取るにせよ，主要なステークホルダーが参加できるよう多様な提供の機会（対面，印刷物および電子情報，個人またはグループ）を活用している。こうしたステークホルダーには，学生，教員，学科長，学部長，本部上層部，学習支援・学生課職員，卒業生，地域コミュニティ，もしくは新しい教育開発プログラムに直接，間接を問わず影響を与えるか与えられる者が含まれる。

さまざまな区分のステークホルダーを招いて一連の会合や対話を持つプロセスは，貴重なデータを提供するだけでなく，各グループの対話を通じて，新しい教育開発プログラムや関係する問題に関して組織を高度化させるのに役立つ。対話の成果や分析をステークホルダーと共有するプロセスを繰り返

すことで，こうしたステークホルダーによる新しいプログラムへの投資は幅広く，奥深いものになる。

プログラムに教育用テクノロジーが含まれるべきか

　教育が対面式，オンライン，ハイブリッドコースのいずれで行われようと，大学教員は，コース管理システム，プレゼンテーション用ツール，スマートボード[1]，不正防止プログラム，映像配信，ポッドキャスティング[2]，ソーシャルネットワーク・ツール（第9章「テクノロジーとファカルティ・ディベロップメントに関する問題」を参照）といった，既存および新しいツールが使えるようになる必要に迫られることが多い。教員がこうしたツールを使えるように支援する教育技術者は，情報技術ユニットに在籍しているか，または教育開発プログラムに取り込まれている場合がある。

　この2つの文化（情報技術と教育開発）の違いを過小評価してはいけない。情報技術組織のユニットにいる教育技術者は，テクノロジーを身につけるべき学習対象として扱う傾向がある。例えば，Blackboard[3]というツールを教員が必要とするかどうかにかかわらず，Blackboard I，II，IIIというように，すべてのBlackboardツールを紹介するワークショップを実施したりする場合がある。こうした技術者は，教員たるものは，コース管理システムを実運用する前に，Blackboardに関する研修を受ける必要があると，ひそかに，または公然と思っている。一方，昔から技術そのものよりも教育学を重視してきたような教育技術者は，オンラインのコミュニティやオンライン環境での活発な学習など，教育に関する問題を解決するために，研修やコンサルテーションを開発しようとする傾向がある。後者の方法では，教員は技術ツールの使い方を学ぶことが想定されているが，教育に関する問題を解決して指導方法を向上させる手段として，ツールを利用する。新しい技術ツールを学ぶ必然性は，教育技術者が教員に対して，教育に関する実践と考え方を再検討するよう支援する機会を生み出す。情報技術組織の文化の中で働く教育技術者は，教育とテクノロジー利用の間に生じる摩擦を避けようとする傾

訳注　[1]　スマートボード（smartboard）：電子黒板システム。
　　　[2]　ポッドキャスティング（podcasting）：インターネット上で音声や動画を配信すること。
　　　[3]　Blackboard：Blackboard Inc.が開発した学習管理システム。

向がある一方で，教育開発プログラムを重視しながら働く技術者は，教授法開発の機会を大切にする傾向があるようにみうけられる。

　そうはいっても，教育技術を教育開発プログラムに統合することは，簡単ではない。1つには，一般的にこの2つの組織内ユニット（情報技術と教育開発）の給与体系は異なることが挙げられる。たいていは教育開発者より情報技術者の方が待遇がよい。もう1つは，教育技術者の市場は，特に大都市圏において活況であるという点が挙げられる。そのため，教育開発プログラムにおける教育技術者のテニュア（在職期間）は短くなる。こうした問題点があるため，組織のリーダーは，教育開発プログラムに携わる教育技術者の給与が，情報技術ユニットの技術者に引けを取らないようにして，優秀な人材の引き抜きを防止することが求められる。また，給与において大学が企業に匹敵することはあまりないと認識した上で，教育開発プログラムに携わる教育技術者の給与をできる限り外の市場の同業者に比べて見劣りしないようにしなければならない。

予算はどうあるべきか

　何もないよりは何かがあった方がいいと述べたことを思い出してほしいが，予算について検討する場合，最初に考えるべき一般的なガイドラインは確かに存在する（Fink, personal communication, June 20, 2007）。前POD会長のディー・フィンク（Dee Fink）は，さまざまな種類の機関でFDプログラムを実施してきた経験から，財政的に支援が十分にあると考えられるセンターでは，予算が教員の報酬（または，非常勤教員，大学院生の授業助手，その他のスタッフなどセンターで働く人すべての報酬）の0.5～1％であることに気づいた。たとえば，センターが常勤および非常勤の教員を雇い，その報酬が全部で7000万ドルであるとき，財政的に十分なセンター予算は35万～70万ドルになるだろう。センターが教育テクノロジーを有しているかどうかも重要な点である。教育技術に関するスタッフと設備は，教授法のコンサルタントに比べると費用がかさみ，多くの予算を必要とする。

プログラムは組織上どこに位置づけられるべきか

　教育開発プログラムを開始する際に重要な点は，プログラムを組織の構造

のどこかに位置づけることと，ディレクターとコーディネーターのための連絡経路を決めておくことである。教育開発プログラムは組織の端に追いやられると極めて損なわれやすい。そのため，連絡経路はできるだけ学務課の上層部に終点が来るようにし，できれば学務課のチーフに直接つながるのが望ましい。

理想的なディレクターの特徴は何か

教育開発プログラムのディレクターやコーディネーターにはいろいろな形式があり，常勤または非常勤，教員または職員，テニュアの有無などの違いがある。しかし，それぞれの特徴はさておき，主要なステークホルダー，特に教育開発プログラムの特定のクライアントとの間に信頼関係がなければならない。

通常，教育開発プログラムの主要なクライアントは大学教員である。そのためディレクターは，教員集団との信頼関係が構築できていると有益である。最善の信頼関係は，ディレクターが教員の支援要員とみなされるのではなく，別の知識分野（教育開発）を学問上の研修に追加できる同僚と認められるときに生まれる。言い換えれば，ディレクターがディレクターになる前に，大学教員として成功を収めていることが仕事に役立つのである。成功を収めている多くのディレクターは，教員の地位がなくてもいろいろな方法で信頼を勝ち得ているが，ディレクターに対する信頼は，教育，研究および業務の裏付けがしっかりしている同僚のシニア教員（最終学位，獲得したテニュア，少なくとも准教授の地位）であることから生まれている。ディレクターが役職の条件として大学教員の地位を得て，教員の同僚とみなされるのであれば，さらに仕事はやりやすくなるだろう。ムリニックス（Mullinix, 2008）によると，全国レベルの教育開発担当者の調査で，教育開発担当者の5人に4人（79％）が教員の地位は重要であると答え，半数（48％）が決定的または非常に重要と答えている。半数超（54％）が教員の地位があると信頼性が増すと答え，約4分の1（28％）は効率性が増すと答えている。この2つの例は，この調査から得られる質的データの要約となるだろう。教員の地位のある教育開発担当者は，「教員の同僚であると，教員との信頼関係を築くのが容易で，尊敬もすぐに得られる。昇進，テニュア，授業運営，オンライン指導，

電子ポートフォリオについて，理論だけではなく，個人的な経験から語ることができる」と説明する（Mullinix, 2008, p.184）。教員の資格のない教育開発担当者は，「一度も教員の地位を得たことがないが，もしそうであれば仕事の上で非常に役立っただろう。博士号と指導経験があるにもかかわらず，教員でないために特定の教員を支援する資格に欠けると言われることがあり，ときには面と向かって言われたことがあった」と述べている（p.183）。

こうした大学教員の根本的な事情を考慮する以外に，理想的なディレクターの重要な特徴としては以下の点が挙げられる（第5章「重要なスキルと知識」参照）。

○ 関連する文献，実践，技術の知識
○ 教育開発の経験
○ 臨床スキル（相談業務における機密保持など）
○ 実行スキル（ワークショップ，リトリート，会合，イベント等の実施）
○ 管理スキル
○ リーダーシップスキル（Sidle, 2005参照）

しかし，有能なディレクターになるために，これらすべての特徴を有する必要があるわけではないことを忘れてはいけない。すべてのスキルが調和して働いた場合に，信頼性と有能さが生まれる。

プログラム・ディレクターは固定または交代制のどちらがよいか

センターのディレクターを交代制にすることの利点については，小規模のリベラルアーツ・カレッジのシニア教員で，センターのディレクターを務めた人の意見を聞き，考察，検討することが役に立つだろう。「教員1名を3年の任期で交替させる学習センター調整者（Learning Center Coordinator）というポジションを設置した。計画した段階では興味深い案に思えたが，この新しいポジションで実験台になり，欠点に気づいた。規則に照らせば，このポジションの最後の年になる（3年を超えて少なくとも1年はこの職にとどまるつもりだが）が，FD開発者として実力がついたとは思えない（匿名，

私信，2007年4月10日）」。ディレクター職を交代制にするのは，固定制ほど望ましくないようである。教育開発は確立された専門分野であり，教職員が1年かそこらで新しい分野を習得できると期待したり，短い任期でその地位を離れたりすることは，合理的でも効率的でもない。

プログラムはどのようなサービスを提供するべきか

教育開発プログラムの多くは，少なくとも4つのサービスを提供する（第2章「プログラムの型と原型」およびChap.8「プログラムと活動のための実践的な提言」〔本書では未訳〕を参照）。

- ワークショップや特別な講演者などのイベント
- 同業者による実践グループや，革新的な教育に対する助成金のようなプログラム
- 教育・学習の問題に取り組む教員，または教員の評価システムを担当する学部との相談
- 認証評価プロセスなどをテーマにしたリトリート，または学習成果について話し合う会合など，プロセスの推進

プログラムの提供の課題について考えるのに便利な表は，(1) クライアントは誰か（個人またはグループ），(2) 活動を主導するのは何か（クライアントのリクエストまたはセンターの活動）の2つの質問を組み合わせた2行2列のマトリックスを作ると完成する。このマトリックスを表3.1に示す。

いつものようにバランスを取ることをお勧めする。そして表の4区分にも同じことが言える。プログラムのサービスがクライアント主導型の活動ばかりになると，教育機関の積極的なリーダーシップを発揮する機会が減る。もしプログラムの大部分がセンター主導型の活動になると，対象者に対応していないプログラムとみなされ，ステークホルダーの支援が減るだろう。個人とグループの関係についても同様で，個人への関与に重点を置きすぎると，徐々に大きな変化と発展が見られるようになるだろうが，プログラムの影響力の大きさには疑問が持たれる。

しかし，プログラムがグループ活動に重心をおくと参加者数は多くなるが，

表3.1 プログラム・サービスの分類表

	クライアント主導型	センター主導型
個人		
グループ		

影響力には疑問符が付く。イベントが大規模になると大きな行動変化は望めず，また，こうしたイベントには，すでにプログラム内容について納得した参加者が繰り返し参加することが多いからである。繰り返しになるが，教育機関はサービスをどのように組み合わせると自らに一番適したものになるか，自分たちで決めなければならない。

どのようにサービスを提供するか

当然のことながら，教育開発担当者は「参加者に来てもらえるかどうか」について心配することが多い。しかし，これは全体のごく一部でしかない。サービスの提供方法のコンセプトは，2つの基本的な方法に集約される。

1. 求心的：クライアントを物理的に（ワークショップなど）また電子的に（ウェブサイト）連れてくる。
2. 遠心的：クライアントのところに物理的に（家に訪問する）また電子的に（ポッドキャスティングなど）出向く。

サービスの提供に関する分類表についても，求心的・遠心的を上段に，物理的・電子的を縦列にして2行2列のマトリックスを作ると読者にとって役に立つだろう。ここでもまた，バランスが取れていることが望ましい。

さらに，クライアントは慢性的に忙しすぎる（Robertson, 2003）ことが多いため，継続中の「ジャスト・イン・タイム方式の年中無休24時間体制の活動」の一部としてサービスを開発すると，役に立つことが多い。教員が必要な時に必要な支援を受けられるように，開発のための資源を電子的に（インターネット上の個人指導や検索可能なデータベース），かつ印刷物で（教

育に関する参考用の個人的な蔵書を増やすために教員に与えられる書籍など）提供する。また，足を運んでくれたクライアント用の対面式コンサルテーション，または電話，電子メール，インスタント・メッセージなどを使った必要に応じた電子的コンサルテーションも有用である。各教育機関が行う内容は一様ではない。しかし，非常に忙しいことの多いクライアントのために，ジャスト・イン・タイム方式の年中無休24時間体制の開発支援を提供することは重要である。

教育開発担当者のための倫理指針は何か

　教育開発プログラムの開始を援助する意思決定者は，教育開発分野には，既存の文献，歴史のある専門家団体，長年にわたるリーダーの存在を認識していないことがある。また，PODネットワーク（http://www.podnetwork.org/faculty_development/ethicalguidelines.htm）が作成した教育開発担当者のための倫理指針についても知らない場合がある。特に，POD倫理指針で守秘義務について触れている部分に目を通すよう，読者には強くお勧めする。守秘義務は，表面的ではなく，根底からの開発を促すプログラムにクライアントの参加を促す上で，最も重要な要素である。こうした守秘義務に関する指針により，教育開発担当者は，教育開発プログラムと評価システムとの，時に難しい関係についてバランスを取ることができる。

プログラムに助言グループは必要か

　効果的な助言グループ（または委員会）には，教育機関のあらゆる所からプログラムに情報をもたらし，教育機関のあらゆる所へプログラムの情報を発信するという双方向のコミュニケーションを行うルートがある。また，効果的な助言グループはプログラムの所有権を拡大させる。しかし，教育開発担当者は効果的な助言グループの設立と維持にかかる時間を少なく見積もってはいけない（第4章「ファカルティ・ディベロップメント委員会との協働」も参照のこと）。

プログラムのブランド構築はどのように行うか

　ブランディングとは，簡単に言えば，人々があるものについてプラスのイ

メージ，期待を持つようにすることであり，本書のテーマについて言えば，新たな教育開発プログラムがその対象になる。もちろん，プログラムについてプラスのイメージや期待（すなわちブランド）を構築するためには，そのクライアントやステークホルダーが意義があると感じる方法でプログラムの目的を達成しなければならない。人々の経験や認識と結びつきやすいプログラムのシンボル（例えば，記念となる名称やロゴ）を設定することは，プラスイメージを構築する助けとなる（Chap.7「プログラムの促進と組織内での定着」を参照〔本書では未訳〕）。

　関係者に対しプログラムのメリットを約束したならば，それを果たすことの重要性は明白である。しかし，それほど明白ではなく，見過ごされがちなのは，教育開発プログラムに名称を与え，その象徴としての画像やロゴを決めることの重要性である。数百に及ぶセンターが存在するなかで，新たな組織の名称を決めることは容易ではない。著者による非公式の分析によれば，センターの名称として使われる頻度が高いのは，センター，教育，学習，向上，優良，効果的，教授法，教員，開発，技術，などである。

　教育開発プログラムを開始する際には，その名称が問題になるが，それは大口の寄付の可能性とも関係する。実際，アメリカにおけるセンターは，その創設過程の寄贈者や象徴的な人物の名前が冠されていることが多い。一般に，潜在的な資金提供者は，FDプログラムやプロジェクトへの支援には消極的だが，同時に，学生や学習環境にとってプラスとなるプログラムについては熱心に支援する傾向がある。従って，潜在的な資金提供者に対し，教員としての資質向上につながるプログラムを支援することは，ひいては学生の学習を助けることになる，という点を説明するとよいだろう。

　また，センター名称のロゴを作成することは，グラフィックデザインの学生にとって，実務経験を積む絶好の機会になる。必ずしも費用をかける必要はない。ロゴの作成過程にかかわらず，教育開発プログラムの専門性を伝えることができれば，それでよい。クリップアートは避けること。

終わりに

　上記の14の質問は，教育開発プログラムを作成，復活，再編する際の重要

なポイントとなる。読者が各自にとっての重要事項を認識し，現状把握を行い，そうした分析に基づいて所属組織において教育開発プログラムを開始する上で，本章の記述が一助となれば幸いである。

第4章 ファカルティ・ディベロップメント委員会との協働

キム・M・ムーニィ

　ファカルティ・ディベロップメント（FD）委員会の目的と活動は，各組織の文化や状況によって異なる。FD委員会が当該組織の統治制度の枠内に存在するか否かによって，その構造や使命が異なる可能性がある。そうした委員会の位置づけに応じて，委員会のメンバーが単なる助言者としての役割にとどまるか，より積極的にプログラムの策定に関わるかが決まる場合がある。また，委員会の活動は，教育・学習センターの有無や，そのセンター長の在不在によっても方向性が左右される可能性がある。本章の目的は，FDのコーディネーター，FD委員会の委員長，および教育・学習センター長が，学内にFD委員会を組織し，職員の代表として，FD関連の専門的な活動を有意義に実現することを手助けすることにある。FD委員会が独自のメンバーによる助言グループとしての性格を持つか，メンバーがあらかじめ決められた組織内の正式な委員会であるかの別を問わず，本章では，FD開発者による創造的，戦略的な計画の立案を奨励する。ただし，本章で述べる提言は，FD委員会において助言者としての役割を果たすメンバーというよりは，より積極的な活動を行うメンバーを対象としたものである。読者の所属組織が体系的なFD活動を計画・実施する初期段階にあるのであれば，本章は，FD委員会の指導の下でFD活動への理解を深め，効果を上げる一助となりうる。

　FD開発者を対象として最近実施された全国調査（Sorcinelli, Austin, Eddy, & Beach, 2006）によると，FDプログラムはより体系化され，専任スタッフによる管理が増えてはいるものの，プログラムの計画，実施，管理は依然，組織のタイプによる影響が大きいとの見方が多いことがわかった。教養，宗教理念に基づく単科大学や専門大学の場合は，その他のタイプの組織

と比べて，委員会によるFD活動の促進・支援を志向し，FDには教員からのインプットが必要であると考える傾向が強い（Sorcinelli et al., 2006）。このため，本章で示す考えや助言は，小規模の大学におけるFDの構造に対して，より当てはまる面があるかもしれない。しかし，例外もあるだろう。

　小規模のリベラルアーツ・カレッジでは，FD開発者が複数の役割を持つことが多い（Mooney & Reder, 2008）。このため，FD委員会の活動を効果的に方向付けることができれば，学内のプログラムを活性化するだけでなく，FD開発者の負担を軽減することも可能になるかもしれない。最終的には，大規模な研究総合大学であれ，小規模な単科大学で教職を兼ねている場合であれ，FDに関する共通のビジョンを持った委員会を開催することは，「孤立化した教育を終わらせる」（Shulman, 2004, p.140）ための，第一歩となるかもしれない。そうしたビジョンが広く共有された段階においては，2つ目の重要なステップ，すなわち，同僚職員のやる気を起こさせるような委員会の使命を規定し，活動の重点を定義することをティアニー（Tierney, 2002）が提案している。新たなFD開発者が，在任期間が長いメンバーで構成される既存の委員会を引き継ぐ場合には，初回の会合において，委員会の使命についてメンバーが何を強みと考え，何を課題と考えているかを探ることが望ましい。そうすることで，メンバーが従来の活動の一部を見直すことにどの程度前向きであるかを判断することができる。この際，委員会の過去の実績を認め，尊重することと，新たな考えへの関心を高めることのバランスをとることが重要である。一方，委員会が発足したばかりで，管理職や教授会などの組織から明確な使命を与えられていない場合は，第一の作業として，委員会の使命を規定することが必要になる。使命の規定は，組織として著しい努力をしていく上で委員会が取るべき方向性を定めるものであり，極めて重要性が高い。PODネットワークのリソースを活用することも，委員会の使命を規定する作業を始める際の参考となりうる。PODネットワークのウェブサイトで同様の構造を持つ類似組織を検索し，FD委員会の使命の例を調査することができる。

組織の背景と委員会の目標

　FD委員会が教育・学習センターと関連付けて設置されたり，委員会の使命がセンターの設立目的と直接結び付けられたり，センター長が委員長に任命されることは珍しくない（Sorcinelli et al., 2006）。しかし，FDの体系や実践方法は学内の文化によって異なる。センター長がFD委員長であったり，職権上の委員であったりするかもしれない。教養系やその他の小規模大学においては，センターの役割が大規模な研究大学の場合と比べて限定され，FD委員会が正式な組織統治体系の一部として位置付けられるかもしれない。その場合，FD委員会の使命は規定済みで，教員・管理スタッフ数も決められているかもしれない。委員会の年間の目標と議題は，教員にとっての必要性や関心，それぞれのキャンパスに特有の文化や構想，より広範な組織としての使命に応じて決められる。

　FDの主要な目的が卓越した教授法の確立・維持にある（Sorcinelli et al., 2006）という点については，教育機関の別を問わず，FD開発者の意見が一致するところであろう。FD委員会が本来の効果を上げるためには，効果的な教授法の確立に向けて調整を行うことができる，政治的に中立な組織とみなされることが理想と言える。ルンドとヒーリー（Lunde and Healy, 2002）によれば，FD委員会は，受身の，あるいは単に官僚的な役割を与えられるべきではなく，創造的でよく練られたプログラムを策定し，委員会メンバーが必要とする事項に柔軟に対応できるグループとみなされることが望ましい。

委員長・FDリーダーの責任

　小規模大学を対象としたFD開発者のための，効果的活動の13原則を示している論文がある（Reder, Mooney, Holmgren, & Kuerbis, 2009）。この論文では，FD開発者がFD委員会と協働で実施する生産的な手法についての提言が数多くなされている。

委員会メンバー

　レダーら（Reder et al., 2009）は，FD 委員長・リーダーの主な責任事項の 1 つとして，「変わり種」をメンバーに含めることを提言している。これは，FD 開発者か FD 委員会の招集者が，委員会構成の決定に影響力を持つことが前提となるが，少なくとも 1 人もしくは 2 人のメンバーについては，教員の中で教授法・学習法の改善議論や関連ワークショップに関心がなさそうな人物を選ぶことが望ましいとするものである。そうすることで，委員会メンバーは自らの考えに対して，生産的な意味で反論を受ける可能性があり，また，他の教員に対し，委員会が主催するイベントに関心を持ち，参加する人の輪を広げることができる可能性がある。

　FD 開発者は，卓越した教授法の概念を確立するというよりは，一般的な意味での教授文化に肯定的な影響を与えたいとの思いが強いとみられているが（Sorcinelli et al., 2006），優れた授業実践や学生指導の実績があるリーダー的存在の教員を FD 委員会に迎え入れることは，委員会の活動に対する信頼度の向上に寄与する。学内の優れた教員や研究者を FD 委員会に関与させるための 1 つのモデルは，彼らを「アソシエート・メンバー」もしくは「フェロー・メンバー」の形で迎え入れ，学期ごとに具体的なプログラム課題を担当してもらうことである。彼らは，授業以外にも業務を抱えている可能性があり，委員会の正規メンバーである必要はない。委員会に主要スタッフ（図書館司書，教育技術者など）を含めて多様かつさまざまなグループを代表するメンバーを迎え入れることの重要性は極めて大きい。

　FD 委員会のメンバーの一部が毎年変わる可能性もある。メンバーの交代に伴って新メンバーに FD の目的を周知するため，FAQ（よくある質問）シートの作成や推薦図書の提供を検討してもいいだろう。また，新メンバーに対し，FD 関連ウェブサイトの閲覧を求め，新メンバー同士でサイトや推薦図書で得られた情報に関する討議を行うための会合を計画してもらう方法もある。前年度の議題や行事日程を共有することも，FD 委員会がどのような活動を目指しているかについて，新メンバーに考えを持ってもらう上で役立つかもしれない。

委員会活動の管理

　FD 開発者は，FD 関連のワークショップやイベントの企画，実施，促進についての主な責任者であると同時に，委員会の活動時間，専門知識，活力などを生産的かつ効果的に利用するための方策を学ばなければならない。FD 委員会との効果的な協働に向けたこの助言は極めて重要である。有能な FD 委員長は，委員会活動に対する自らの関与を示すことによって，他のメンバーの参加を促す。以下に掲げる項目は，FD 委員会の活動を管理するに当たって参考にすべき事項であり，すべてを網羅した包括的なものではないが，目的に向けて歩みを進める際の指針となるものである。

○ 当該年度において見込まれるプログラムやイベントの件数と規模に基づいて委員会の規模が決定されていなければ，それを決定する。委員会活動の創造的な調整やプログラムの共催の可能性を踏まえつつ，新規のメンバーを加入させる。
○ メンバー間で都合のよい委員会開催日程を調べ，可能であれば，予見可能な開催日程を決定し，開催場所を固定する。
○ 委員会のメーリングリストを作成し，メンバー間の連絡や共同体意識を高めるために利用する。定期会合前に共有すべき事柄がある場合や最近のプログラムに関するフィードバックが必要な場合は，そのメーリングリストを利用して連絡するよう，すべてのメンバーに求める。
○ 学期・年度ごとの主な目標やプログラムについての意見を求める。
○ 各会合の少なくとも数日前までに，電子メールを使ってメンバーから議題を募り，決定した議題を各会合の前に通知する。
○ 主なプロジェクトについて小委員会を設置し，会合開催時に小委員会単位で作業を行い，全体会合で結果を報告させる。この方法は，全メンバーがいずれかの小委員会に属している場合に，特に有効となる。
○ FD 活動や高等教育に関する広範な事柄について委員会メンバーの理解を深める。具体的な方法としては，*Change*[1]，POD ネットワークで公

訳注　[1]　*Change*：Heldref Publications が隔月で出版している高等教育専門誌。前身は *Change in Higher Education* で1969年に現在の名称に変更された。

表されている *To Improve the Academy*, *POD Network Essays on Teaching Excellence* などの関連資料をタイムリーに配付する。配付後，それらの資料について討議を行えば，委員会メンバーの知識向上につながるだけでなく，委員会メンバーがお互いの考えや反応，経験を共有することで共同体意識の醸成に寄与する。

○ 委員長がPODの年次会議に定期的に参加している場合，あるいは，同会議への参加を自らの専門分野の資質向上に役立てようとしている場合は，1人もしくは2人の委員会メンバーを会議に招待することが望ましい。委員会メンバーがPOD会議に代表を送った多くの大学にとってのFD活動の重要性に関する見識を深めることができれば，それは，メンバー自身にとっても魅力が大きい。さらに，会議への参加を通じてメンバーが所属キャンパスにおけるプログラム策定に新たな貢献をできるようになれば，追加的なメリットとなる。

○ 可能な場合は常に，主要プロジェクトに対する事務的なサポートを提供する。主要な管理者から，委員会の考え方やイベントに対する具体的な支援を得られるように努力を続ける。

○ 予算を管理し，委員会のプログラム関連活動に利用可能な額を委員会に伝える。

○ FD分野における最善慣行を追求し続け，外部で行われている創造的な活動について委員会に対する啓蒙に努める。FD開発者が熱意と自信を示せば，同僚の意識を活性化させ，組織を代表して行う努力の効果について，同僚自身が予想していた水準さえ超える活性化を実現する上で絶大な効果が期待できる。

　FD開発者が，FD委員会の委員長ではなく，職権上のメンバーとして委員会に参加することは珍しくない。そうした場合，本章で前述した状況とは異なる状況を見込んでおいた方がいいだろう。実際，軋轢が生じることもありうる。FD開発者がFD委員会の委員長ではない場合，最初に経験する問題は，委員会の開催頻度に関するものかもしれない。開催頻度，議題の厚み，会合の生産的な円滑化などの事柄は，FD開発者がその管理責任を果たす際の質と程度に直接的な影響を与える。事情が許せば，FD委員長に早い段階

で連絡して，最適と思われる会合の開催頻度や議題の種類についての考えを伝えることが望ましい。その際，FD 委員長に対して十分な検討の機会を与えることが重要だが，同時に，学内の FD 活動に協力して当たっていくことの必要性を強調し続けることが求められる。

他部局との調整

FD 委員会の委員がどのような見通しや考えを持っているかは，当該年度の全体計画と行事日程を策定する上で重要な要因になるが，委員会の考えや計画と他の部局やプログラムとの調整を行う責任は FD 開発者にある。この点について，レダーら (Reder et al., 2009) は，FD リーダーに対する提言として，イベントの円滑な実施を図るために「所属キャンパスの人材を活用すること」(p.276) を挙げており，FD 委員会はそうした人材を見つける上で大きな役割を果たす可能性がある。教育・学習に関する著名な書籍の著者をキャンパスに招くことには話題性があり，効果も上がる可能性があるが，予算の制約を考えると年 1 回がせいぜいだろう。一方，自らのキャンパスの教員に教育・学習に関する討議への参加を依頼すれば，FD 活動の重要性に関する認識を共有しやすくなるとともに，そうしたイベントの参加者にとっては，討議内容に対する信頼性が増すことになる。また，FD 委員会の使命や活動計画に応じて必要な場合に同一キャンパス内の他の部局と調整を図ることも，FD 開発者の責任分野に当たる可能性が高い。

運営

FD 委員会が小規模大学でよくみられる組織であるということは，FD 開発者にとって，財務や人事などの管理業務はそれほど大きくならないことを意味する。しかし，委員会には年間予算がつく可能性があり，その場合，おそらく，FD 開発者が予算の詳細を決める責任者になるだろう。委員会の活動を補佐するスタッフが配属され，FD 開発者は監督者としての任務に当たるケースもあるかもしれない。そうした任務の負担はそれほど大きくならないと考えられるが，対処法について疑問が生じた場合には，経験者の助言を求めることもできる。

委員会の活動

　FD委員会は，組織内の同僚を代表する形で，FDプログラムを成功させ，その評価を高めるために，関連する計画，開始，支援，実施活動を行うことが理想と言える。プログラムの内容については，教室でのディスカッションを主導したり，効果的なフィードバックや評価を行ったり，あるいは，学際的なテーマで論文執筆や講演を行うことなど，学習指導に関する具体的なトピックに関する研修型のワークショップを計画することに加え，同僚からの意見や提言に基づいて委員会内部で討議することで最適な内容を決めることができる。委員会は，教育・学習に関するすべての事柄について，学内全体のコミュニケーションと協力が可能な状態を作り上げておかなければならない。このためには，委員会メンバーに関する前述の方策が役立つ。FD開発者が早い段階で委員会との協働作業を開始すべきテーマの1つは，プログラム策定に関する考え方について，いつ，どのような形で同僚と連絡をとり，いつ，どのような形で一般にプログラムの内容を公表するか，である。委員会に対し，公表手段の検討を依頼し，委員会の使命と合致しながらも，キャンパスの他の発表事項とは一線を画すメッセージの検討を依頼することは，協議を始めるためのよい出発点となる。

プログラムの企画

　継続的なメンバーがいるFD委員会であれば，メンバーの時間的な余裕や委員会の財政状況に応じて，専門活動の実施を検討することもできる。以下に示す専門活動は，スビニッキ（Svinicki, 2002）がFD委員会による学内での活動例として挙げているものの一部である。しかし，プログラムの企画案は多数あり，ここで示したものは，そのごく一部にすぎないことに留意してほしい。また，本書の他の章には，その他の詳細な例や提言が記載されている。以下の3例は，教育・学習の向上に向けたプログラムの企画・準備・実施にFD委員会がどのように関わっていくかを示したものである。

　同僚による授業観察：教員の要請により，FD委員会のメンバーが，シラ

バスやその他授業の教材について論評を求められたり，授業参観によって教授法に関する特定の問題について意見を求められたりすることがある。ただし，こうした相談は，評価を念頭に置いたものではなく，教員のテニュアや昇進のための材料となるものではないことを理解する必要がある。この分野における委員会の活動はあくまで教員への支援を目的とした形成的なものであり，個々の教員が教室での教授法について議論を望むテーマに焦点を当てたものである。従って，授業参観は強制ではないことを同僚に対し明確にしなければならない。この種の活動を準備する際には，委員会のメンバーが共同で当たることが不可欠となる。また，この分野の優れた取り組み（Chism, 2008や *To Improve the Academy* のバックナンバーなど）を詳細に検討する必要がある。

　FD委員会が授業参観を定例化し，委員会としての正規の活動に組み込むことを意図する場合は，教員を対象とするニュースレターや公開のフォーラムを通じて，その考えを説明し実施モデルを示す必要が出てくるかもしれない。そうした開示を行うことで，教員が個人情報などの公開について抱くかもしれない懸念を軽減することができ，同僚間の相談事が委員会レベルの協議の場に出ないことを明確化できる。

　新任教員のためのオリエンテーションの企画・支援：新たな同僚をキャンパスに迎え入れることはFD開発者とFD委員会の重要な役割である。彼らが授業を開始する前に，入念に準備された歓迎集会を開催することができれば，その同僚にとっても自らが評価されていることを実感でき，教員として同僚の成功を望んでいることを伝えることができる。委員会メンバーは，学内における教育・学習の文化や教育関連予算・スカラシップなど，さまざまなテーマに関するパネルディスカッションを主催することもできる。新任教員のためのオリエンテーションを支援すること，新年度のプログラム，ワークショップのテーマを検討する上でも役に立つ。

　新たな同僚が新キャンパスでのキャリアを始める前に知っておきたいと望む重要事項や方針のすべてを，新年度当初の限られた時間に伝えようとすることは不可能であり，望ましいことでもない。FD委員会は，追加的な関連する方針の情報や実務情報について月例の集会を継続的に主催することで，

新たな同僚に対するオリエンテーションを続ける上で主要な役割を果たすことができる。そうした集会は，有益な情報を提供する以外にも，学内でのつながりを広げる場となり，新たな同僚にとってプラスとなる。

テニュア・昇進関連の準備をするためのワークショップ：FD委員会は，テニュア・個別の昇進の審査を行う委員会，もしくは，学部長や教務担当副学長と協力し，テニュア・昇進関連の資料として含めるべきもの，避けるべきものについての非公式，公式の協議を行うため，日時と場所を調整するなど，重要な役割を果たすことができる。そうした協議は，その形式を含め，大学によって異なるが，政治的に中立の立場にある委員会がポートフォリオ作成に関する協議に参加し，一貫したものとなるように提言を行うことは，重要な情報交換の機会を提供することになる。

効果的な小委員会活動

　FDプログラムが成熟し，1つもしくは2つの中心的なプログラムに専念できる段階を超えた場合，FD委員会は，その活動と教員支援を拡大するため，小委員会の設置を検討する必要が出てくるかもしれない。委員会のメンバーが9人を超え，FD開発者が，プログラムの拡大に伴って，議論の生産性が低下しつつあると感じた場合，小委員会の設置を検討する時期かもしれない。すべての委員会メンバーがいずれかの小委員会に参加することを前提とすれば，委員長は，委員会の会合に際し，小委員会単位で協議する時間を設け，その後，全体会合で各小委員会から報告を求めることが重要となる。

　全体委員会で2，3の中心的な小委員会を決め，FD開発者が各小委員会の担当を簡単に定義して，各メンバーに電子メールで通知する。メンバーは，メールを見て，参加したい小委員会を決める。各小委員会を主導し会合の招集を行うリーダーを決める必要があるかもしれない。特に，全体会合とは別の日時に小委員会の会合を行う場合はその必要があるだろう。全体会議では，特定の小委員会に何らかの課題を与え，期限を設けて回答を求めることもあるだろう。全体委員会の委員長は，各小委員会が活動を開始する前に，それぞれの活動に関する一般的な目標を議論する機会が必要だと考えるだろう。小委員会がFD委員会全体の活動に重要な貢献をできる可能性がある分野の

例を以下に示す。

技術サポート・トレーニング：毎年実施される「EDUCAUSE Current Issues Survey」の大学の教育技術（IT）責任者を対象とした調査で，FD関連のサポート・トレーニングが重要分野のトップ10に入っていないのは意外かもしれない（Allison & Deblois, 2008）。IT関係者にとっては，セキュリティと財源の問題が引き続き喫緊の課題となっている。しかし，教員を対象とした技術トレーニングは，伝統的な寄宿制大学では依然として重要な課題であり，それぞれの大学文化に応じて検討すべき問題と言える。

だが，大学の種別を問わず，教室でITの活用を強制しても反発を招き，技術の実験的な導入やトレーニングをさらに遅らせかねない（Brown, 2003）。FD・指導委員会は，教育技術スタッフが教員集団から乖離している場合に，スタッフに助言を行い，両者の協議の場を提供することができる。また，教育技術スタッフは，新技術をいち早く導入している例を察知しやすい立場にあるため，そうした情報をFD委員会に提供することができる。FD委員会の教員は，情報提供を受け，他の同僚に対して，新技術導入に向けた生産的なアプローチを提案することができるかもしれない。この分野の小委員会は，教育技術スタッフが新しいソフトウェアの購入や教室の設備更新を検討している場合に，助言を行うこともできる。教育技術スタッフとの連携を強化し，FD委員会の活動に反映させることは，IT関連の助言組織設置に向けた重要な一歩となる。これは，異なる組織間の協力・協働を促進する上でFD委員会が果たすことができる役割の好例とも言える。

キャンパス内のリサーチ・教育・学習関連データの活用：ソルチネッリら（Sorcinelli et al., 2006）が実施した全国調査によると，FD開発者は，学内全体のニーズよりも，教員の個々のニーズに対応することを優先しがちである。このため，FDプログラムは，教員が提起した問題への対処を目的とする可能性が高くなり，この傾向は，リベラルアーツの高等教育機関で特に顕著である。だが，大学全体の教育・学習に関するデータを活用したFD活動を行えば，個々の全国調査の結果や大学全体の基準に呼応したプログラム策定が可能になるかもしれない。同僚の多くは，所属大学の学生が全米学生関

与調査（National Survey of Student Engagement；NSSE）の調査に回答した結果や，同僚自身が教員を対象とした全国調査に回答した結果を見て，納得できる部分が多いと考え，教室での教授活動に活用できると思うだろう。自らの大学の調査結果を全国調査と比較して検討している場合は特にその可能性が高い。大学全体を対象とした調査を行う部局と協働する小委員会を設置して，どのような調査を行い，調査結果をどのようなタイミングでまとめるかを調整すると同時に，教授と学生の学習に的を絞った調査を続けることができれば，FD委員会が通年の計画を策定する際に有益な情報提供が行え，教員集団内や学内の他の委員会組織にとってもプラスになる。

ウェブサイトの運営・ニュースレターの作成：常に時間に追われる教員にとって，学内で関心のあるすべての事柄に関わることはできない。FDプログラムが成熟し，ワークショップ，教育のための集まり，技術トレーニングなどが定期的に提供できるようになれば，主催したイベントでの教材を求める声が上がるかもしれない。そうした要請を見込んで，FDのウェブサイトの運営を担当する小委員会を設置し，サイトに掲載する情報の決定や関連資料のタイムリーな掲載を行えば，FD委員会全体を代表する基本的なサービスが提供できる。この小委員会のメンバーは，ウェブサイトを通じて，委員会の同僚が開発した新たな教授法の成功例や，参考文献リスト，他の教育・学習関連サイトへのリンクなどを周知させることができる。

FD委員会の議論の中で学習指導に関する重要な問題が提起されることがしばしばある。しかし，それらの問題は，ワークショップで取り上げることが難しかったり，日程の点で新たな集会を計画したりすることができない場合がある。そうした場合，短くても定期的に掲載できるFD委員会のウェブサイトの記事を通じて，著名な教授の意見や，教育・学習関連の書評，高等教育関連の最近の問題などに加え，教員と学生のインタビューを載せた定期的なコラムなども発表することができる。

FD委員会に関するQ&A

所属組織がFD活動を正式に始めたばかりの段階や，FD委員会の委員長

やセンター長に任命されたばかりの段階では，FD 開発者の指導的役割の枠を超える他の委員会との協働や，FD 委員会自体の機能について疑問が生じる可能性がある。以下によくある質問を挙げるが，回答については，それぞれの教員，指導環境，大学文化に照らして適宜判断してほしい。

FD 委員会の活動に関連する管理業務については，どのような支援を求めればよいか

　スビニッキ（Svinicki, 2002）は，FD 委員会の活動を成功に導く大学行政からの支援についてまとめており，大変参考になる。多くの場合，管理者が予算権限を持っているため，FD 委員会としては，その目的を達成するための現実的な予算を策定し，了承を得ることが重要となる。しかし，長期的には，管理者が FD 委員会の活動を認識し，どのような場合にその活動が教育文化に影響を与えるかを判断でき，戦略的な計画策定に FD 委員会（少なくともその委員長）を関与させることを忘れないようになれば，それは，管理部門が FD 委員会の活動を評価していることを意味し，教員としても FD 委員会の活動に関心を寄せるべき，との認識に寄与することになる。

同僚の関心を高め，FD 委員会のイベントへの参加を促すにはどうすればよいか

　レダーら（Reder et al., 2009, p.277）は，「プログラムを発表する前に草の根の関心を高めること」を勧めている。FD 委員会の各メンバーがそれぞれ 2 人の同僚教員に委員会の計画を話し，イベント発表前に意見を求める。こうすることで関心が高まり，イベントへの参加が促される。また，レダーら（Reder et al., 2009）は，ワークショップやプログラムに著名な教授を招き，議論を主導してもらうことを提言している。もう 1 つ覚えておくべき重要な点は，できる限り，軽食などを用意することである。どのようなものでも，用意されていれば，時間を割いて参加した同僚に感謝の念を伝えることになる。こうした提言が暗に意味することは，委員会が，その活動と活動がもたらす結果について，常に「優れていること」「包括的であること」を標準に考えている，とのメッセージを伝えることの重要性である。

効果的なFD活動を実施するために，教育・学習センターの役割はどの程度重要か

　この問題は，本書のこれまでの章でも述べられているように，FD活動のすべての側面に関係する。FD委員会としても，この問題に取り組む必要があるだろう。この問題への解答に影響を与える重要な要因の1つは，組織の使命とタイプである（Mooney & Reder, 2008; Sorcinelli et al., 2006）。大規模で研究重視の総合大学では，教員や大学院生の数も多く，FDプログラムの成功は，物理的な活動スペースと専任スタッフを含む，集権化された管理体制が鍵になる。一方，小規模組織においては，FD委員会やプログラムの責任者となる個人が，さまざまなモデルの下で活動することができる。小規模大学においては，教育・学習センターがあれば，それが名目上のものにすぎないか，実際に存在するかの別を問わず，学内のFD活動の象徴的な存在になる。同時に，多くの有名な小規模大学では，FD活動が，教員のオフィス，もしくは管理者のオフィスを拠点として極めて効果的に行われている。上記の問題に対する解答を組織面から丹念かつ包括的な検討を通じて見出そうとする努力は，組織としての資源を教育・学習センターの設立に向けて活用すべきか否か，活用するとすればどのように活用するのか，あるいは，集権的なFD活動を志向すべきなのか，を判断する上での第一歩として格好の機会となる。

終わりに

　FDの目標と活動は常に変化している。FD委員会との協働は，FDの使命とプログラム，さらには，その実施方法についても，さまざまな視点や考え方を生み出す。FD委員会がFD活動を効果的に主導していくためには，個々の教員のニーズと委員会に与えられた使命に継続的に目を向け，バランスをとることが求められる。また，FD開発者の専門性開発を続けることが必要になる。FD委員会は，さまざまな機会を通じて，その活動を極めて組織的かつ協調的に行い，多くの教員の関与を喚起して，さらに，教員集団の枠を超えて学内の他の組織にも働きかけることができる。政治的に中立の立

場にあるFD委員会は，教員の，そして，ひいては学生の最善の利益となる重要な情報やプログラムの提供元として，まさにうってつけなのである。

第5章 重要なスキルと知識

トッド・D・ザカライセック

　教育開発は，専門分野としては比較的新しい。教育開発に携わる者は，高等教育における他の多くの分野とは異なり，ある分野の専門家になるつもりで特定の分野を体系的に研究するというよりも，教育への情熱と他者を助けたいという想いでこの仕事をしている。その結果，多くの教育開発担当者は，自分たちはほとんどトレーニングを受けず，特定のバックグラウンドもないままに働いていると感じている。とはいえ，彼らは基本的なスキルと暗黙知という強力な組み合わせを手にしている。

　教育開発の実施方法において，その背景を考慮することは重要である。この背景には，教育機関の規模，教育開発センターの存続期間や活動の年数，プログラムへの支援，活動に充てられるリソース，開発担当者の現在の能力レベルなど，多くの要素が含まれる。第2章「プログラムの型と原型」でリー（Lee）が示したように，教育開発活動には，今や教授学の問題に対する伝統的な支援という枠を超え，リーダーシップや研究といった分野における開発が含まれるようになった。さまざまな背景を持つ者が集まる，時に仕事内容が明確に定義されていない比較的新しい分野であるため，教育開発担当者またはセンター長として成功するためには，どのような知識を習得しどのようなスキルを発達させる必要があるかを示す普遍的な指針は存在しない。しかし，教育開発に取り組む者にとって，妥当で必要であることが広く認められている基本的な知識分野と一通りのスキルはいくつか存在する。

一般的なスキルと知識

　高等教育とは，それに関わる多くの者が，毎日の責務の一部しか果たして

いないという興味深い分野である。大学院生は最終学位を得るため，その研究分野に関する学術的，創造的な活動において専門知識を示さなければならない。その一方で，教授学に関する知識がゼロかもしくはほとんどないままに教えることに携わっていたり，プロジェクト管理のトレーニングの機会がないまま，限られた予算で大きな研究助成金を申請したりすることがある。または，経営管理に関する専門的な知識のないままに組織のリーダーの役目を担わなければいけないこともある。教育開発について今日我々が知っていることのほとんどは，教授学の文献を学び，教育・学習に関する研究を行い，関連分野の情報を集め，実践し，これらの情報を共有してきた個人からなるグループが熱心に蓄積してきたものである。このように共有された情報が，広範囲にわたる義務と責任を負う大学教員を支援する教育開発担当者を支えるスキルと知識の土台を築いたのである。

分野の理解

　高等教育における効果的な教育・学習の向上を目指した文献は増えつつあり，リーダーシップ開発や研究費の申請など，大学教員の仕事を支援する分野の研究も進んでいる。教育開発担当者が有する最も重要な知識とは，さまざまな学問分野に関する情報の所在，今日の教授学における多様なアプローチに対する基本的な理解，そして教育開発という分野が急激に成長していることへの認識であるといえるだろう。

　既刊文献：既刊文献を通して，教育，学習，リーダーシップに関する多くを学ぶことができる。例えば，ボイヤー（Boyer, 1990），ハッチ（Hatch, 2005），ネイラー（Naylor, 2006）による文献など，特に教育と学習に関する学究的活動（Scholarship of Teaching and Learning: SoTL）に関する出版物が多くある。さらに，Jossey-Bass, Stylus, New Forums などの出版社は，教育開発および学生の学習に関する多くの分野の文献を提供している。新人の教育開発担当者には，ブランスフォードら（Bransford et al., 1999）の *How People Learn*，および *Jossey-Bass Reader on the Brain and Learning*（2007）の2冊が特に価値ある入門書としてお勧めである。この2冊を読めば，現在の教育開発を支えている非常に数多くの研究に関する重要な部

分がわかる。刊行物はあまりにも多く，何から読むべきか悩むところである。本書の他所でも言及しているように，PODネットワークのウェブサイト（http://podnetwork.org/）から始めるのが一番よいだろう。このサイトのリソースの中でも，教育・学習に関する個々のテーマを解説したPOD-IDEA（Center）の記事をお勧めする。この短い記事はこの2つの組織の協力から生まれたものであり，技術の融合，論文形式の試験の改善，学生への読書の動機づけなどのテーマに取り組んでいる。

会議：専門家との交流やネットワークの構築の重要性は，言うまでもない。会議により，教育開発担当者は，孤立を防ぎ，単独で働く開発担当者を支える同僚とのネットワークを構築することができる。このための方略はChap. 5〔本書未訳〕で詳細に説明している。また，会議では大学に応用できる新しい展開を知り，将来の方向性を察知することができる。さらに，最先端の実践，データ，概念的な枠組みに触れられるうえ，単に経験豊富な教育開発担当者の活動を目の当たりにすることによっても，プレゼンテーション技能を学びとることができる。例えば，教員にフィードバックを行うセッションでは，その分野における参加者の知識を確実に増やすことができる。また，フィードバックを行う適切な方法を学ぶことができ，参加者はそこで学んだスキルを実践する機会も得られる。

教員仲間：教育開発担当者にとって，自らが所属する教育機関のメンバーは極めて貴重である。こうした人間関係は，個々の専門分野で一連のスキルを開発するときに役立つ。例えば，授業中に危機的状況が発生した場合の学生への対応方法に関する資料を教員らに送ると支持が得られるかもしれない。その場合，危機管理について専門的知識を持つ教員らが大いに助けてくれるかもしれない。さらに，ある学部のベテラン講師の方が，一般的知識しか持たない教育開発担当者よりも，信頼を集めている場合もある。他者を進んで支援してくれる教員らのリストを集めるには，組織や人間関係に関する熟練を必要とするが，教育開発における取り組みを活性化することにつながるので，努力する価値がある。

電子的リソース：Blog（ブログ）[1]，Wiki（ウィキ）[2]，Twitter（ツイッター）[3]，Listserv（リストサーブ）[4]，Facebook（フェイスブック）[5]，RSSフィード[6] など，その他ウェブ上の多くのリソースは，またたく間に現れ，重要度と利便性が増している。電子的リソースは幅広い資料の更新と拡張が簡単で，誰でもアクセスできる。また，こうしたリソースは，すばらしい教育ツールを教員らに提供する。したがって最も人気のある新しい伝達メカニズムが持つ教育・学習の潜在的な可能性について，教育開発担当者が理解しておくことは重要である。非常に有用な電子的リソースに，「Tomorrow's Professor」リストサーブ（http://ctl.stanford.edu/Tomprof）がある。このリストサーブには，毎週2つのコンテンツがアップされアーカイブも充実している。購読者は3万人を超え，教員と教育開発担当者が頻繁に使うリソースになっている。

開始

会議，ワークショップ，書籍，雑誌の記事，ニュースレター，電子リスト，ブログ，ウェブ上のリソース，そして教員仲間を確保すると，今度は選択肢の多さに圧倒される。教育開発担当者は，自分自身の知識ベースから手を付け，そこから広げていくのが一番よいだろう。小さく始めて実績を積み重ねるようお勧めする。例えば，教育開発担当者が何年ものあいだ大人数クラスで科学を教えていた場合，大人数クラスの教授法についてワークショップを開いたり，ウェブ上でリソースを公開したりするところから始めた方が，比較的容易でかつ他の教員にとっても有用であるだろう。その観点からすると，自分自身の知識を土台として使い，他の教育開発担当者との友情をつちかい，

訳注　[1] ブログ（blog）：Weblog の略。日常的に更新される日記的なウェブサイト。
[2] ウィキ（wiki）：ウェブサイト管理システムのひとつ。ウェブブラウザから容易にウェブページの発行や編集が可能。
[3] ツイッター（twitter）：ソーシャルネットワーキングサービス（SNS）のひとつ。140文字の投稿（ツイート）をウェブ上で他者と共有するサービス。
[4] リストサーブ（listserv）：自身が関心のあるトピックについての情報配信を受けられるメールシステム。
[5] フェイスブック（facebook）：ソーシャルネットワーキングサービス（SNS）のひとつ。近況に関する投稿や写真を共有しコミュニケーションを図る。
[6] RSSフィード：ウェブサイトの新着記事やその更新日などの情報を受信できるしくみ。

大学教員および近隣のコミュニティと協調関係を築きつつ，情報と追加的リソースを蓄積していくのがよいといえるだろう。

教育機関の問題の理解

　Chap. 5〔本書未訳〕で指摘したように，持続可能な教育開発の取り組みを行う上で，自らの属する教育機関を的確に理解することは非常に重要である。組織の事情なしの知識とスキルには，限られた価値しかない。例えば，教育・学習に関する強い信念に主眼を置いているような組織は，研究中心の組織に比べ，テニュアや昇進について重点の置き方が異なるだろう。また，組織の風土，経営，方針により，教育開発担当者ができることとできないことが，かなりの程度まで決まってしまうだろう。優秀な教育開発担当者になるための知識とスキルを身につける過程で，組織が公式，非公式にどのように動いているのかについて知ることは有用である。Chap. 5で強調された助言に加え，教育開発担当者としての知識およびスキルの土台構築は，すでに整っているシステム，方針，手順に特に注意を払うことで補強されるということを伝えておきたい。

労働組合化の進んだ教育機関，教授会（academic senate）[7]，ガバナンス

　教員組合や教授会などの組織は，多くの教育機関に存在する。もし学内に一方または両方があれば，少し時間を割いてこうした団体について調べるのは価値のあることである。組合規則は，教育開発活動に影響を与えることが多い。例えば，私が働いていた大学では，教育開発を担うオフィスが正式な許可なく教員の雇用条件について調査することを組合が禁じていた。調査，教育，業務に教員が費やす時間について，組合の許可なくニーズ分析を行うと，すぐさま教員を代表して私に苦情が申し立てられた。こういう組合ではあるが，協力すると多くの前向きな結果が生み出せた。教授会も強力な味方

---

[7] academic senate は従来「評議会」と訳されることが多かったが，かならずしも日本の評議会のように選出された教授評議員だけで構成されるものではなく，全教授が構成員のケースもあり，このように訳した。

になる。組合や教授会といったガバナンス組織は，支援書を大学当局に提出して，教育開発担当者がどのようなサービスを提供しているか大学の代表に説明する窓口になってくれる。しかし，こうした組織はその手順や手続きの方法を守らないとトラブルになる。

委員会の長は見落とされやすいリソースである。委員長は，大学への影響力が強い人物であることが多く，委員会の責任範囲が教育開発活動と重なることがある。委員や委員長のリストを閲覧する場所が見つからなければ，通常は，学務部の副部長か学務部長のオフィスをチェックするのが一番よい。リストが確保できれば，教育・学習に関する問題に特に関わっている主要委員会を見つけることができる。この点から，こうした委員会の委員長と会合を設定するのは可能である。このように2，3の手順を踏むだけで，非常に短期間に大きな収穫を得ることができる。学内で何が起きているかがただちにわかり，主要なステークホルダーにこうした問題に適した人物を紹介することができる。委員会が支援を断ることはめったにない。また，その支援活動を行うことによって，重要な新方針の採択や，リソースの割り当てを審議するような会議に席を設けてくれることにつながるかもしれない。

教育機関のガバナンスに関する文書

Chap.5で触れたが，教育・学習に関する大学の手続きと方針を読んでおくべきだとここでもう一度繰り返しておく。これは，組織の構造を知るだけでなく，昇進とテニュアの指針がどのように機能しているかについて理解するのに有用である。最高レベルの研究を実施し，多くの研究費を得ている教育機関であっても，教育は重要である。多くの教員は，教育・学習に関する問題への支援を求めている。教育・学習に関する支援の価値は，どの教育機関においても存在しており，どのようにこの問題に取り組むか，個人がどのように関わるかが，教員の参加率に影響する。概して，大学の教育・学習に関する方針と手続きをすべて読むのに，それほど時間はかからない。いろいろな問題を声高に叫ぶ人でさえ，その多くは関連書類を読んでいない傾向にあることは，あまり議論されていない事実である。教員が管理運営に関与する文書や授業の実施に関する文書は，数日あれば読めてしまうだろう。そうすることで，手っ取り早くその事柄に関する常駐の専門家になることができ，

繰り返しになるが，信頼性を確立するのに役立つ。教授会で教員が大学の方針について討論を始めたとき，私はこのことを経験した。当局の上層部でさえ，方針について熟知していなかったのである。そこで私が，少し前に方針について読んだことを話し，その議題について即席の専門家になったところ，その後進展があり，大学の他の方針についても問い合わせの電話を数件受けることになった。

計画と評価

　教育開発担当者には，教授学的アプローチ，昇進とテニュア，教員の管理運営参加に関する知識だけでなく，計画と評価に関する基本的な理解が必要である。開発担当者は，計画立案によりリソースを適切に使うことができ，センターへの投資が生み出す利益を最大にすることができる。評価の基本に対する理解は，センターの影響力を示すために必須である（Banta, 2002など）。評価に関する追加的な詳しい説明は，第2部第6章「ファカルティ・ディベロップメントのプログラム評価」，第7章「形成的目的のための教育実践と効果の評価」，Chap. 11「学生の学習に関する評価の実践」〔本書未訳〕の3つの章に示されている。

ニーズ・関心事の調査，フォーカスグループ，個人的会話

　組織に関わることは，主導権を発揮できるような教育開発担当者にとっては何ら問題ではない。問題は，水門が開いたとき一気に押し寄せてくるが如くの依頼事項に対処する方法である。計画の立案はセンターが効率的に機能するため，もっと言えば，生き残るために必要なスキルである。短期的，長期的な目標設定に必要なのは，教育開発分野の知識や，所属組織の風土においてある一定期間内にどれだけ達成できるかが見通せるスキル，使用可能なリソース，そして時間管理スキルである。

　計画立案の方法には，ニーズ・関心事の調査が含まれる。教育開発担当者は，この種の調査を実施するための調査の組み立てについて，その基本を理解していればよい。学内の個人から集めた情報は，ワークショップの開発や予算の獲得に役立つ。センターそのものや，重点課題に関する取り組みの将

来的な方向性に関する情報は，フォーカスグループから追加的に入手できる。こうした作業は，担当者による有意義な小規模のグループディスカッションの実施を必要とし，また，教育開発担当者としての教育の経験の活用方法を示すことにもなる。小規模セミナーでディスカッションを進行するのに使った器用さは，そのままフォーカスグループのディスカッションを進行させるのに役立つだろう（Stewart, Shamdasani, & Rook, 2007）。

　こうした重要な情報を他人から集める際に役に立つ基本的なポイントが2，3ある。まず1つ目は，対象の組織に関する情報を得るのに一番ふさわしい相手は誰かを特定することである。評判のよい教員，有力な管理者，学生などが考えられる。2つ目には，提供された情報を中立的な提案として受け取ること，そして，活動がすでに軌道に乗っている，またはその提案を実施するために活動が開発中であることを説明することによって，情報の提供者が自己防衛的になる気持ちに抵抗すべきであるということが挙げられる。情報が集まってくると，その中のすぐに利用できそうな情報をもとに，実施計画を策定することができる。最後に，達成のレベルには限度があることを認識したうえで，次のステップとして，最小限の資源で最大限の効果を生み出せる対象を特定しなければならない。

　情報の収集方法にかかわらず，現在の問題，教育に関する興味と関心事，学生のための実践的な学習環境の整備に関する興味について，教員と継続的に形式張らずに語り合うことは重要である。対人スキルがあれば，さまざまな分野の教員を教育・学習に関する会話に引き込むことができるだろう。これには，教員の教育に対する考え方や彼らの関心事を理解する能力，この分野の文献に基づいて支援する方法を見つける能力などが必要である。こうした形式張らない関係を育むために費やされる時間は，教育機関による支援と資源に関するネットワークの両方を開発する上で極めて貴重である。

戦略的計画と実施計画

　教育開発活動にとって戦略的計画は有効である。基本的にこうした取り組みに含まれるのは，ニーズ・関心事の調査の項で触れたように，教育機関から集めた情報の利用，そうした情報への優先順位付け，教育開発分野の知識の追加，そして利用可能なリソースの裏付けのある現実的な行動計画の策定

である。教育開発担当者はこうした計画を整えながら，センターとセンターの中心的活動の方向性を示す。計画の実施には，プロジェクト管理と予算管理のスキルの両方が必要になる。戦略的計画を策定し，それを実行に移す際には，センターの運営や教育機関の教育開発活動を監督するためにセンター長が持つべき多くのスキルと知識をさまざまな方法で活用することになる。

コミュニケーションスキル

　教育開発活動の効果は，組織内のさまざまなレベルの個人との対話に必要なコミュニケーションスキルに拠るところが大きい。会話の相手はほとんどが教員だが，学生，ティーチングアシスタント，委員長，学部長，学務部長，副学長，学長との会話や会合もある。その際に重要なのは，対応する各個人やグループを尊重し，安心感を与える方法で行うことである。教育開発担当者はティーチングアシスタントに必要以上にへりくだって話したり，学長の言葉におどおどしたりしてはならない。教育開発担当者は教育・学習における指導者とみなされ，この役割を担い強い印象を与える者は，教育機関において大きな影響力を持つ。しかし，影響力は共に働く個人から尊敬されて初めて生まれ，また，その尊敬は，他者の才能と経験に対して敬意を払うことから生まれる。

個人とのコミュニケーション

　コミュニケーションが上手な人は，会話の相手に焦点を合わせている。教員は，教育・学習に対して関心を寄せており，課題を抱えている。教育開発担当者に援助を求める者は，そのほとんどが支援や助言を得ることを期待しているが，あくまでも求めている本人に敬意を払う方法で，それらが提供されることを期待している。取り組まなければならない対象は，「彼ら」の問題であって，開発担当者の問題ではない。細やかな配慮のもとに提案を行う必要がある。部外者にとっては明白なことであっても，支援を求めた者にとっては，すばらしい洞察を与えてくれるものであるかもしれない。もし，教育開発担当者が，解決法は「単純」であると直接もしくは間接的に述べてしまった場合には，支援を求めていた者は，自分は馬鹿げたことをしたのか

と思うかもしれない。また，支援を要請した者は，教育・学習分野での専門家ではないかもしれないが，何らかの学術的な分野における知識が豊富であることを心に留めておかなければならない。例えば，協調学習の技術については何も知らないかもしれないが，物理学のある分野においては国を代表する学者であるかもしれない。誰でも同じだが，教員はその知識で尊敬を集めている分野において，新人であるかのように扱われるのを好まない。

　授業観察後の報告会において教員を支援し，敬意を払い続けることは特に重要である。このディスカッションでは，対人スキルが大いに試される。仕事の様子は，その人自身を映し出すものであるため，それが観察され評価されるときには誰でも緊張する。授業観察が終わると，たいていはその授業に関してフィードバックが行われる。こうした相互作用の場面では，改善のための提案と，授業がうまく実施されたという認識が釣り合っていなければならない。報告会で教員が対応できる「提案」の数と種類を見極めることは，重要なスキルである。1コマの授業を観察して，改善のために教員ができることが10個あると気付いても，教員を個人的に圧倒しないよう，最初の報告会では2，3個にとどめておくのがベストである。教え方に対するフィードバックのスキルは，その向上に長い時間を要し，多くの人が考えるよりも努力と知識を必要とするものである（Svinicki & Lewis, 2008）。

　授業観察後の話し合いなど，教育・学習について教員に話すときは，使われた教育学的なアプローチに基づく教授法の質を，すぐに結論付けることは避けるべきである。講義方式が最善の方法だと主張する教員に対して，それは時代遅れだとか非効率的な方法だといった結論を早急に出しても，何の役にも立たない。同様に，新しい技術を使えば，それが自動的に高品質の教授法だということにはならない。YouTubeやSecond Lifeを社会貢献型体験学習（サービスラーニング）のプロジェクトに組み入れたとしても，それだけで良質の教育・学習経験が保証されるわけではない。重要なのは，本質的な話し合いができるようになるまで，その教員の授業または教育学的アプローチの品質に関する判断を差し控えることである。これは，その教員の見解をよりよく理解するために必要である。こうした話し合いにより，人が指導を行うという状況に慣れ，個人の強みと弱点を認識できるようになる。

　その他，教員と個人的に仕事をする上で重要な点には，秘密保持がある。

何を，誰と，いつ共有すべきかを判断することは，重要なスキルである。本書のどこかで触れているが，教員の相談に関する秘密保持について，PODネットワークが策定した倫理指針（http://www.podnetwork.org/faculty_development/ethicalguidelines.htm）に助言が掲載されている。教育開発担当者の不適切な発言が原因で，信頼を寄せていた教員が自身のテニュアや昇進の機会を失うこともありうる。また，相談したことによって，ある情報が漏れたとの噂が広まると，教員による信頼は即座に失われるだろう。最終学年のまとめとして行う卒業プロジェクトの効果的な評価方法について確信が持てないでいる教員がいたとしよう。その教員は，学科長や同僚にその懸念を説明した場合には，そのコースを教える能力に疑問符が付くと心配して，支援を求めてきたのかもしれない。残念ながら，昇進やテニュアのことを考えて，こうした不確実さをマイナスに解釈する人がいるのは事実である。

大学当局とのコミュニケーション

　大学当局とのコミュニケーションに必要なスキルは，教員との良好な関係を確立するのに必要なスキルに似ているが，いくらかの調整が必要になる。相談者の状況を把握し，それぞれにその人独自の課題があり，提供するメッセージは常に肯定的でなければならないというところは類似している。最大の違いは，教員は，個人への支援として何が受けられるかを最も知りたがり，当局は，組織に対する支援のため何が与えられるかを一番に知りたいということである。当局は，立場の違いから，大学全体のあらゆる領域とシステムに責任がある。例えば，異文化交流担当の副学長は，全教員がさまざまな少数派グループの出身者を理解し，彼らと交流する方法について責任がある。この副学長は，教員に情報を効果的に提示する方法を必要とするかもしれないし，多様性に関する組織全体の目標を達成するための支援に関心を寄せる場合もあるだろう。このような状況では，いつ，どの程度まで関わるか判断する必要がある。大規模なプロジェクトは，組織全体に大きな影響を及ぼすが，時間と資金という莫大なリソースが必要になる。いつ介入し，どの程度まで関与するかについての判断は，そのスキルの向上に時間を要し，経験を必要とする。

個人とのコミュニケーションと集団とのコミュニケーション

　教育開発担当者は，教員個人，あるいは組織内のさまざまな部署に所属する集団と協働する場合が多い。多くの教育開発担当者は，このどちらかがより簡単で働きがいがあると感じるだろうが，個人か集団かによらず，誰とでも一緒に働ける能力は重要である。協働には，個人相手に働くときとは異なる一連の特別なスキルが必要となる。コミュニケーションは，一緒に活動する場合には特に重要である。多くの場合，協力する取り組みを始めるにあたり，まず個人がどのようにコミュニケーションをとるかについて話し合っておくことが望ましい。ここでは特に，誤解に関する考察と，それが起きた場合には何をすべきかについて検討するとよい。つまり，ミスが生じたとき，またはコミュニケーションがうまく行かなかったときにはどのようなことが予想されるのかについて前もって検討しておく。どのようにして相手の怒りの感情に対処するか，傷ついた人にどう対応するか，どのように軌道修正するかといったことが挙げられる。協力するに先だって，こうした問題から会話に入るのはまれであるが，効果的になされれば上記のプロセスに非常に役に立つ。また，プロジェクト開発の早い段階で，どのように「貢献度」（credit）がプロジェクトに割り当てられるのかを話し合うのが重要なことは確かである。こうすることで，プロジェクト完成後の不協和音を減らすだけでなく，プロジェクトに適切な量の仕事を割り振ることができる。例えば，ある研究室が協力者リストの一番上に掲載される場合，実際にその研究室は仕事の大半を担当するか，またはリーダーの役割を担う，もしくはその両方を行う，といったことである。

文章能力

　口頭によるコミュニケーションスキルだけでなく，教員向けの教育学的情報資源に関する文書の要約，ワークショップや研修会の促進のための宣伝文書，教育機関の方針の草稿，推薦書，管理報告書の作成を行うための，効果的な文書によるコミュニケーションスキルも教育開発担当者にとって重要である。組織内のさまざまな分野やレベルに向けて書く能力が当然必要とされ

る。ほとんどの場合，文章は明確，簡潔で裏付けがしっかりしていなければならない。長い書類や，専門用語の使用は，まず評価されない。他の教育機関の実績の引用，*Chronicle of Higher Education*に掲載された関連記事の発見，調査研究の要約，関連報告書の発見は，教員にも大学当局にも非常に評価されることが多い。他の分野と同様，補完的な文書がどこで見つかるか，必要な情報の発見を支援してくれるかもしれない人を見つけ出すスキルは，時間とともに向上するだろう。生み出された文書は，卓越したモデルとして他人の役に立ち，プログラムの優秀さを示す。最良のイメージとプロ意識をアピールするため，メールやウェブサイトの文章など，公式ではない文書によるコミュニケーションにおいても，よい文章を書き，文法やスペルのミスをなくすべきである。

運営，複数の仕事，時間管理

　教育開発担当者として順調な人生を送るのは並大抵のことではない。教育開発分野の難しさは，この分野がまだ確立と定義付けの最中にあることで，他人にあまり理解されないことが多い。現在は，何百という教育機関におけるさまざまな種類のセンターや集中的な取り組みがある中で，期待と要求が混在している状態である。これが，教育開発センターの成功，そして少なくとも生き残りに戦略的計画が欠かせない理由である。さらに，多様なスキルは教育開発活動がよい方向に進み続けるために必要である。

　運営スキルは毎日試されている。教育開発担当者の1日は，教員の授業参観，授業観察のまとめ，委員会への出席，外部の補助金を得るための提案文書の作成，次回の委員会用の方針の見直し，ワークショップ用資料のまとめ（食事の注文や名札の印刷を含む）などで終わる。このように何種類もある活動を系統立てて運営することは難しい。運営スキルを支援するしくみや技術は，ビジネスの世界にも学問の世界にある。教員として培った経験に基づいて，こういったしくみを構築したり探したりすることに，エネルギーと時間を費やすことには，それだけの価値がある。

　もう1つの必須スキルは，必要な時に「ノー」を言う能力である。私が知っている教育開発担当者は誰もが活動で手一杯である。教育開発活動の指

導者の中心的役割を考えると，たくさんの重要な委員会や調査特別委員会などから支援の要請が多く寄せられるのは当然である。必要な知識を求める人，政治的理由から行動する人，考慮すべきことが考慮されているかだけを確認したい人などさまざまである。大学において，センターまたは教育開発活動を確立する場合には，一枚の布に織り込まれるように組織全体による比較的高度な関与が必要になる。しかし，非常に短い期間では，このような義務は圧倒的に肥大化してしまう。いつ，どこで影響力が発揮できるのか見分けるスキルは向上させるべき基本的な能力であり，達成すべき一番重要なことは何かをとっさに判断し，優先順位を付けることができる必要がある。年度の終わりに重要な達成事項をリストアップすることは非常に簡単であるが，活動やセンターが始まった当初には達成を意図していなかったものばかりであろう。

　どういう責任を引き受け，何を断るかを決める際には，仕事内容のバランスが取れていることがベストだという助言を思い出してほしい。教育開発担当者として，授業観察の時間は確保されているだろうが，必要に応じ，組織全体に関わる計画や大学全体の活動の支援にも関わらなければならない。時間の大半を個人の相談や授業観察に費やす場合には，確かに教員に対する直接的な支援は実現されているといえるが，全体としてみた場合の教育開発の影響力には限りがある。委員会や企画グループとの作業に多くの時間を費やすと，個々の教員に直接関わる時間は減るが，大学レベルでの影響力が増すだろう。研究室で教育・学習用の資料を開発するのに多くの時間を費やすと，組織内に実際の人間関係を築く時間が減るだろう。これらのバランスを取りつつうまくこなすことができれば，全体として教育機関に最大の利益をもたらすことができる。

人材管理と財源管理

　人材管理とリーダーシップに関するスキルはどうしても必要である。スタッフを擁する大規模なセンターの長は，5名以上の常勤職員を管理することになるからである。会議の運営や戦略的計画の立案を行うスキルだけでなく，チームの管理，業績評価，収支の均衡，センター内の協力体制の設計，

休暇の調整を行うスキルも求められる。また，大規模なセンターには多額の予算が割り当てられることが多い。大半の教育開発担当者は，多額の予算を手にすると，やっと十分な資金が確保できたのでよい仕事がたくさんできると即座に思ってしまう。100万ドルを超える予算が与えられ非常に興奮する理由は容易に理解できる。しかし，予算の90％が人件費で，支援とプログラム開発にごくわずかしか残らないとわかると，その興奮はすぐさまさめてしまうだろう。スタッフを多く抱える教育開発担当者には，組織内で人材の専門家を探し，彼らに資源の一部になってもらうことをお勧めする。また，人材管理，リーダーシップ，予算管理に関するスキルを開発する手段は，ビジネスの世界にたくさんある。

ワークショップ

　教育開発活動のほとんどすべてに共通して存在する１つの要素があるなら，それはワークショップの開催である。プレゼンテーションスキルを得ると，ワークショップのテーマに関わる問題点を教員やセンター長，学生の学習成果を扱う管理者に伝えるのに役立つ。ワークショップの実施において重要なことは，プレゼンテーション資料について確かな知識があること，人を惹きつける方法でプレゼンテーションを行う能力，参加者側の協調的または活発な学習方法を取り入れることなどである。ワークショップを実施する適切な人物を見つけることが，テーマと同じくらい重要である場合も多い。

　教育開発担当者が講師になることは多く，すべての講師は間違いなくさらなるスキルアップが可能である。講師としてのスキルを向上させるためには，教育開発と教育・学習の両方をテーマにした会合（カンファレンス）に参加することが有用である。担当者はこうした会合で興味のあるセッションに行き，内容について学ぶだけでなく，聴衆を観察し発表内容への反応や発表の形式に特に注意を払い，資料の発表方法に留意することで多くを学ぶことができる。効果が乏しいように思えるプレゼンテーションの反応が良かったりする。こうした現象に気付くと，メタ認知能力が開発され，多様な聴衆に働きかけるスキルの向上に役立つ。会合に参加してプレゼンテーションスキルを向上させる以外に，スピーチ・コミュニケーション分野の教員と話をする

のも役に立つ。スピーチ・コミュニケーション学部の教員をワークショップに招き，フィードバックを求めることもできる。コミュニケーションを専門とする教員が教育開発担当者のプレゼンテーションスキルについて貴重なフィードバックを与えてくれるだけでなく，開発担当者はこうした経験により授業観察時に教員に共感できる力を向上させることができる。

開発担当者は講師になることが多いが，他の選択肢もある。教育機関の教員の知識は，教員全体に対するワークショップや資源の開発や提供を行うときに役に立つだろう。もし講師が選べるのなら，ワークショップは教育開発担当者より教員の方がうまく進められる場合もある。たとえば，ライティングの評価のためのルーブリックに関するワークショップなら，英語または教育について専門知識を持つ者が一番うまく進められるかもしれない。また，ワークショップの講師を開発担当者以外から起用すると，協働活動の見本となり，教員はお互いが資源になりうることがわかるだろう。

イベントごとに最善で最適な講師を選ぶこと以外にも，ワークショップの企画と実施には，マーケティング，食事と飲み物の注文，場所の確保などさまざまなスキルが必要になる。一般にワークショップは多大な労力を要するので，新人は一度に開くワークショップを最初は1回か2回にしておいた方がよい。

終わりに

教育開発活動は，教育機関の規模，教育・学習が重視されている程度，センターまたは大学本部による活動の規模と範囲，開発担当者の性格とスキルにより大きく異なる。そのため，教育開発担当者として成功している人のスキルと知識も幅があることになる。エネルギーを注ぐ分野を選んでも，所属機関で必要とされているものや利用可能な資源によって，大きく左右される。教育開発に関するスキルと知識の開発の一助として，関連する文献については確かな出版物がそろい，現在も増えつつある。また，オンラインのリソースも絶え間なく拡大している。ただ，教育機関の資源で見落とされやすいのは，組織全体にいる個々の才能と知識である。教育機関の方針と大学全体の実体を知るようになると，開発活動を進めるにはどうするのがベストかわか

るようになる。開発担当者は時間と資金には限りがあると気づくと，計画と評価がいかに重要かわかるようになる。他者との協働は，できることを大幅に増やし，効果的なコミュニケーションは，協働にとって重要である。よいコミュニケーションの形ができると，組織を通じて各個人に教育開発プログラムを知らせることができ，この活動により得られる利益についての理解が進む。最後に，手順とプロトコルを確立し予算と関連するプロセスを理解する重要性は，最初はささいなことに思えるかもしれないが，心に留めておく必要がある。これは多くの新人教育開発担当者にとってはマネジメントの世界への第一歩である。そして，教育機関の資金や部下の生活に対する説明責任という，新しい責任を負うことになる。

　教育開発分野は精密機械ではなく，開発担当者としての成功を保証する公式は1つもない。開発担当者としての有能さは，一連のスキルと関連専門知識が増えるにつれて向上するだろう。スキルと知識は，時間が経てば確かに向上し増える。また，個々の教育開発担当者には弱点もあれば，生まれつき持った強みもある。教育開発担当者として成功した人は，すべて初心者としてスタートした。それと同様に，教育開発分野の初心者は，組織内の多くの教職員の生活にプラスの影響を与えるようになるだろう。

第2部

ファカルティ・ディベロップメントにおける
優先事項──評価，多様性，テクノロジー

　第2部の全8章では，プログラム，教育，および学生の学習の評価を扱う。教育開発担当者が多文化，異文化に対応する能力を持つには何が必要で，教員，学生，職員もそうなれるよう支援するには，どうするのが一番よいかを探求する。また，教員が教育の中でテクノロジーを効果的に使えるよう支援するにはどうすればよいのか，教育開発担当者自らが仕事でテクノロジーを効果的に使うにはどうすればよいのかを検討する。〔原著Chapter 9, 10, 15, 16を第6章～第9章として訳出した。〕

【第2部　解説】

「ファカルティ・ディベロップメントにおける優先事項——評価，多様性，テクノロジー」と題した第2部には，原著 Chapter 9〜16までの下記8章が収録されており，評価に3章，多様性に4章，テクノロジーに1章が割かれている。

Chapter 9　ファカルティ・ディベロップメントのプログラム評価（キャスリン・M・プランク，アラン・カリッシュ）

Chapter 10　形成的目的のための教育実践と効果の評価（マイケル・ジオール，ジェニファー・L・フランクリン）

Chapter 11　学生の学習に関する評価の実践——変容を導く評価（キャスリン・M・ウェールバーグ）

Chapter 12　ファカルティ・ディベロップメントに関わる多様性問題の概観（マシュー・L・オウレット）

Chapter 13　多文化を見据えたファカルティ・ディベロップメント活動の概念化，設計と実践（クリスティン・A・スタンレー）

Chapter 14　少数派教員との協働（フランクリン・トゥーイット）

Chapter 15　ファカルティ・ディベロップメントの国際展開——世界中の仲間たちとの協働を推進する（ナンシー・バン・ノート・チズム，デビッド・ゴスリング，メアリー・ディーン・ソルチネッリ）

Chapter 16　テクノロジーとファカルティ・ディベロップメントに関する問題（サリー・クーレンシュミット）

Chap. 9「ファカルティ・ディベロップメントのプログラム評価」では，評価が求められる背景と，FDプログラムの種類を考慮することの大切さを指摘した上で，主として次の2点が論じられる。1つは，評価の基本的な方針としての「統合」（integration）の重要性である。機関の目標とプログラムの目標の統合，単一の統一システムとしての統合，日常業務との統合，戦略的計画との統合，の4つを例示しながら，評価が徒労に終わらないための示唆が述べられている。もう1つは，目標設定〜成果と尺度の決定〜データの収集〜データの解釈と報告という，プログラム評価のサイクルおける，作

業の具体例と注意事項である。最終的には，評価を総括的な目的のみで実施するのではなく，評価結果を計画立案や活動改善に活かすことで，「ループを閉じる」ことの必要性が強調される。著者は，オハイオ州立大学の大学教育推進センターで，それぞれ副センター長とセンター長を務める，キャスリン・M・ブランクとアラン・カリッシュである。

続く Chap. 10「形成的目的のための教育実践と効果の評価」は，前章の内容を受け，形成的評価についてさらに掘り下げている。まずは前提の知識として，教師の知識と FD 担当者，大学教育の諸側面，大学の影響と学生の関与の重要性，動機づけと関連要素の 4 領域における，先行研究の知見を紹介している。そして評価の手段と方策としては，教育評価と学習評価に加え，「教育と学習に関する学究的活動」(SoTL) に言及し，それが評価の実践を促す契機を明らかにしている。結論部分では，教育と学習の向上に関する一般的・具体的指針を箇条書きで提示し，なにより組織が全体として，教育を重視している姿勢を明示することが鍵になるとまとめている。著者は POD の会長を務めたこともあるヤングストン州立大学のマイケル・ジオールと，アリゾナ大学のジェニファー・L・フランクリンである。

Chap. 11「学生の学習に関する評価の実践——変容を導く評価」も，引き続き評価がテーマとなっているが，焦点が学習成果の把握に絞られる。著者のキャスリン・M・ウェールバーグ（テキサス基督教大学）は，教育心理学で博士学位を取得しており，機関の効果に関する評価員として南部地区のアクレディテーション協会の活動に協力している。彼女は，アクレディテーションを中心とした外部への説明だけでなく，学習の改善への利用を重視すべきであるという基本的な立場を示した後に，個別授業〜学科／プログラム〜機関の各レベルでの評価に整合性を持たせるように支援することが，実践上の要点であると指摘する。多くのアクレディテーション団体が学習成果の把握を要請していることが，事態を進行させている側面があることを認めつつも，それはあくまでも副次的な要素であり，評価は教育と学習の変容を導くものであることが重要視される。そうした評価を可能にするためにも，FD 担当者は評価関連の部署と連携を取りながら，教員が授業実践を見直す手助けをすべきだと結論づけている。

Chap. 12「ファカルティ・ディベロップメントに関わる多様性問題の概

観」は，後続の3章が扱う多様性問題への導入的内容になっている。著者はChap. 1と同じく，マシュー・L・オウレット教授である。1960年代にその概念が生まれた当初から，教育開発は多様性の問題と向き合ってきているが，今日の担当者には専門職として，かつ実践者個人として，新たな身構えが必要であると言う。文化的多様性の変化には，例えば多様性問題を担当する責任者を置くだけでなく，それを支えるスタッフを準備することなどの組織的な取り組みや，用語と利害の明確化，行動の模範を作ることなどの包括的な実践が求められるとする。さらにChap. 13と15に関連するテーマを論じた上で，最後に著者個人の経験を振り返りながら，多様性の問題を考える際に自己省察をすることの有用性にも触れている。

　Chap. 13「多文化を見据えたファカルティ・ディベロップメント活動の概念化，設計と実践」は，前章を受けて，ファカルティ・ディベロップメントにおける多文化問題を取り扱っている。著者は，テキサスA&M大学で副学長兼筆頭副学長補佐（多様性推進担当）のクリスティン・A・スタンレー博士である。博士はその役職名が示す通り，学内の多様性を振興するという職責を担っている。多様性問題ならびにFDにおいてリーダーシップを発揮してきた功績を記念して，ロバート・ピアレオニ・スピリット賞をPODより受賞した経験もあり，過去POD会長も務めているなど，博士はFDを牽引してきている。本章は第1版にもあるが，引き続きスタンレー博士による執筆となっている。多文化状況を踏まえた教育活動を行う上では，教員自身，教育手法，科目の内容，学生と，4つの次元に目配りが必要になるが，この問題に取り組むFD担当者には自己に関する知識，研究成果に関する知識，プログラム参加者への意識付け，コンフリクトへの対処，専門家との連携，キャンパスポリシーへの貢献が求められるとする。実践への示唆として，ワークショップ，個人コンサルテーション，コースデザイン，シラバスの実例やアドバイスも紹介している。

　Chap. 14「少数派教員との協働」は4つの視点——アクセスと公平性，風土と文化，教育と多様性，成長——から，少数派教員の置かれている状況と，それを踏まえたFD担当者の支援の重要性を説いている。著者はデンバー大学モルグリッジ教育カレッジのフランクリン・トゥーイット博士である。博士は高等教育領域の准教授，並びに，卓越した包摂性（inclusive excellence）担当の副学長補佐も務めている。FD担当者は少数派教員の体験を理解することが必要であり，それも個々の教員を理解しつつ，多数派教員の理解をも促すことが求められる。また，低い評価を受けがちな少数派教員に対する，専門性開発を支援することも，FD担当者の重要な役割である。少数派教員との協働のため，そして機関の変化を生み出すための新しい手立てを見つける必要があると述べている。

　Chap. 15「ファカルティ・ディベロップメントの国際展開――世界中の仲間たちとの協働を推進する」は，外国の専門家との協働を扱っている。もはやFDは一機関，一国で収まる活動ではなく，専門家が集う国際組織や，国際会議，機関誌が設けられている。また，さまざまな国際的なFD活動も生じてきている。外国へ赴いてのプレゼンテーションやコンサルテーションであったり，外国のFD担当者の招聘であったり，開発・研究プロジェクトでの協働などが行われてきている。これらの国際的な活動を通じて，それぞれの組織・実践を相対化したり，知見を獲得することは，高等教育の将来に資するとまとめている。著者はインディアナ大学教育学部のナンシー・バン・ノート・チズム教授，高等教育コンサルタントでイギリスのプリマス大学客員研究員のデビッド・ゴスリング氏，マサチューセッツ大学アマースト校の教育政策の教授兼同校のFD担当副学長補佐であるメアリー・ディーン・ソルチネッリである。三者とも国際的に活動してきており，簡単にわかる範囲でも，カナダ，中国，イングランド，アイルランド，ドイツ，ギリシャ，スペイン，台湾，エジプト，タイ，ケニア，シンガポールなどでの活動経験がある。本章は，著者らが書くのにうってつけのテーマであることは論を待たないだろう。

　Chap. 16「テクノロジーとファカルティ・ディベロップメントに関する問題」は，今日の高等教育においてもはや不可欠な要素の1つとなった，テクノロジーの活用について扱っている。教育・学習に最適なテクノロジーとは，対象者と課題の目的に拠って決まる。テクノロジーに関する決断をする際には，目的と対象者を最も重要なファクターとし，考慮に基づいてテクノロジーを使い，テクノロジーに振り回されることのないようにしなければならないと結論している。著者は，ウェスタンケンタッキー大学心理学部のサリー・クーレンシュミット教授である。教授は，同大学の卓越した教育のた

めの大学教員センター（2013年現在は閉鎖されている）のディレクターを長らく務め，テクノロジーの利用に関する専門性開発に携わってきた。この章で述べられていることに興味を持ったなら，ぜひ教授の名前をインターネットで検索してほしい。教授のウェブサイトそのものが，この章で述べられているテクノロジー利用のお手本のひとつであることに気付くだろう。

　以上のうち，本書では，Chap. 9, 10, 15, 16を第6～9章として訳出した。Chap. 9と10で扱われている評価の問題は，我が国での実践を振り返る上でも，非常に示唆に富む。「FD」と「評価」は共に近年の改革の重要なテーマだが，「FDプログラムの評価」に関しては，その必要性は認識されているものの，それほど進んでいないと考えられる。認証評価の影響もあり総括的な視点での評価は行われていても，プログラムを改善するための形成的評価には，どの大学も苦心しているというのが現状ではないだろうか。第6章と第7章の内容は，具体例においてはアメリカの文脈に依存する部分もあるが，発想の大枠は日本での実践を検証する手助けとなる。またChap. 15と16が扱っている，国際連携とテクノロジーは，グローバル化・国際化，技術革新という大学外で起き，かつ大学が否応なく直面せざるを得ない問題である。程度の差はあれど，どの大学においても，この2つのトピックにどう取り組むか，そして，その大学のFD担当者が各機関の取り組みをどう支援しうるかは，今後ますます議論の的となるだろう。日進月歩の両トピックであるため，例えば，第9章（テクノロジー）で紹介されているウェブサービスの中には既に存在しないものもあるが，第6章や第7章と同じように，発想の枠や，国際連携やテクノロジーに対する「構え」は，日本の文脈に落としこんで，用いてみる余地は十分にある。

　繰り返しになるが，どの章も，日本における実践を相対化し，強み弱みを浮き彫りにしてくれる点で，大変示唆的である。解説者が提示した視点に限られることなく，読者諸氏の文脈に合わせて，有効に活用して頂ければ幸いである。

（串本剛・立石慎治）

第6章 ファカルティ・ディベロップメントのプログラム評価

キャスリン・M・プランク,
アラン・カリッシュ

　プログラム評価はFDの重要な構成要素である。アカウンタビリティと財政責任に対する要求の高まりにより，FD分野の関係者は，今まで以上に彼らの仕事の影響力を文書にする必要に迫られている。FDの存在価値はまさに効果的な評価にかかっているが，プログラム評価とは単なる報告ではない。質の高い教育に評価が欠かせないように，プログラム評価は効果的なFDに不可欠である。評価があるから意思決定ができるのであり，また評価が実践を向上させる。

　FDの専門家は評価の必要性を認識しているが，データの収集，整理，分析を始めると手に負えなくなるのが常である。本章では，プログラム評価について考える枠組みを示すのと同時に，教育開発活動の影響を正確に測定し，他者がその活動を理解し重視するのを助け，なおかつ改善に資する有益なデータを提供できる評価を設計するための，実践的な方策を探る。また本章では，データの測定，追跡，報告を行う一番よい方法について検討する。そして，FDユニットの作業を簡素化し向上させるために，総括的評価と形成的評価の両方を使う考え方を共有したい。

議論の前提

　FDのプログラム評価を検討するためには，プログラムと評価という語がFDの文脈において持つ意味を，最初に精査しなくてはならない。FDは硬直的な分野ではなく，それが行われる機関と，必要性や目的によって多様である。評価を行う際，FDにはさまざまな種類があることを考慮し，プログラム評価に影響を与える特定の個人または組織の特徴に注目しなければなら

ない(規模,スタッフ構成,教育機関のタイプ,予算,プログラムの継続年数,評判など)。また,学生の学習というこの分野の中心的目標の成否は,良くても三次的効果としてしか現われないことを認識すると,評価は一層の難題となる。つまり,FD担当者と教員が教育方針を策定した上で,教員が授業においてその方針を実行し,結果として学生が期待される学習成果を達成するということである。こうした間接的な影響を文書化するのは難しい。

　ソルチネッリ,オースティン,エディ,ビーチ(Sorcinelli, Austin, Eddy, and Beach, 2006)は *Creating the Future of Faculty Development: Learning from the Past, Understanding the Present* において,FD分野の歴史的考察と,2006年当時の概略を説明している。彼・彼女らの調査により,北米のさまざまな教育機関にあるFDユニットの大まかな状態が明らかになっている。回答者のうち最も多いのが博士課程を持つ研究大学,その次が総合大学,回答が少ないのがリベラルアーツ・カレッジ,コミュニティカレッジ,カナダの教育機関(p.31)である。回答者の70%が2つ以上の役職に就き,半分以上がFD分野での経験が5年以下であると述べている(pp.32-33)。

　回答を寄せた教育機関の約半数(54%)に専門スタッフのいる中央ユニットがある。19%が教育開発は個々の教員や管理職の業務とする一方で,12%は委員会の業務だと述べている。さらに4%の機関では情報センター(clearinghouse)が調整する複数のプログラムや企画が提供されており,残りの11%にはその他の仕組みが存在する(Sorcinelli et al., 2006, pp.37-38)。教育機関が大きくなれば,中央FDユニットが存在する確率が高くなる。プログラムの意味するものは,46年の歴史があり,ディレクターが常勤の教授で,26人の常勤スタッフがいるミシガン大学の学習・教育研究センター(Center for Research on Learning and Teaching)のような大規模なものから,小さな総合大学で1つのコースを展開する一人の教員である場合や,書類上は存在するものの実際には機能していないセンターまでさまざまである。

　プログラムは使命とサービスの範囲により異なる。教員だけで運営するプログラムもあれば,院生,非常勤教員,職員によるプログラムもある。さらに,FDの枠内でどのようなサービスが提供されるのかにも,さまざまなモデルがある。ある機関では,教育用テクノロジーの支援や留学生のティーチングアシスタント(TA)に対する語学試験,テストサービスなどがFDの

プログラムに含まれるが，別の大学ではこれらは別のユニットが管轄している。

　言うまでもなく，集められるデータやその収集方法，あるいは報告の仕方は，これらの要素により多様である。本章では，形式や規模の違いを問わず，FDプログラム一般に対する提案を行う。本章の著者らの経歴のほとんどが研究大学の中央ユニットにおけるものであるが，本章の内容は，他のタイプの教育機関で働く者の経験にも依拠している。

統合としての評価

　FD担当者にはさまざまな専門分野からの参入者がおり，プログラム評価に関する正式な訓練を受けていない者も多い。幸いにも，FD分野には教育・学習の評価に関する豊かな研究蓄積があり，それらはFD自体の評価にも適用できる。たとえば，アメリカ高等教育学会（American Association for Higher Education: AAHE）の *Principles of Good Practice for Assessing Student Learning* には，評価のプロセスに関する有益な助言がある（AAHE Assessment Forum, 1997）。また，ワルブールド（Walvoord）の *Assessment Clear and Simple: A Practical Guide for Institutions, Departments, and General Education*（2004）も示唆に富む。AAHEの指針は以下のとおりである。

1．明確な教育観があって初めて，学生の学習に対する評価は可能となる。
2．学習を多元的，統合的，そして成果が目に見えるまで時間がかかるものと理解すると，最も効果的な評価ができる。
3．評価対象となるプログラムに明瞭かつ明示的に述べられた目的があると，その評価は最もよく機能する。
4．評価では結果だけでなく，その結果がもたらされるまでの経験にも注目する必要がある。
5．評価は気まぐれにではなく，継続的に行われるとき最もよく機能する。
6．教育の関係者が幅広く関与すると評価は大幅に改善される。
7．用途が明確で人々が本当に抱いている疑問に答えようとする評価は有意義

である。
8．評価は，変化を促進する条件の1つになると，改善につながることが多い。
9．教育者は評価を通して学生と社会への責任を果たす。
　　　［AAHE Assessment Forum, 1997, pp.11-12］

　プログラムの規模，教育機関のタイプ，サービスの範囲にかかわらず，これらの資料から導きだされる FD 活動を評価するための基本方針のうち，特に重要なのは，統合の方針である。評価の結果が一貫したストーリーになるためには，実践を多元的かつ統合的に扱い，関連がないように見えるサービス間のつながりを示せるようになることが重要である。ここで言う統合には，以下で見るようにさまざまな側面がある。

教育機関の目標とプログラムの目標の統合

　どのような評価においても基本原理となるのは，重要なことを評価するということである。ワルブールド（Walvoord, 2004）は，「人は『評価をする』ことは望んでいない。望んでいるのは，夢をかなえること，現状の改善，新しい活動に興奮することである。だから，『評価をする』ように求められたら，組織としての夢，目標，大学にとって重要なプロセスとリンクさせなさい」(p.12) と述べている。

　1997年に実施された教育センターにおける評価実践に関する調査で，チズムとザボ（Chism and Szabo）は，「評価活動の大部分は複数のプログラムをまたぐ形で行われている」(p.61) と結論づけた。しかし同時に，評価活動は提供されたサービスすべてに等しく実施されているわけではなく，満足度調査に重点が置かれがちであることも判明した。目指すべきは最も重要なデータを集めることで，集めやすいデータを集めることではない。アメリカ高等教育学会の最初の指針を適用して，バンタ，ルンデ，ブラック，オブランダー（Banta, Lunde, Black, and Oblander, 1996）は「教育機関の評価活動は，測定できるものを重視するのではなく，重視するものを測定することに注力しなくてはならない」(p.5) と述べている。もし教育機関が学際的協働を重視しているなら，FD プログラムは学際的協働に対する支援の評価を行った方がよい。

単一のシステムとしての統合

　チズムとザボ（Chism and Szabo, 1997）は，教育開発担当者の多くはすでに大量のデータを集めていることを発見した。しかし，保管の場所と形式がばらばらであることが多かった。たとえば，本章の著者らが勤務する部署では，イベントの出席者と評価のデータを別々のシステムで収集していた。コンサルタントがコンサルテーションに関する紙媒体の記録を自ら保管し，顧客名の年次ごとのデータベースは職場の同僚が管理していることもある。他の場合と同様に，このプログラムには大量のデータがあったが，アクセスや利用は簡単ではなかった。アメリカ高等教育学会指針の2と5が提案するように，統合を達成するためには，記録保管と管理に関する業務をできるだけ多く行う単一のデータシステムを構築すると便利である（Plank, Kalish, Rohdieck, & Harper, 2005参照）。

日常業務への統合

　プログラム評価を行う際の最大の障害は時間だろう。授業の評価を行うと教育のための時間がなくなるかもしれないと心配する教員がいるように，教育開発担当者は「うまく評価するためには多くの時間が必要だから，スタッフは顧客に適切に対応することができなくなる」（Chism & Szabo, 1997, p.60）と心配する。この場合，教育開発担当者は自らが行う助言に耳を傾けるとよい。教育開発担当者には，学習の評価について教員と話し合うとき，教師は評価を教育プロセスに統合するべきで，「周辺業務に位置づける」（p.13）ことをしてはいけないというワルブールドとアンダーソン（Walvoord and Anderson, 1998）の言葉を繰り返す人が多い。すでに仕事を抱えすぎている教員の日々の生活にとって評価が余計な業務であるなら，評価がうまく行くために必要な注意が向けられることはないだろう。同様に，教育開発担当者の仕事の評価が役に立ち，有用かつ利用可能であるだけでなく実行可能であるためには，それを日常業務に統合しなければならない。

戦略的計画立案との統合

　評価プロセスの最も重要な要素は，協働を重んじる姿勢である。「評価が

うまくいくためには協働作業が必要である，という言葉より重要な評価方針はおそらくない」(Banta et al., 1996, p.35)。プログラムが2人以上のスタッフで構成されているなら，スタッフは全員，評価システムの構築と利用に関わらなければならない。単独の実践者がファカルティ・フェローを使うか，他のユニットの同僚と協力する場合，評価プロセスに彼らを含めることは，つながりを強化し一貫性を促進する。適切な仲間，構成員，管理職がこのプロセスに加わらなければならない。ステークホルダーと利用者をこのプロセスに関与させると，協力体制ができ，評価ループは完結しやすくなる。

データ用のカテゴリー開発，何を重視するかについての合意形成，データの利用方法についての議論を進める努力は，スタッフの相互開発と戦略的計画立案に欠かせない。積極的な協働作業は，ユニットの目標を機関全体の目標と整合させ，最終的な成果が有用で直感的にわかりやすいことを保証するために必要である。

プログラム評価のサイクル

評価に関する文献に共通してみられる基本的な原理は，優れた評価は循環的だということである。循環的とは，まず問いがあり，データ収集と改善がなされ，更なる問いが発せられるということだ。

目標設定

プログラム評価の第1段階は目標の設定である。何を知りたいのか，またそれはなぜかについて時間を取って考える前に，すぐデータ収集に取りかかろうとする場合がある。しかし，FDにおける目標は学究的なものであり，従って思慮深い評価が求められる。評価前の計画立案は重要で実りの多い作業であり，データをただの1つも集めなくても得られるものは多い。

関係者の理解：他の職業と同様，FD担当者も一人きりで働くことはできない。効果的な仕事をするためには，教育開発担当者はステークホルダー全員について考慮しなければならない。想定される顧客全員に対して大規模な調査を行うか，2，3人と話をするかにかかわらず，ニーズ評価を目標設定

の時点で行うのは有益である（Milloy & Brooke, 2003）。顧客の期待，ならびに効果的なサービスについての顧客の認識を知るのは重要なことだからだ。このプロセスの一部として，目標に対し当事者意識を持ち，その目標と関係者がプログラムに対し望んでいることとの間に不整合がないか確かめることが肝要となる。

機関の目標との整合性：FD担当者がプログラムの目標を機関の戦略的計画とリンクさせることで，当該ユニットが機関の戦略的目標達成をどのように支援するかを示すことができる。このプロセスにより，上位の管理職はプログラムの価値を理解できる。FDプログラムの内容と機関全体の目標がつながっているか確認することにもなる。

ほとんどの教育機関の究極の目標は，学生に対する教育の向上である。FDプログラムは教室での学習を直接評価できない（または自らの手柄にできない）が，プログラムの内容を授業での目標に結びつけることはできる。間接的な効果を示す方法のひとつは，教育プロセスの諸段階を明らかにし，できるかぎり各段階における証拠を提出することである。有用な尺度の例には，プログラムと協力して学期途中に学生の反応を把握する教員の数や，プログラムのスタッフが行う小グループ授業分析（Small Group Instructional Diagnoses: SGID）で意見を表明した学生の数などが考えられる。それから，学生の反応や調査結果に対応した結果，教員がどのように教育を変えたかについての定性的な報告書を加えることもできる。これらの測定方法と機関の目標に整合性を持たせることで，単にFDスタッフが直接時間を費やした事柄を数えた結果以上に，意味を持つ数字が得られるのだ。

特定のニーズへの対応：教育開発担当者は，評価を本務外のもう1つの責任だと考えずに，自らを助けてくれる何かだと考えてみるべきである。プログラムの最大の課題は何であり，統合的なプログラム評価システムはその解決にどう役立つのか。たとえば，新しいプログラムの場合，評価を行うことにより改善計画の立案と優先事項の設定が容易になる。反対に，大規模で確立されたプログラムの場合，評価データによってどのサービスが最も効果的で，見直すべきサービスが何かを見極めることができる。FD担当者は，

フィードバックに基づく意思決定によって教育に対しても学究的態度をとるよう教員に勧めるのと同様に，自らの実践にも学究的性格とデータの裏付けを求めるべきある。

評価の用途について：データ収集の前には，その評価をどのように使うか，誰と共有するか，評価プロセスがユニットの文化に親和的か等の問題も考えなくてはならない。たとえば，個々のスタッフの業績評価に必要な情報は，特定のプログラムまたはサービスの継続や拡大を正当化するのに必要な情報とは異なる。管理監督者へのデータ提供が唯一の目的なら，ウェブサイト上での公開やマーケティングでの利用を念頭に置いた情報とは異なってくる。

成果と測度の決定

いったん目標が定まり教育機関の目標とのすり合わせが済めば，その目標の達成度，つまり成果を測定する方法を検討し始める。これによって，どのようなデータを用いるのか，いかなる種類の証拠が活動を正確に反映すると考えるのかを決めることになる。

プログラムの使命やサービスはさまざまだが，ソルチネッリら（Sorcinelli et al., 2006）は，教育機関のタイプにかかわらず，以下のサービスが共通して提供されていることを発見した。

- 個別教員に対するコンサルテーション
- 教育機関全体のオリエンテーションとワークショップ
- 集中プログラム
- 個人および学科に対する補助金および報奨
- リソース提供と出版（pp.14-16）

こうしたサービスは，データ収集の焦点を必然的に規定する。優れた評価計画では，各サービスの影響だけでなく，サービス間の関係についても文書化が行われる。そこには，「数字いじり」が必要な側面も無論含まれる。教育開発ユニットが関わった人の数，関係者が機関内にどの程度ひろがっているか，イベントへの初めての参加者および2度目以上の参加者の数，費用や

人的コストといったことを測り続けることは，成功の度合いを評価する上で重要である。通常，こうしたデータの収集と記録はそれほど難しくない。

大半のプログラムはすでにこうしたデータを収集している。たとえば，多くのプログラムでは，イベントの最後に参加者の満足度を測るために参加者からの評価を集めている。しかし，本章の著者ら自身の経験やチズムとザボ（1997）の調査からわかるのは，参加者がプログラムを受けた結果，教育において何か新しい試みを実施してみたか，そういった試みがうまくいったかどうかについては，多くのFD担当者はそれほど体系的に追跡しているわけではないということだ。教育開発活動の成果を文書化するための情報を集めるには，サービスを利用した人の追跡調査等から得られる長期的測定が必要である。

ワークショップやコンサルテーションに比べて，目に見えにくかったり測定が難しかったりする教育開発活動について考えるのも重要である。たとえば，FD担当者はしばしば大学内の委員会で知識を提供するよう求められる。こうしたサービスは重要な貢献であるが，文書化されることは稀である。

多くの場合，時間はFDにおける最大のコストである。時間を調べるということは大学の文化にはなじまないと思われがちだが，それを行うと有益なデータが得られる。どのサービスまたはイベントが貴重な労働時間に対し高くついているのか，効率性に関する他のデータと組み合わせて調べると，費用対効果に関する決定の裏付けとなる。あるワークショップに多大な準備時間をかけたにもかかわらず，出席者が多くなかったり肯定的な評価が得られなかった場合，ワークショップの変更または廃止を決めなければならない。優先順位の高い機関の目標に沿ったサービスに多くの時間が必要な場合，こうしたデータはスタッフ増員を求める根拠に使うことができる。投資収益率の分析について詳しくはボセルとヘンダーソン（Bothell & Henderson, 2003）を参照されたい。

顧客からのフィードバック以外にも多くの重要なデータの源があり，FD担当者自身はその筆頭である。自己評価は必要不可欠だ。開発担当者は自らが成し遂げようとしていることについて反省しなければ，うまくいったかどうか判断できないだろう。センター内の同僚または他大学で類似のプログラムを行う人による評価，それに助言者の評価も役立てることができる。

データの収集

　集めるデータの種類が決まると，次は，データ収集を定期的に，タイミングよく，正確に，そして実行可能にするプロセスを構築しなければならない。評価システムが煩雑すぎて誰も使わないなら，どんなに優れたシステムでも意味がない。FD担当者は，目いっぱいの授業を担当しながら単独で仕事をするか，大規模大学のセンターで何千人もの教員に他のスタッフと協力してサービスを提供するかにかかわらず，すでにパンク寸前で，新たな仕事をする余裕のある者などいない。

　既存の土台に基づく構築：プログラムが，既に機能しているデータ収集のプロセスを有しているのならば，そこを出発点にするのが合理的である。紙媒体，表計算ソフト，電子データベースなどに収集されているデータに注目することから始め，実際に使うデータ，収集されているが使わないデータ，不足しているので補う必要のあるデータを決める。

　プログラムに従事するスタッフが複数いる場合，全員から協力を求め，作業の分担をすることが重要である。本章の著者らは，他のセンターとの協働作業から，さまざまなポジションにいるスタッフが，データ収集のプロセスに対し有益で補完的な貢献をすることに気付いた。センター長は中央執行部にとって説得力のある年次報告書のデータが何かよくわかっているし，授業に関するコンサルタントはイベントを計画する際どういう情報が役に立つかを理解している。また事務職員は，イベントへの参加登録のプロセスを，システムに組み入れるよい方法について価値ある提案ができる。単独で働く実践者は，他のユニットとの協働で単一の共有システムを作り上げるかもしれない。また，機関の記憶をつくるため，同時期に働く他のスタッフだけでなく彼らの後継者と協力する手段としても，そのシステムを捉えることができる。

　統合的なシステムの構築：統合を達成するためには，できるだけ多くの記録保管機能と他の運営業務を行う単一のデータシステムを構築すると便利である。同じシステムが，労働時間の管理，スケジュールの調整，イベントへ

の参加登録の記録，評価フィードバックの収集，連絡先の保存，発送，月次報告書と年次報告書の作成を行うこともできる。データを一度入力すれば数多くのアウトプットや目的に使えるようにするのが，こうしたシステムの目指すところである。

データベースを構築するには多くの時間を投ずる必要があるが，長い目で見るとデータ収集と報告をうまくやれるようになる。自らデータベースのプログラムを書くスタッフを擁するセンターもあるが，大半は市販のソフト（FilemakerやAccess）を使っているので新人でも簡単に学べる。使用ソフトにかかわらず重要なのは，利用する際の柔軟性を高めるために，データをファイルごとに保管してもファイルの枠を超えて共有できる関係型システムを構築することである。

たとえば，関係型システムは，顧客，コンサルテーション，イベントに関する表を別々に保管し互いに「関連づける」。つまり，ある顧客の記録を見ると，その顧客のイベント出席やコンサルテーション依頼の記録を見ることができる。同様に，イベントの記録を見ると，出席状況だけでなく，評価，使用資料，式次第，その他役に立つあらゆる情報を見ることができる。関係型システムは，サービスを最大限に利用している学科，若手教員のコンサルテーションの利用率，午前と午後のワークショップで出席が良いのはどちらか，といった疑問を抱いたとき答えを見つけるのに役立つ。システムが日常業務に統合されているので，コンサルテーションのスケジュール調整やワークショップへの登録のようなデータ入力はルーティーンとして行われ，そうしたデータは疑問が起きたときすぐに使えるようになっている（本章の著者らは，要請があれば関係型データベースを開発するための電子手引き書を提供できる）。

追加的データの獲得：上述したように，出席者数や満足度調査に関するデータを集めるだけではなく，教育開発活動の影響に関する長期的データを収集する必要がある。オハイオ州立大学では，大学教育推進センター（University Center for the Advancement of Teaching: UCAT）が行ったあらゆるイベント，コンサルテーション，機関全体へのサービスや専門的サービス（各種委員への就任，補助金獲得支援，専門職開発・組織開発（POD）委

員会への出席など）について尋ねる一般的な調査が行われた。その調査では，顧客に過去1年間，UCATとどのように関わったかを尋ねている。リストには，ワークショップ，個別コンサルテーション，補助金プロジェクトへの支援などがある。また，顧客はデータベースシステムで示されたのと同じテーマリストを使って，UCATとの関わりの中で取り組んだテーマを選ぶ。次に，UCATと関わった結果，授業を修正したことがあれば，どのように修正したかを尋ねられる。その調査にはリストに答える質問だけでなく，他の行動を追加して記入する十分なスペースも用意されている。

調査は年1回，その年の顧客の4分の1に行われる。データベースシステムのおかげで，ランダムに顧客を選び出し，宛名ラベルを印刷し，（同一人物が毎年調査の対象になるのを防ぐため）どの顧客をいつ調査対象としたかを記録することは簡単である。UCATはこのサイクルを数回繰り返し，特定のサービスにフィードバックを集中して行う必要性を見いだした。そこで，UCATのスタッフが授業に関する個別コンサルテーションを行った顧客だけを対象とする，第2の調査が開発された。今では，一般的な調査と特定のサービスに的を絞った調査との組み合わせが有効であることがわかっている。また，センターは特定の問題を追及するために，フォーカスグループも対面式および電子的方法の両方で実施している。

データの解釈と報告

どれほどたくさんデータを集めても，それを役立てるためには，データの解釈と利用者に対する簡潔な提示がなくてはならない。データを解釈する際，誰がそれを見るのかを考慮することが最も重要である。FD担当者にとって内部と外部の両方に評価結果の利用者がいる可能性が非常に高い。

評価結果の内部利用には，日常的な利用と戦略的な利用の両方がある。使いやすい顧客履歴は，仕事から長く離れていたスタッフが戻ってきたときに役に立つ。データが適切な形式で保存されていると，イベント用の出席者リストや名札，郵送用の住所ラベルなどを作成するのに利用できる。大局的に見ると，さまざまなサービスの利用に関する豊富なデータは，限られたリソースや時間をどこに集中させるかを決める助けになる。

データの分析や解釈には，満足度や出席率の平均スコアなどの記述的統計

で十分であることが多い（統計学的な専門知識があるならば，こうした定量的データはより高度な多変量解析にも利用できる）。しかし，単純な費用対効果分析を行うため，人的コストと費用を成果とリンクさせることができると役に立つことがある。また，こうした数字の意味を知るため，数字を大学の文化に照らして考えるのも重要である。たとえば，大学内で行われるイベントの出席率は，それ自体は何も意味しない。教員が参加する伝統が強い小規模大学で，FD 担当者が主要なイベントの計画に多くの時間を費やし，他の教員にファシリテーターとして協力を求めた場合，参加教員が 20 名だったら大失敗とみなされるだろう。一方，教員が所属学科以外のイベントに参加すると大学の文化に反するような大規模大学の教育センターが，ほとんど準備の必要のない弁当持参のランチを催した場合，センターのスタッフは参加者が 20 名でも大成功だと思うはずだ。

　また，とりとめのないコメントを収集し解釈して定性的評価を行うことにも，それなりの価値がある。上記したふたつの調査には，自由回答形式の質問が含まれている。フォーカスグループからの反応と同様，こうしたデータは定量的調査の結果に比べ代表性に欠けることは否めないが，プログラムがどのように受け取られているか深く詳しく知ることができる。つまりこうしたデータは，仕事の"ストーリーを語る"手助けとなり，回答から引用し年次報告書にまとめると，プログラムの影響力を説明できるのだ。さらに記述されたコメントは，内省と改善にも役立つ。顧客が個別コンサルテーションの過程でどのような経験をし，それによって自らの仕事にどういう影響を受けたかを書き留めたものは，支援の実践を改善するための洞察を与えてくれる。FD サービスを利用しない教員からのデータも，時として新たな発想を生むきっかけとなる。

　仲間との比較が役に立つときもある。他のプログラムを直接調査することや文献に当たることで，こうしたベンチマーキングを行うことができる（Chism & Szabo, 1997; Sorcinelli et al., 2006）。ベンチマーキングはプログラムに現実的な目標を設定するのに役立ち，また，教育機関のステークホルダーが同様のことをする手助けとなる。

　FD プログラムが教育機関のニーズや基準に合致していると外部に示すことは，評価データの重要な使い方だろう。こうした圧力により評価を始める

場合が多いからである。そのため，教育機関の戦略的目標間の整合性，プログラムに割り当てられた具体的な使命，収集されたデータに注意を払う必要がある。そうすることで，自らの仕事の成果を，プログラムに求められている目標につなげることが可能になる。

しかし，同一データをすべての構成員と共有する必要はない。筆頭副学長（provost）にとって興味がある情報は，おそらく教員の助言グループとは異なるだろうし，マーケティング資料にはまた別の情報を使うのがよいはずだ。さまざまな構成員の情報に対するニーズを理解すると，膨大な収集データを基に最も使いやすい報告書を作成することができる。

活動とフィードバックを要約した報告書があると，個人の業績考査における自己評価の裏付けとなる具体的証拠を示すのが容易になる。データがあると仕事ぶりが深く詳しくわかり，年1回行うスタッフの業績評価の効率と正確さが向上する。また，既存のスタッフの昇進や，新たな求人募集など人事に関する決定に役立つ。

統合データシステムにより，学部長や学科長，諮問委員会，中央執行部などさまざまなステークホルダーに対し，文書化の必要がある報告書をほとんど自動的に作成できる。また，予算を要求しているプログラムが実際のニーズに合致し，公表されている教育機関の目標に取り組んでいることを示す豊富な証拠を提示できるので，予算請求の裏付けとなる。とは言っても結局肝心なのは，教育開発活動の明文化された目標を達成するために，サービスは効果的でなければならないこと，そしてそれを知る唯一の方法はデータ収集だということである。

最後に，プログラム評価を教育開発の学究的活動にまで広げると，内部評価のために収集した情報を，FDに関わる他の人々に提供することができる。なんらかのデータ収集が行われているならば，専門職の実践に関する研究の課題設定や，教育開発担当者のコミュニティにおける成果の共有が，興味深くまた有益に感じられるだろう。

ループを完結する

他の完成した評価システムと同様に，FDに関するプログラム評価も実践を正確にとらえ，同時に実践の方向付けをしなければならない。スタッフは

個人として，活動に関するすべてのデータおよび顧客からの反応を定期的に利用する一方で，組織としてそれらのデータをプログラムの計画立案に活かし，個々の活動を改善するために使うべきである。

評価活動は，計画立案の根幹を成す。各学期にどういうイベントを提供し，どういう書籍を購入するか話し合う場合，教員が最も頻繁に問い合わせを寄せ，コンサルテーションを求めるテーマについてのデータが参考となる。主要な新規プロジェクトに関する決定は，以前の活動のデータからスタッフの時間と費用を見積もった上でなされうる。

おそらくより興味深いのは，評価に関わった者が，他の人が何をしているかについて考えるようになるという，思いがけない成果が得られることである。スタッフやファカルティ・フェローは，お互いのプロジェクトを意識するようになり，仕事の本質について話し合うようになる。特定の業務を分担する最適の方法や，新しい業務区分を作らなければならない時期について話し合うと，チームの各メンバーの仕事や，それらを機関全体に組み込む方法，その価値を顧客へ説明する最上の方法が，よりよく理解できる。協調関係に基づく統合されたプログラム評価により，スタッフ，諮問グループなどの間にコミュニティが形成され対話が進む。

終わりに

FDプログラムがどのように見えても，どのようなサービスを提供しても，プログラムの対象となる教員が多くても少なくても，属する組織がどのようなものであっても，アカウンタビリティの要求と財政に関する責任がある以上，プログラムの影響を文書にまとめなければならない。FD担当者は自らのプログラムが著しい成果を出していると知っているかもしれないが，それを証明する仕組みを作らなければならない。

しかし，データを収集，解釈，利用するプロセスが日常業務に組み込まれていない場合，その作業は負担としてとらえられがちである。本章で検討した計画プロセスは，特定のニーズに対応するシステムが考案されるよう支援する。チーム全体，そしておそらく他のステークホルダーをも設計プロセス自体に巻き込むことが，専門職開発およびプログラムの戦略的計画立案に役

立つ。また，この実践により，個人の業績を向上させ，ユニットのサービスを顧客やステークホルダーのニーズと結びつけるという形成的目的で，評価が使われる可能性が高くなる。

　すべての評価と同様，センターの活動と効率性に関するデータ収集は，総括的な目的のためだけに行われるべきではない。「ループを完結する」必要があるのだ。プログラム評価は，他者への報告やプログラムの存在の正当化以上のものである。優れたプログラム評価とは，個人の活動を導き向上させ，意思決定の裏付けになるとともに，プログラムの有効性の証明を支援するものである。

第7章 形成的目的のための教育実践と効果の評価

マイケル・ジオール,
ジェニファー・L・フランクリン

　本章では教育と学習を向上させることを念頭に, 大学の教育プロセスとその成果について考察する。つまり, 教育の効果を考えさせる活動や, 改善のための修正を提案する活動を論じる。従ってこの章は, いつでも起こりえるし, 内々に行われることが多い「形成的」プロセスに関するものである。結果が公表され, コースやカリキュラムの継続に関する決定を左右するような, 通常は最終的な活動である「総括的」評価活動については触れない。また, 教員の教育または人事決定の評価も扱わない。主眼は, 専門職開発および学生の達成を支援する進行中のプログラムの一環として, 教育と学習の向上に役立つ情報源を特定することに置かれている。

　教育効果の評価は, 教室の内外での教師と学生の経験, およびこうした経験の結果を探求する作業を含む。教育方法や教室での活動といったプロセスについての, 手段に関わるデータの収集だけでなく, 学生の学習成果など結果に関わるデータの収集も含まれる。形成的評価は本質的に, 結果（教師の技術と能力, 学生による教育目標の達成）の向上を求めてプロセスと実践（教育方略, 教育技術, 学習の測定）の改善を目指す。評価の対象となるプロセスと成果をまず決めることが, 必要なデータを決定する第一歩である。

　教育実践がどの程度うまくいっているかを評価するには, 教師が何をしているか, 教師が何をしていると学生の目に見えているか, どのような影響が学生の学習に及んでいるかについて評価しなければならない。基本的には, FD担当者は形成的目的のため, 手段に関わるデータと結果に関わるデータの両方を使うべきであるが, こうした情報は総括的目的に使われることも意識しなければならない。大部分のFD担当者は総括的決定そのものには関わらないが, 彼・彼女らの仕事はそうした決定に影響を及ぼす。FD担当者は,

形成的または総括的な目的に役立つデータと役立たないデータの種類について助言できるよう，測定と評価について知らなければならない。また，形成的目的のために収集したデータの秘密保持に関する教師の権利を守らなければならない。

　違いをはっきりさせるために，形成的目的と総括的目的に使う，手段に関わるデータと結果に関わるデータの種類の例を表7.1に示す。具体的な内容は本章の後半で論じる。

　本章では，教育効果を評価するときにFD担当者が留意すべき重要な研究の知見を取り上げる。以下で取り上げるテーマは次の通りである。

○ 大学での教育についてわかっていることとわかっていないこと
○ 教育と学習はいかに結びつくのか
○ 教育を評価するのに使う手段と方策
○ 評価データの形成的利用法

表7.1　形成的・総括的に使用するデータ

焦　　点 → 目　　的	教育方法	教室での活動	授業科目の成果	学生の進歩	学生の学習
形成的 →	フォーカスグループ	仲間などによる観察	継続的な非公式評価	知識に関する調査	成績付けしないクイズ
総括的 →	複数のデータの種類と情報源	録音・録画，調査，学生による評価	費用と便益，学生の学習，教育内容，カリキュラムへの適合	成績；後に履修した授業科目において示された成果	あらゆる種類の評価，長期にわたるデータ
データの種類→	手段に関わるデータ		結果に関わるデータ		

まだわかっていないこと

　70年を超える研究でわかったのは，教育と学習は複合的，多元的，相互依

存的な活動であり，人間のコミュニケーションや交流に関わるという事実によって，さらに複雑になるということだ。驚くべきことにごく最近まで，学習に関する知識は人間の行動を観察し推察することで間接的に得られたものだったが，近年の認知科学の進歩により，ついに人間の生物学的認知メカニズムがわかってきた。その結果，効果的な教育に対する信念は大きく揺らぎ，他の考え方が有効と判明するだけでなく，今まで以上に明瞭に理解されるようになり，新しくより良い教育実践が導き出されている。既存の知識を新しい知識と比較対照し，教育学の理解を広く深く追求しなければならなくなるだろう。脳と学習に関する新しい研究は，さまざまな教育学が機能する方法とその理由にヒントを与えてくれるため，FD担当者は注目しなければならない。例えば，ツル（Zull, 2002）は学習における脳の活動サイクルを，デービッド・コルブ（Kolb, 1984）の「経験学習」モデルに重ね合わせ，両者の働きが似ていることを示した。

「わかっていること」は，歴史的に教育と学習に関する研究的活動が，伝統的な状況における伝統的な学生を第一義に想定していることと関係している。その想定が当てはまるのならば，こうした研究は現代でも，教育に強固な基盤を与えている。しかし，1960年代から，教育はゆっくりではあるが変化し始めた。我々がまだわからないのは，こうした変化が教育と学習にどのような影響をもたらしているのか，換言すれば，どういう実践がどこで一番有効に使われ，その効果はどのようなものか，ということである。幸運にも，何がわからないのかを認識することと，探求や考察の精神は矛盾しない。この精神は，FD担当者が自分自身の実践において重視していることであり，それを顧客が培ってくれるよう常に心がけていることでもある。変化する環境下では，教育効果を評価することが，それを高め改善する唯一の機会を提供する。

文献の最新レビューを読みやすくまとめたものを見つけることは，研究の知見を大局的に見るのに必要な広い視野を手に入れるのに欠かせない。FD担当者は，効果がありそうなものを勧める時期，あるいは教員の抵抗や不十分なリソースなどの要因で効果がなさそうな新しい考えの強制を避ける時期を察知するため，先行研究をよく理解しなければならない。新人のFD担当者を支援する情報源も数多くあり，最も利用しやすいのはPODネットワー

クのリストサーブとウェブサイトであろう。大学の教育と学習に関する文献は豊富だが，FD 担当者は教員からの個々の質問にすばやく答える必要があることが多い。詳しい文献調査を行う時間がない場合でも，POD のリストサーブなら，多くの経験豊かな実践者に連絡を取ることができる。POD のウェブサイトにアクセスすれば，豊富な教育と学習に関する資料に到達できる。*Teaching Professor*（http://www.teachingprofessor.com/）や *National Teaching-Learning Forum*（http://www.ntlf.com/he）といった出版物は，使いやすい形式で文献から重要な知見を抜粋している。発達・教育評価センター（Individual Development and Educational Assessment Center: IDEA）は，POD と協力して作成した情報を提供している。こうした情報は，IDEA 学生評価（http://www.theideacenter.org）の形成的または総括的な使用を支援するために特別に設計されている。もちろん，より正式な文献は，教育分野に特化した機関誌や毎年出版される多くの書籍などでいつでも手に入る。

では，何がわかっているのか

「伝統的な」教育場面における，教師や学習者の技能，行動，動機，個人的スタイルに関しては研究が進んでいる。教師の知識（Shulman, 1986），大学における教育の諸側面（Feldman, 1997），効果的な教育実践（McKeachie & Svinicki, 2006），学生に対する大学の効果（Pascarella & Terenzini, 1991, 2005），学生の成功を促進する方法（Kuh et al., 2005），教師と学生の個人差（Grasha, 1996），動機づけ要素（Theall, 1999a; Wlodkowski, 1998, 1999），脳機能と学習の関係に関する最新知識（Zull, 2002）については，多くのことが知られている。基本的な研究と理論の知識は，FD 担当者と授業コンサルタントにとって自らの意思決定の基礎となるため重要であるが，こうした文献に詳しくない教員にとっての情報源となる意味でも重要である。

教師の知識と FD 担当者

シュルマン（Shulman, 1986）は，教育の上で重要な知識を 3 種類指摘した。「教育内容の知識」（content knowledge）は科目内容に関する深い理解

であり,「教育学の知識」(pedagogical content knowledge)は科目を教えるときに使う基本的な教育と学習の方略に対する理解である。「カリキュラムの知識」(curriculum knowledge)とはこの2つの高度な組み合わせで,多様な学生に対する科目内容の効果的な教育に関する理解,技能,方略の範囲を,教師が広げていくことで身につく。カリキュラムの知識は,重要な原則を見つけ複雑な概念や考えを,わかりやすく使いやすい形に変える能力も含む。カリキュラムの知識を有する教師は,学生の学習を評価し学習を妨げている問題への対応と対策ができるので,それは教育に関する戦略的思考を具現化したものだと言える。教育の評価には,教師がこの3種類の知識をどの程度身につけているか調べることが含まれ,教師の支援には,主として教育内容に関する専門家である教師が,教育内容と効果的な教育学とをむすびつけられるように手助けすることが含まれる。

同様の概念はFD担当者にも提言できる。不可欠な教育内容の知識とある程度の教育学の知識を教員が提供するのに対し,FDおよび関連サービスの提供者は以下のものを有する必要がある。

○ 教育内容について彼ら自身の知識(専門分野を超えた効果的な教育と学習に関する理論と実践)
○ 教育学について彼ら自身の知識(教員がさまざまな場面で教育や授業設計の技術と知識を向上・獲得する際に支援するための手法)
○ カリキュラムについて彼ら自身の知識(深い知識や人間関係,コンサルテーションに関する技能の個別状況への適用)

こうした幅広い区分は,評価技術,教育用テクノロジーの適用に関する知識,個人差の理解,その他教育と学習に影響を与える諸要素の知識など,さまざまな分野を包含している。

熟練したFD担当者は,教育と学習の状況を評価し効果的な方策を提案するか,顧客がそれを開発,適用するのを支援することができる。そして研究と理論を統合し,さまざまな顧客との協働のため多様な方策を使う(Brinko & Menges, 1997; Lewis & Lunde, 2001; Theall & Franklin, 1991a)。新人FD担当者は,他の分野の新米と同様,初心者からスタートし時間をかけて専門

家の役割を担うようになる。熟練した実践者は，シュルマン（Shulman, 1986）が指摘した「カリキュラムの知識」に似た知識と技術を有するが，初心者はこうした技術を持ち合わせていない。しかし，新人FD担当者は，顧客の経験，特に先輩教員との協働から利益を得ることができる。新人FD担当者は大学院で訓練を受けているので教育学に関する知識は持っているだろうし，教員からの転向であれば自分の専門分野に関する教育学の知識はあると考えられる。経験豊富な教員の下に配置され共に働くことは，教育学の知識とカリキュラムの知識の基盤を広げる1つの方法であるし，同時に協力的な同僚集団をつくることにもつながる。

大学教育の諸側面

大学での教育を考えるもうひとつの方法は，教育がどういう側面を持つか判断することである。この分野の研究はフェルドマン（Feldman, 1997, 2007）がまとめており，そのまとめは大学での教育と学習との関連について強固な知識基盤となっている。大学での教育は17の主要な側面によって分けられ，学生の達成や学生による教員評価との相関の強さに応じランクが付けられている。学生の達成に関連する最も重要な側面には，以下が含まれる。

- 教師による授業の構成と準備
- 教師の明瞭さと「理解のしやすさ」（Feldmanの用語）
- 学習を促す教師の能力
- 科目に対する学生の興味を刺激する教師の能力

学生による教員評価に最も強く関連した4側面は以下のとおりである。

- 科目に対する学生の興味を刺激する教師の能力
- 教師の明瞭さと「理解のしやすさ」
- 学習を促す教師の能力
- 教師によるやりがいのある知的課題の提供

教育効果に対する学生の評価と学生の達成には相関関係があることと（Cohen, 1981），学生からのフィードバックと見識ある教育コンサルテーションとの組み合わせは効果的であること（Cohen, 1980）には，明白な証拠がある。

　FD 担当者は，こうした知見を学生による評価を解釈する際に使うだけでなく，学生による評価の限界も理解しなければならない。総括すると，教育にはどの状況下でも重要視されるべき要素があるが，卓越性を達成する方法はさまざまである。教員が学生の評価の有効性をそのように理解するのを支援することは，FD 担当者にとって 1 つの技術であり，やりがいのある課題である。またその支援には，この分野のレビューを注意深く読み，それらに基づく指針を実践することが必要となる（Marsh, 2007; Murray, 2007; Perry & Smart, 2007; Theall & Feldman, 2007）。

大学の影響と学生の関与の重要性

　大学教育の影響を最も広く捉えれば，大学での経験すべてが重要だということになる。パスカレーラとテレンジーニ（Pascarella and Terenzini, 1991, 2005）は授業と科目の学習が重要だと指摘している。ただし，新しい学習の応用，社会化，成熟，実験，生活技能の開発，新しい考えや人々との接触が，変化を引き起こす主要な要素であるとも言っている。クー ら（Kuh et al., 2005）は，学生による自らの学習への関与の重要性を証明してきた。教員はこうした幅広い観点，ならびに学生の関与を促す学習方略を推進する方法の重要性を理解する必要がある。そうすることで，学生への大学の影響に関する知識に基づく方策を，教員が取り入れることにつながるからである。

動機づけと関連要素

　学生の動機づけは関与の骨幹であり，動機づけと感情は学習の主要要素である（Zull, 2002）。ジオール（Theall, 1999b）は14の動機づけモデルを研究し，(a) 包摂，(b) 態度，(c) 関連，(d) 能力，(e) リーダーシップ，(f) 満足の 6 つの共通要素を抽出した。こうした要素は，活動，関与，協力，発見など現代の教育方法と論理的に結びつき，教育の諸側面との関連も明白である。

　動機づけの成果は，学生自身の自己効力感（Bandura, 1977）や，自身の

実績の原因帰属にも現われている。成功を収める学生は，その成功が「自己の能力や努力，もしくはその両方」に帰属するものと考え，将来の成功を確信する傾向がある。ペリー（Perry, 1991）を始めとする研究者は，学習でつまずく学生は先行対応型で積極的な方法を取るよう支援するとよいと述べている。彼らは，自らの学習にもっと責任を持つようになり，努力により成功を収められると理解するようになる。学習は向上し，その成果に基づく満足が得られ，さらに重要なことに，こうした向上が内発的な動機に影響を与える。言い換えれば，学生は「自分の努力により何か貴重なものを学んだ。だからもう一度できるだろう」と思えるのである。

動機づけとコンサルテーションの効果も注目すべきである。学生に使用したのと同じ原則と方策が，教員との協働にも当てはまる（Theall, 2001）。FD担当者は，動機づけとそれに関連する原則や技術にもっと精通することで，教員の助けになると同時に，自らのコンサルタントとしての役割をもっと効果的に果たせるようになる。対応した学生が成功することで内発的動機が得られる教員のように，FD担当者も顧客である教員の成功によって刺激を受ける。学生のように，教員とFD担当者は「自らの力でうまくいった。だから今度もうまくいくだろう」と言えるはずである。

評価——学習とのつながり

「学習が行われなかったとして，教育がなされたと言えるだろうか」という質問を聞くことがある。この質問の含意は，教育の本質は，(a) 教育の設計，(b) 情報と必要な活動の提供，(c) そうした提供の結果（学習），のいずれであると考えるべきか，ということだ。この質問はつまらないものではない。3つの選択肢の支持者は強い信念を持ち，時には他をすべて排除して1つの選択肢を好む場合もあるからだ。教育効果または学習効果を評価する最良の方策は，多様な証拠を集めることで，1種類のデータに頼るのは最も危険である。教員による証拠収集をFD担当者が支援する場合，定量的・定性的方法，テスト作成，調査方法の知識が特に役立つ。しかし，同程度に重要なのは，教員向けにデータを解釈し，利用し，わかりやすく説明するのに必要な技能である（Franklin & Theall, 1990; Menges & Brinko, 1986; Theall

& Franklin, 1991b)。この問題を常に念頭に置くと，授業コンサルタントとFD担当者の役割と活動の重要度は増す。なぜなら我々の仕事の成果は教育と学習だけでなく，教員のキャリアや将来の学生の成功にも影響するからである。

体系的な授業開発と評価は，多くの目的を達成するための手段である。実践や新しい方法による影響を測定する際の鍵は，関連データを収集するための，評価を利用した体系的なアプローチである。FD担当者にとって最も強力な手段には，教員側に立って省察的な実践への関与を助長し，授業設計の効果を体系的に評価する「教育と学習に関する学究的活動」(Scholarship of Teaching and Learning: SoTL) の採用を支援することが含まれる。体系的な設計があれば，必然的に体系的な評価が生まれ，それは改善へと連なる。

FD担当者にとってSoTLは，教師の目標や目的，コースの内容に関わる問題や要件，学生の傾向・スキル・知識，学習を評価する方法，ならびに教育・学習が行われる環境全体を探求することである。FD担当者は，少数の気に入った授業方法だけに固執することはできない。個別状況の多くの面を考慮に入れた体系的プロセスを使って授業の問題を解決し，他の状況に転用できる授業の計画・開発プロセスの構築ができるよう，FD担当者は教員を支援しなければならない。こうしたプロセスにより，教師は教育・学習に対する自らの理解を構築することができ，そうすることで学生にもっと多くの学習機会を提供できる。

FD担当者は，教育学的問題に関して個人的な考えと立ち位置を明確にしなければならない。また，そういった問題について異なる見解を持つ者とも仕事をすることができ，決定を下すのに信頼性の高い有効なデータを用いて，教育・学習に関するバランスの取れた話し合いを進めることができなければならない。同様に，開発専門職は心理統計学（測定）を熟知し，教員が試験や評価に関するデータを使い，授業でのテストの作成や検証を行えるよう，支援することも大切である。最後に，FD担当者は，学部内の政治力学と現実に敏感になり，自分の採った方策が現状において最も効果的に活きるよう調整する必要がある。情報源は豊富にあるので，新人の教育開発担当者がこの分野での知識を得るのに役立つだろう。

評価の手段と方策

　教育と学習の評価に関しては有用な情報源がいくつかある（Angelo & Cross, 1993; Arreola, 2007; Brinko & Menges, 1997; Chism, 2007; Lewis & Lunde, 2001など）。具体例を挙げるとバーク（Berk, 2006）は，教員と管理職が自ら評価データの解釈と利用を行うのを支援するために，膨大な文献にあたることになる授業開発担当者とコンサルタントに対し，特に有益な13の方策を示した。

　形成的プロセスと総括的プロセスは明確に分離すべきだという意見をよく聞くが，それは間違いであろう。この2つの目的とそれが生み出すデータは互いに補完し合う。しかし，本章は教師による教育向上を支援するための，さまざまな情報の利用に主眼を置いている。FD担当者は，総括的意思決定に関与するべきではなく，また形成的関係に必要な守秘義務を破らせようとする圧力から自由でいなければならない（http://podnetwork.org/faculty_development/ethicalguidelines.htm の "POD Network Ethical Guidelines" を参照）。

教育評価の手段

　学生は教育に関し重要な情報を提供する。コースに対する学生の評価は，全国的に利用されている調査法で収集されており，その調査法は幅広い検証と試験が行われているため，安心して使うことができるものである。しかし，教育機関の多くは自らが開発し分析した調査法を使う傾向がある。こうした調査法には時間をかけて試験と検証が行われたものも多くあるが，十分に精査されていない調査法はもっと多い。検証されていない調査法の使用は，データの質や結果の正確な解釈や利用，あるいは本来役に立つ調査法と調査プロセス全体の可能性を脅かす。実際，不適切な分析や報告がされた場合には特に，未検証のこうした調査法が教員のキャリアに傷をつけることもある。学生による評価について耳に入る不満の多くは，性能のよくない調査法の使用とそれが提供する情報の誤使用並びに誤解釈から生まれている。

学生による評価に関するほとんどの調査法は，学生がコースと教師についてコメントを述べる機会を与えている。こうしたコメントは，形成的目的から見れば非常に価値がある。調査による定量的データには明確に現れない洞察，理由，感情的問題がそこには見られる。しかし，学生のコメントを利用するときの危険性は，強い表現による否定的なコメントが過度に大きな影響を及ぼす点にある。手厳しく，公平さを欠き，時には不正確なコメント1つで，他の学生からの建設的な意見の重要性が損なわれてしまうため，コンサルタントは教師が情報を最大限に利用できるよう配慮しなければならない。

教育に関する他の情報は，学生から集めたデータを補完する目的で使わなければならない。「小グループ授業分析」(Small Group Instructional Diagnosis：SGID)(Clark & Bekey, 1979)は，教師が受け取ったコメントを理解しやすくするために便利な，単純で効率のよい技術である。また，「簡易授業分析」(Quick Course Diagnosis)(Millis, 2004)と呼ばれる新しいプロセスは，データの使いやすさとそのデータを活かした報告書の作成能力に強みがある。学生の評価の正確さを別の方法で調べるのに便利な方策は，授業をビデオ撮影し，そのビデオを教師と検討することである。ビデオを使っての記録はあいまいさがなく明瞭であるが，注意も必要である。まず，カメラの存在が教師と学生に影響を与えているので，テープに映っていることは通常起きていることではないかもしれない。さらに教師には，自分自身を初めてテープで見ると，うまく反応できず必要以上に自己批判的になる人が多い。こうした注意事項を踏まえてビデオ撮影をもし行うのであれば，授業における活動と力学が表れているサンプルを取ることができるまで，またカメラ自体の影響が減るかなくなるまで何度も行うべきである。ビデオによる記録に触れる機会が増えれば，教師は外見や口癖など些細なことに捕われないようになる。

情報は他にも，教師，仲間，科目また教育学の学外専門家，コンサルタントの指導者，管理職（特別に注意が必要で限界もある）によってもたらされる。それに個々の教員が作成し提供するポートフォリオは，確かな情報源である(Seldin, 1991)。形成的検討には教育方針についての話し合い，授業および教育経験に関する談話，学生の活動や評価に対する反応などの情報が含まれる。学科長などの管理職とつながりを構築し，先輩の教員と仕事ができ

るFD担当者は，重要な問題に関する強固な知識基盤だけでなく，ティーチング・ポートフォリオの材料の善し悪しを判定するのに使う基準も持つことができる。評価プロセスの技術的問題や手順がわかれば，FD担当者が新人や後輩の教員と働く際，非常に役立つだろう。

　管理職が授業または授業観察に関わるときには，注意しなければならない点がある。(a) 観察者は教師に受け入れられ，信頼され信用がなければならない，(b) プロセスに関する秘密保持が必要であるとみなされている，の2点である。学科長による授業観察が可能でも，管理職は授業観察から得た情報を総括的プロセスで証拠として使うべきではない。こうした状況は注意を払う必要があり，組織または学科の方針により総括的プロセスの一環として授業観察を求める場合もある。もしそうであるなら，形成的目的のためには管理職に授業観察をさせない方がよいだろう。ピア・レビューでは，形成的か総括的かということはそれほど問題にはならない。しかし，教師と観察者がそのプロセスに満足し，お互いがお互いに納得していることを確認し，その上で最大の効率性と最も有用な情報を生み出す既定のプロセス（Chism, 2007）を守るのが重要である。外部の専門的評価者は，コースの内容，授業設計，シラバス，コースの課題図書や活動，評価方法についてコメントを述べるだろう。また，学生の試験解答やその他の提出物についても調べることができる。こうした評価は，教育内容や授業のその他の側面に十分詳しい同業者が学内にいない場合に必要となる。

　授業開発担当者やコンサルタントにとって，教師や授業を観察することなく教育や学習を評価し改善することは，特に難しい。授業をいくつか直接観察しビデオを検討すると，学生による評価，他者による観察，ポートフォリオ資料，他の情報源からのデータを明確にし，かつそれらを裏付ける情報が常に得られる。授業のコンサルタントと開発担当者は，学生による評価の文献，授業観察と評価の技術，データの整理について熟知していなければならない。また，データ解析の技術を有し，教師に有用なフィードバックをしなければならない。定量的または定性的なデータのどちらかだけに頼ることは顧客にとって一利もなく，複数の情報源からデータを得る必要がある。

学習評価の手段

　学生の学習を評価する最も一般的な道具は，教室でのテストである。しかし，教室で行うテストはほとんど検証されていない。そのため，標準化された測度（多くの分野で見られる専門家による認証済みテスト）による結果や検証済みの調査法による結果に比べると，テスト結果は信頼性を欠く。テストは，教育の目標や目的，教育方法との関連から精査されなければならない。FD担当者は，教師がテスト作成や項目分析などの基本的な検証作業を行うのを支援する。特に専門職の資格付与や証明に使う標準テストは，そうした目的に適し，個人の成績や集団の成績を比較するのに使いやすいという長所がある。これらのテストは，ある分野で重要だと一般に認められている内容に重点を置いているため，コースやプログラムの内容を検証するために使うこともできる。

　近年，学習成果の評価に注目が集まり，効果的，効率的で便利な一連の調査法が見られるようになっている。アンジェロとクロス（Angelo and Cross, 1993）は大量の学習評価技術（Classroom Assessment Techniques: CAT）を集め，ワルブールド（Walvoord, 2004）は学科またはプログラムレベルでの単純な学習成果の評価方法を提案している。教員は評価データをプログラム評価プロジェクト，または専門分野別やその他のアクレディテーション・チームに提供しなければならないことが多いため，こうした調査法は重要である。ナッファーとキップ（Nuhfer and Kipp, 2003）は，科目に関する知識に自信があるかを学生に尋ねる「知識調査」について説明している。こうした情報により，教師はコースの内容を調整し，難しい分野に力を入れることができ，どうすれば学生が教育目標を達成できるかを見いだすことが可能になる。

授業研究と教育と学習に関する学究的活動

　ボイヤー（Boyer, 1990）が提唱した教育と学習に関する学究的活動（SoTL）は，教育を学究的行為として捉え直すことを目指した。つまり教育は，評価と同様の問題や論点，プロセスを含むと考えたわけである。クロスとステッドマン（Cross and Steadman, 1996）は，教育という学究的活動

を達成する方法として，授業プロセスと成果を調査する指針を提案した。授業研究は，より伝統的な実証研究には当たり前の大量のサンプルと統計学的手順を必ずしも必要とせず，有意差が見いだされずとも，焦点が絞られ省察的で役に立つと述べている。教師が授業の問題点の解答が見つけられるよう支援することは，学科や教育機関に対する支援と同じなので，こうした手法はFD担当者にとってすばらしい機会を提供する。教育学の重心がSoTLに移り（Shulman & Hutchings, 1999），教育に関する研究活動を，専門分野において評価される学究的活動に近づける努力がなされると，もう1つの重要な成果が明らかになった。教師がSoTLプロジェクトを行うのをFD担当者が支援すると，専門的なプレゼンテーションや出版物につながり，キャリア開発の大きな目標が達成されたのである。言い換えれば，開発の価値は，教育と学習の向上にとどまらず，教員の専門性開発の上で取り組むべき課題となるということである。

データ利用による教育と学習の向上

教師との単純な対話から，教育と学習に関する問題の正式な調査に至るまで，評価の可能性は幅広く存在する。こうした幅広さは，プロセスと成果の両方を理解するのに重要であり，個人的そして職業的な成長にとって豊かな情報源になる。FD担当者にとって，教師と学科が評価とSoTLを一体化するよう支援することは，重要なサービスの提供になる。こうした活動は，相互補完的に行うと最も有効であり，単独で行っても効果がない。FD担当者は効果的なコンサルティングの基本指針を念頭に置き，教員と協働することの特殊性に留意すれば，顧客を成功に導くことができる。以下に役立つと考えられる指針を示す。

教育と学習の向上に関する一般的指針
- 教育，学問，サービスにできるだけ多く関わることで，豊富な知識と技能のある同僚かつ専門職として信用を確立する。
- 自らのサービスが教育機関の使命と顧客のニーズの中核を成すよう仕事を行う。

- 顧客のために建設的な環境を整える（開発担当者の仕事は，専門職としての成長の支援，実績の向上であり，挫折した教師を立ち直らせることではない）。
- 定期的，かつできるだけ多くの方法でコミュニケーションをとる（電子的にだけでなく対面することも必要）。
- ひたすら聴く。
- フォローアップとその後の連絡を怠らない。
- 顧客が有益なデータを集めるのを支援する。
- プロセスとそれが生み出す情報について秘密保持を徹底する。
- 無理をしない，能力以上のことをしない，守ることのできない約束はしない。
- 可能なら，孤立を防ぐための同僚とのネットワークや他の枠組みを，個々の顧客のために構築する（特に新任教員に対して）。
- 管理職（特に学科長）と協力して自らと自らのサービスを確立し，彼らの見解やニーズをよく理解する。
- 優れた実践と卓越性を強く支持する。
- 教師と学生の成功に焦点を絞る。
- ひたすら聴く。

教育と学習に関する向上の具体的指針
- 複数の情報源に基づく有用なデータの必要性を強調し，可能であれば追加データを探す。
- 教師が，教育目標（教師のすること）と学習成果（学生が習得するもの）を分けて考え，両方が達成できる教育を設計するための，体系的なプロセスを使うよう支援する。
- 強みから発想することでそれを活かすようにしながらも，厄介事を避けない。
- 学生から得たデータと他から得たデータとのバランスを取る。
- 多くのコメントや学生による評価のような定量的回答に注意し，両方について代表性のあるサンプルが得られているかを確認する。
- 教師が具体的な目的を持ってデータの統合，解釈を行うよう（つまり，

教育学習プロセスの機会に応じた目標を立てられるよう）支援する。
- 短・長期的な改善につながる実際的で可能な介入や変更を提案する。
- 可能な限り常に，評価データを SoTL の結果，他の文書，直接観察などと組み合わせる。
- 教育と学習の向上だけでなく，専門職としての成長と進歩につながるものとして，教育評価を考える。

終わりに

　結局，授業開発も FD も効果的なパートナーシップが必要な活動である。コンサルタントと顧客の関係は他者の参加により補われるものだが，最も効果的なコンサルテーションが行われるのは，教育と学習の向上への継続的な取り組みを，すべての関係者が積極的に支援する環境下である。多くの種類の評価データが用いられるべきであり，データの背後にある状況と他の問題点の注意深い検討が，テストの点数や学生によるデータなどの情報の検討と同じくらい重要となる。目前の評価プロセスはもちろんだが，教育を重視しているという信頼できて明確な証拠を，組織の方針と実践がどの程度まで提供できるかが鍵である。FD 担当者は，個人的職業的成長のために必要な，強力かつ持続的な手段の支持に積極的に関わることで，顧客と教育機関に重要なサービスを提供することができる。

第8章 ファカルティ・ディベロップメントの国際展開

世界中の仲間たちとの協働を推進する

ナンシー・バン・ノート・チズム，デビッド・ゴスリング，メアリー・ディーン・ソルチネッリ

　ファカルティ・ディベロップメント（以下，FD）は，活動領域として認識されるようになってからまだ50年ほどしか経っていないが，教員を支援するための仕組みは世界中で見られるようになっている。オーストラリア，アイルランド，ニュージーランド，南アフリカ，イギリスなどの英語圏では，FD が確立し，「教育開発」（educational development または academic development）として広く知られている。FD は多くの欧州諸国で盛んなほか，インド，スリランカ，タイ，湾岸諸国を中心とする中東，日本，中国でも教育開発の担当者（以下，開発担当者）のネットワークが広がっている。

　FD 活動の対象となる高等教育は，国際的かつグローバルな事業としての性格を強めている。アメリカでは，大学はさまざまな国からの教員，学生，管理職を抱え，アメリカの大学教員，管理職そして学生もまた，普通に世界各地を訪問するようになった。複数の国をまたがって学生を教育し，研究を進め，収益を得るグローバルな高等教育機関があることも，一般的になっている（Newman, Couturier, and Scurry, 2004）。

　したがって，FD 活動は，大学の国際化や広がり始めたグローバル化に対応していかなければならない。大学教員の活動を支援し，その質を高めることは——とりわけ，変化する環境において——世界中の教員，機関のリーダー，高等教育にとって極めて重要性が高い。アメリカの大学とカレッジでは，多様性と多文化主義が注目されることが多い。グローバル化した世界に対応できるよう学生を教育するため，多様な学生に対応した教材や教授法を教員が開発するのを支援することは，アメリカ内外の多くの組織にとって，今や重要な目標になっている。急速な技術革新に伴って，教員はすでに，ウェブサイト，ショートモジュール，履修証明プログラム（certificate program）など，国境を超えても受講可能な，教育の新たな提供形態の開発を求められている。教員の多くは，そうした新たな提供形態の下で教育するための訓練を受けていない。個々人の具体的なニーズが異なっている恐れがある一方で，技術革新とグローバル環境の急速な進展に最適な形で対応できるよう，教員は支援と訓練を必要としている。

　アカデミックの世界が国際的な広がりを見せていることの利点の1つは，世界中のFD活動に携わる関係者の間で対話や協力の機会が増すことである。それは，新たな知識や考え方を生み，関係者の間で共有する助けとなる。たとえば，新任教員に対するFD活動については，欧州からの貢献が大きい。欧州の開発担当者は，教育に関する必修の履修証明プログラムやポートフォリオ・プログラムの開発と評価の分野で先進的な業績を残している。グローバル化は，開発担当者にとって，コンサルティングの機会を拡げることにもなる。

　同時に，FD活動のグローバル化は難題ももたらす。たとえば，北米の教育開発担当者は，カリキュラムの国際化や，所属組織における海外からの客員教授のニーズについて認識を深める必要があるほか，留学経験の蓄積や，教育や学習に関するさまざまな問題に精通しなければならない。国内での活動に加え，国際的にコンサルティングを行う上では，開発担当者は，アメリカのものとはまったく異なる可能性のある教員のニーズを理解するために新たな技術を習得し，感受性を豊かにする必要がある。

　幸い，本章で詳説しているように，FD活動の公的な仕組みは各組織，全国組織，政府レベルで課題として取り上げられるようになってきており，そうした状況は世界各地で見られる。多くの国際的FD組織が，機関誌や会議を通じて専門知識を共有しつつある。この分野の未来は，開発担当者としての専門的な知識と技術を向上させる効果的な戦略を策定できるか否か，国境を超えて教育・学習に関する研究を促進・実践できるか否か，急速にグローバル化が進む高等教育の分野で教育・学習の改善に向けた協力関係を構築できるか否かにかかっている面がある。

　本章では，世界のFD活動について，その背景情報を提供する。また，北米の開発担当者が，客員教授やコンサルタントとして外国に赴き，外国の同業者たちの研究や実践に携わり恩恵を受ける方法や，共同研究・共同開発プ

ロジェクトへの関わり方，外国の開発担当者を客員として受け入れる方法などについての考え方を示す。

開発担当者についての国際的な視点から見た概説

　世界のFD活動の役割に関する情報は，比較可能なデータが不足している。しかし，アメリカ，カナダ，イギリス，オーストラリアという教育開発分野で最大のネットワークを持つ4カ国については，本章執筆者による調査によって，類似点と相違点について若干のデータが入手できた。以下に示す概説は，データが入手可能な一部の小規模ネットワークについての情報も含んでいる。
　世界各地にある英語圏における教育開発の主な特徴には，北米の開発担当者のほとんどが挙げている以下の目標と，多くの共通点がある。

- 卓越した教育（teaching excellence）の文化を作り，維持する。
- 個々の教員のニーズに応える（たとえば，1対1でのコンサルテーション）。
- 教育・学習に関する新たな試みを促す。
- 教員間および部局間で同僚意識を醸成する。
- 組織内で改革の担い手として振る舞う（Sorcinelli, Austin, Eddy, and Beach, 2006）。

　イギリスにおける教育開発に関する研究（Gosling, 2008）では，教育開発センター（Educational Development Centers: EDCs，以下センター）の責務として最も頻繁に指摘された事項は以下のとおりであった。

- 教育・学習に関する革新を奨励する。
- 教育・学習に関する各機関独自の戦略を策定する。
- 教育・学習の質を向上させる。
- 教育・学習に関する専門性開発を提供する。
- 教育と学習に関する学究的活動を促進する。

アメリカで重視されるコンサルテーションの提供や同僚意識の醸成という面が、イギリスやオーストラリアではそれほど重視されずに、組織レベルでの教育・学習の向上を目指す戦略的なアプローチが尊重される点にも触れておく必要があるだろう。しかし、「FD活動が教育・学習を支える組織環境を整える上で積極的な役割を果たすことができるという認識は、世界的に広がっている」（Sorcinelli et al., 2006, p.43）。

　世界各地におけるセンターは、すべてとは言えないまでも、その多くが、教育のための学問的な基盤の充実を目指したアカデミック・プログラムについて責任を負っている。たとえば、スウェーデンでは、教員全員が教授法に関する10週間のコースを受講するよう求められる。イギリスでは、すべての総合大学が、新任教員を対象とする専門能力向上のための必修課程を用意するよう、期待されている。それらの課程は、通常、正式には修士課程の1つとして位置付けられる。受講する教員は、各課程の目標を達成したことを示すポートフォリオを作成することを求められる。テニュアの申請に際しても、このような課程の修了が条件となっている。この種の教授法のコースは、オーストラリア、南アフリカ、ニュージーランド、スリランカでも急速に普及しつつある。しかしながら、このようなコースワークが新任教員にとって義務となる程度はケースによってさまざまである。また、現在では、アメリカやカナダにとどまらず、他の国々でも、一定の教育活動に携わる大学院生に対して訓練を提供することが普及しつつある。

　世界中のセンターは、共通の構造的な問題に直面している。多くのセンターの基礎は、学生の教育に熱意を持ち、教師への支援を行いたいと願う先駆者によって築かれた。一方、高等教育機関としては、学生による評価を上げ、卒業率を向上させる必要に迫られて、あるいは、学生市場や技術面での変化に対応するために、センターを創設する傾向がある。そうした場合、第1段階として、大規模な経営管理組織内の1部門として小さなセンターが創設されることになる。教育学部内に設けられることもあるものの、概ね、中央の経営管理組織の管理下に置かれることが多い。

　第2段階は、より広範な戦略的役割を持ち、上級管理者に直接報告を行う、独立した組織が作られる。中央執行部は、教育・学習に関するリーダーやコーディネーターを各学部内で任命することに加え、各分野で業績を上げた

研究者に対する教育奨励金（fellowship）を与えたり，関心のある教員を対象とした学習グループやコミュニティを組織化したり，組織構造の分散化を実験的に行ってきた。高等教育機関の中には，教育の質の向上に責任を負った教育・学習担当の副学部長を置くところもある。こうした措置は，すべて，教育開発は機関全体の責任であるとの認識に基づいている（D'Andrea and Gosling, 2005）。

　世界のセンターは，規模，所在地，責任の点で大いに異なっているが，大まかな分類は可能である。第1に挙げられるのは，小規模なセンターである。少数の開発担当者しかおらず，組織の枠を超えた役割を果たすために，教育・学習に熱心な者を教育に携わる部局から採用した例が多い。第2は，中規模のセンターであり，このタイプは数多い。おそらく，3種類のポジションがあるだろう。センター長，その下に，eラーニング手法の開発と支援を行う少数の専門スタッフと，若干の事務スタッフが配置される。第3は，複数の役割を持つ大規模センターである。20人以上の教員と管理スタッフを擁し，そのほかにも短期あるいはパートタイムの契約で一定の期間にわたり特定のプロジェクトを補佐するスタッフが加わる場合もある。センターの規模は，オーストラリアやイギリスの方がアメリカより大きくなる傾向がある。

　アメリカと比べ，他の諸国の大学は，規模，大学の地位，資金力，研究志向などの違いを反映しつつも，比較的小規模で均一的な性格が強い。中国やインドなどでは大学の数が急増し，途上国全体でも私立大学の設立が相次いでいるが，アメリカにおける組織や財政支援の多様性はほかでは見られない特徴と言える。世界の教育開発組織は，その活動内容と組織数において，各国内でも大きなばらつきがある。

　アメリカ以外の大学は，政府の資金援助に依存している例が多い。このため，政府の方針に直接左右される面が大きく，それが教育開発活動にも反映される。イギリスの場合，政府が，「入学者層の拡大」（widening participation）や起業家精神の育成など，特定の目標を優先するよう求めている。日本では，政府がすべての大学にセンターの設立を求めている[1]。スウェーデンでも，「個々の教師，学部，教育機関全体が」，「教育・学習の質向上を率

訳注　[1]　執筆者の誤解によるものと思われる。大学教育センターに初めて言及した答申は『学士課程教育の構築に向けて』（2008年12月）であるが，その設置を促進する内容ではない。

先して行うように」指示されている（Roxa and Martensson, 2008）。南アフリカでは，政府が，高等教育における歴史的な差別を是正することを目標として宣言しており，これが，教育開発組織が行う学生支援の内容を決定づけている。

　政府の資金援助による報奨制度が，教育開発活動の内容を大きく左右する国々もある。たとえば，オーストラリアでは，学士課程教育で優秀な例や向上が達成された例に対して「教育・学習業績基金」（Learning and Teaching Performance Fund）から資金が提供される。イギリスでは2005年に，潤沢な資金を有した「卓越した教育・学習のためのセンター」（Centers for Excellence in Teaching and Learning）が74カ所設立された。優れた業績を上げた個人に対しては，「全国教師奨学金」（National Teachers Fellowship）の報奨金制度がある。イギリス，オーストラリアともに，教授法の向上を目指す国立のアカデミーに資金援助が行われている。オーストラリアでは「オーストラリア学習教授審議会」（Australian Learning and Teaching Council，前身は「キャリック・インスティテュート」Carrick Institute, http://altc.edu.au/carrick/go)[2]，イギリスでは「高等教育アカデミー」（Higher Education Academy, http://heacademy.ac.uk）である。

　アメリカと他の英語圏との FD の主要な違いの１つは，影響力のある文献の存在である。マッキーチの古典的なテキスト *Teaching Tips*（McKeachie and Svinicki, 2005)[3]，アンジェロとクロスの *Classroom Assessment Techniques*（1993），ティントの学生の在籍（retention）に関する理論（Tinto, 1993），バーとタッグの教師中心から学生中心へのパラダイムシフト（Barr and Tagg, 1995），ボイヤー（Boyer, 1990）からショーマン（Shulman），ハッチングス（Hutchings），ヒューバー（Huber）と続く「教育と学習に関する学究的活動」（scholarship of teaching and learning）の概念（Huber, 2006; Hutchings, 2000; Shulman, 1993, 1999）など，米研究者による著作はよく知られている。「初年次学習経験」（first year experience），「カーネ

訳注　[2]　オーストラリア学習教授審議会は，2013年４月現在，教育・学習局（Office of Teaching and Learning, http://www.olt.gov.au/）に改組されている。
　　　[3]　原書第７版の翻訳が『大学教授法の実際』（W. J. マッキーチ著，高橋靖直訳）のタイトルで玉川大学出版部から1984年に出版されている。なお原文にある *Teaching Tips*（2005）は第12版にあたる。

ギー・アカデミー」(Carnegie Academy)，「全米学生関与調査」(National Survey of Student Engagement) などのプログラムも影響力がある。

　しかし，アメリカの開発担当者にはあまり知られていないものの，海外では極めて影響力の大きい文献もある。主なものとして，マートンとセルジュ (Marton and Säljö, 1976) による学生の学習法の違いに関する論文がある。これは，その後，エントウィッスルとラムズデン (Entwistle and Ramsden, 1983)，ギブス (Gibbs, 1992) へと受け継がれている。また，教育環境の研究に民族誌的な手法を用いたマートンや，それを広めたプロッサーとトリグウェル (Prosser and Trigwell, 1999) の存在が大きい（教育法の研究など）。ラムズデンの *Learning to Teach* (2003) は，新任教員向けの多くのコースで主要なテキストとして使われている。「構造化」(constructive alignment) の概念を著したジョン・ビッグス (Biggs, 2003) の貢献も重要である。バーネット (Barnett, 1997, 2000)，ローランド (Rowland, 2000)，ナイトとトロラー (Knight and Trowler, 2001) などは，アメリカよりもそれ以外で影響力が大きい。

教育開発センターの課題

　教育開発分野の特徴の1つは，国際的にみても，北米においても，教育開発センター (EDC) の組織変更が常時行われる点である。センターは定期的に改組や改編の対象となる。イギリスにおける最近の研究によれば，センターの設立・改組のペースは，過去15年，緩まることがなかった (Gosling, 2008)。改組では，センターの責任者が交代することが多く，改編ではeラーニング，学生支援，FD全般，質保証などの機能が統合されたり，再分離されたりする。改組が定期的に行われることで，センタースタッフの間では，疎外感や士気の低下が広がる傾向があるが，同時に，組織の変更は，開発担当者にとって活動の拡大を可能にする新たな機会をもたらすこともある。

　近年，開発担当者の役割やアイデンティティが，不確実性の源泉として浮かび上がってきている。ここで問題になるのは，開発担当者が大学の中央執行部の一員とみなされているか，大学教員として認識されているか，という点である。教育開発は，教育機関の組織としての目標達成を測る尺度とみなされることが多くなり，組織の上層部は，組織の枠を超えた活動――たとえ

ば，貧困層に対する就学機会の拡大，カリキュラムの国際化促進，学生に対する起業家精神の奨励など——を支援する手段として教育開発を利用するようになっている。

　開発担当者の地位とアイデンティティについて世界的に懸念が広がっている理由の1つとして，この役職に就く人間に対する準備教育や専門職としての一般的なキャリアパスについて，共通認識がないことが挙げられる。カナダが主導的な役割を果たしている国際プロジェクトで「専門職への道」（Pathways to the Profession）に関する研究が行われているが，これによると，開発担当者の出身はあらゆる学問分野にわたっており，FDに関与するきっかけとなったのは，偶然の出来事や以前の職場環境で影響を受けた人との関係が多い（Gosling, McDonald, and Stockley, 2007）。チズム（Chism, 2008）の調査によると，最初に教育開発担当者の職を得た人のうち，教育開発分野の経験がある人の割合はオーストラリアとカナダで最も高く（70％），イギリスとアメリカで最も低かった（44％）。この調査によると，青年にアウトリーチとして大学での学習経験を与えるプレカレッジ・レベルなど，高等教育の外から任命された例も珍しくなかった。過去にセンタースタッフとしての経験がまったくない人物が唯一の開発担当者として任命されるケースは，他の地域と比べ，北米でかなり多いように見受けられる。

専門職の国際組織

　外国の教育開発は，研究や実践の成果を共有する上で豊かな資源を生み出した。専門職の学協会組織が，それらの活動の多くを主導している。世界の開発担当者の学協会をまとめている主な組織は国際教育開発コンソーシアム（International Consortium for Educational Development: ICED）である。現在，ICEDの評議会には20以上の学協会が代表を送っており，年1回，評議会の会合が開催されている。ICEDに加盟しているのは，オーストララシア[4]，ベルギー，カナダ，クロアチア，デンマーク，エチオピア，フィンランド，ドイツ，インド，アイルランド，イスラエル，オランダ，ノルウェー，ロシア，スロベニア，南アフリカ，スペイン，スリランカ，スウェーデン，

訳注　4）　オーストラリア，ニュージーランド，ニューギニアとその近海諸島を示す地域。

スイス，タイ，イギリス，アメリカなどの団体である。ICED は，1 年ごとに開発担当者の国際会議を主催し，*International Journal for Academic Development* を発行している。また，フランス語圏は別組織になっており，教授法開発国際研究会（Association Internationale de Pedagogie Universitaire；AIPU）がヨーロッパ，アメリカ，アフリカの 3 地域で構成されている。

国レベルの組織としては，オーストラリア，カナダ，イギリス，アメリカの英語圏の組織が最も大きい。それらの組織の活動を比較した最近の研究（Seubka, Luksaneeyanawin, Tongroach, and Thipakorn, 2008）では，組織の主な活動は，啓蒙，出版，ネットワーク，メンバーの専門知識開発，教育開発に関する学究的活動の促進と表彰の各分野に分類されている。

学協会と政策立案者との関係は国によって異なる。高等教育の中央集権度が高い国では政府機関と連携する傾向があり，大学の自治度が高い国ではそうした関係は薄い。学協会は，頻繁に会議・ワークショップの主催や関連団体の設立を行い，関係者のネットワークを広げる努力を続けている。電子リストなどの電子的手段を活用する場合もある。また，学協会は，ニュースレター，機関誌／紙，FD の実践や大学教育のガイドなどを発行する。たとえば，オーストララシア高等教育研究・開発協会（Higher Education Research and Development Society of Australasia: HERDSA）の *Guides*，イギリスの教職員・教育開発協会（Staff and Educational Development Association: SEDA）の機関誌，カナダの高等教育教育・学習協会（Society for Teaching and Learning in Higher Education: STLHE）の *Green Guides*，アメリカの POD ネットワークが発行する *Essays on Teaching Excellence*，年刊の *To Improve the Academy* などの例が挙げられる。

会員に対する専門知識の普及を目的とした会議や印刷物・電子広報などの活動に加え，一部の学協会は，イギリス SEDA のフェローシップなど，履修証明プログラムも実施している。SEDA のプログラムでは，会員が各自の活動内容をまとめ，協会の認定を申請する。このモデルは，スウェーデンでも踏襲されている。教育開発分野の研究知は，一部の学協会が，小額の研究助成金や，会議・機関誌を通じた対話・普及機会によって支えられている。国際教育・学習研究学会（International Society for the Scholarship of

Teaching and Learning: ISSoTL）もこの活動を支援している。また，開発担当者の活動に焦点を当て，認知を広めるための表彰制度もある。

開発担当者のための国際会議

　開発担当者のための主な会議は関連学協会が主催している。前述のとおり，ICED は 1 年ごとに国際会議を開く。これまでは，イギリス，アメリカ，フィンランド，カナダ，オーストラリア，ドイツで開催された。また，アメリカ POD ネットワークが毎年開く会議に加え，AIPU（5月），STLHE（6月），HERDSA（7月），SEDA（11月）など，アメリカ以外の学協会が主催する会議もある。さらに，開発担当者を対象とした会議のほかにも，学習指導に関する国際会議は多く，ウエストフロリダ大学／ペース大学共催の「大学教育改善会議」(Improving University Teaching Conference)，マイアミ大学（オハイオ州）の「リリー国際教育会議」(International Lilly Teaching Conference)，オックスフォード・ブルックス大学の「学生の学習改善会議」(Improving Student Learning Conference) などがある。これらの会議では教育・学習に関するさまざまな問題が取り上げられ，そのほかに，広範な分野別の問題を討議する会議がある。こうした会議の日程は Teaching and Learning Conferences Worldwide (http://www.conferencealerts.com/school.htm) というウェブサイトに掲載されており，参考になる。

開発担当者のための国際機関誌

　1995年に刊行された *International Journal for Academic Development*（*IJAD*）の第 1 号は FD に関する国際的な対話の促進に向けた重要な節目になった。その後，*International Journal of Educational Development* も刊行されることになった。北米以外の諸国でもいくつかの協会が有力な機関誌を発行している。大学における教育・学習に関する広範な分野においては，さらに多くの国際的な機関誌がある。FD 関連の学協会が発行しているものもあれば，高等教育機関や民間の出版社が発行しているものもある。これらの発行物を本章の付録に示す。

　FD や中等後教育機関に関する組織構造，アプローチ，文献は国によって

大きく異なるが，共通する問題，条件，研究領域がたくさん存在していることを鑑みると，国際的な協働や交流の拡大が国境を越えて大きな相互利益をもたらすことが窺える。本章では，以下の項で，専門家の交流・実践機会について述べてみたい。

国際規模での FD 活動での協同

北米の開発担当者は，外国の開発担当者との協働に参加することができる。その手段として，海外出張や客員コンサルタントとしての活動，北米以外の共同プロジェクトへの参加などが挙げられる。また，外国に赴かなくても，外国の開発担当者を招聘したり，各種通信手段を用いて，所属組織が始めたプロジェクトに参加を求めたりすることもできる。

国際的な環境で仲間との協働

国際的なコンサルテーションやプレゼンテーションを効果的に行うには，(1) 入念な計画と準備，(2) 現場での実践，(3) コンサルテーション後のレビューとフォローアップ，の3ステップが必要になる。コンサルテーションを行うには，招聘国を訪問する前にその国についての認識を深める必要がある。ウェブサイトの検索，トラベルガイドの利用，外国での活動経験がある同僚からの情報などは，招聘国での状況を予想し，どのような準備が必要かを考える上で役に立つ。また，最も重要な点は，訪問を予定している開発担当者自身が，電話や電子メールで事前に招聘側と連絡をとり，現地のニーズに合わせてプレゼンテーション資料，配付物などを修正することである。北米の開発担当者は外国の関係者に自らの経験や考えを伝えることができるが，同時に，外国の関係者がもたらす知識，技術，考え方などを尊重しなければならない。

招聘された開発担当者は，招聘国のニーズに柔軟に対応し，適応しなければならない。アメリカのFD関連のモデルや実践結果がそのまま適用可能と考えるのは望ましくない。また，短期のコンサルテーションは，長期的な持続性の点で難しい面があり，単にプレゼンテーション資料を示して帰国するだけではなく，長期的な対話への入り口ととらえ，招聘国への貢献を考える

べきである。

外国からの仲間の招聘

　北米の開発担当者は，外国に赴いたり，国際プロジェクトに参加することに加え，外国の開発担当者を招いたり，客員として招聘したり，開発・研究プロジェクトに参加してもらうこともできる。ICED などのネットワークは，ニーズに応じた適任者を探す助けとなりうる。国際学術機関誌を読んだり，会議に参加したりすることも，招聘すべき専門家と連絡をとる上で役に立つ。

　外国からの招聘は，国内での招聘と比べ，通常，はるかに多くの準備が必要になる。言葉の壁や時差，技術的な問題によって連絡に手間取ることもあるかもしれない。準備には，渡航手続き，外国機関との連絡，移動手段の手配，住宅，医療など，長期滞在には欠かせない事柄の準備が必要になる。

　招聘後は，客員のための研究スペース（特に長期滞在の場合），事務的支援，コンピューター・図書館の利用準備などが必要になる。また，招聘側は，客員と，滞在中の目標や招聘組織への貢献の仕方を話し合った方がいいだろう。こうした準備を行うのは大変だが，外国の開発担当者を招聘することで，招聘側の FD プロジェクトに深みを与え，新たな考えを加えることができる。

開発・研究プロジェクトにおける協働

　開発担当者にとって，開発・研究プロジェクトにおいて外国の開発担当者と協力することは得るものが大きい。共同開発は，成果に深みを与えるほか，別個に活動するより効率的である。国際的な研究活動に参加することには特別なメリットがある。通常，そうした活動は一流と看做され，異なる文脈でも結果が一貫することを示す機会となる。また，比較研究を行えば，研究プロジェクトへの関心を高める可能性があり，調査対象者としての教員や複数の国の開発担当者が関与することで，多様な見方を反映させることができる。外国の研究者が参加することで，プロジェクトの設計と分析過程に多様な理論的要素を持ち込み，研究の質を上げることができるかもしれない。

　国際プロジェクトや学術的探究を行うための第一歩は，協力者を見つけることである。北米の開発担当者は，予備的に行う文献レビューや会議への参加，ウェブサイトの閲覧，専門家協会の電子リストなどから，当該プロジェ

クトのテーマに関心のありそうな研究者を選ぶことができる。関心を共有する外国の開発担当者が見つかれば，彼・彼女らに直接連絡することができるが，プロジェクトの業務には感受性や機転，共通の目的意識，代替案を受け入れる柔軟性などが求められる，ということを心に留めておかねばならない。提案されているプロジェクトや研究の概要を示し，問題点や予想される手法を広く明確にして将来の修正を可能にしておくことがいいだろう。提案している業務への資金提供機関や出版方法についての考えを示すことも関心を高めることになる。

　研究対象を国際的に広げるには，各国の学協会が役に立つかもしれない。組織によって会員の規模や水準は異なるだろうが，大半は，会員のメーリングリストを持っており，参加を呼びかければ，それを会員のネットワークに流してくれるだろう。ただ，いくつか問題がある。1つは，不特定多数に参加を呼びかける場合は届いた人数が不明のため，回答率の予測が難しいことである。もう1つは，言葉の壁である。英語力が限られる場合は，調査票やインタビューの手続きが翻訳されていない限り，参加を躊躇するケースもあるかもしれない。特殊な用語が，誤解されたり，研究への参加継続を断念させたりする要因になることもありうる。また，国際的な協力者を得ても，その国では，外国の機関による調査に参加したがらない人がいるかもしれない。したがって，調査を行う国のそれなりの個人や組織から支持や承認を得ることが重要であり，時として，それが不可欠な要件にもなる。第3の問題は，さまざまな環境における調査対象者への対応である。特に，慣習が自国とは異なる国の機関と共同研究を行う場合は，それが重要になる。また，異なる環境のデータの意味を判断することも困難になるかもしれない。とりわけ，回答者が，研究者にとってなじみのない用語を使ったり，面識のない人や機関への問い合わせを求めたりする場合は，その可能性が高まる。

　国境を越えた研究を行う上で，インターネットは重要な手段となる。SurveyMonkeyやZoomerangなどの商業化された調査ツールを利用すれば，世界中で迅速かつ信頼性の高い調査を行うことができる。さらに，SkypeやAdobe Connectなどのウェブベースの通信ツールは，インタビューや世界中のフォーカスグループに対し使うことができ，コストを下げ，調査対象を簡単に広げることができる。

国際 FD 活動のための資金調達

　このところ，高等教育の概念を見直し，一層の拡大を求める機運が世界で高まっており，関連国際プロジェクトに対する資金を確保するには理想的な時期と言える。世界銀行や，国連内にある国際機関のうちいくつかは，世界の高等教育の向上に向けて頻繁にプロジェクト資金を提供している。また，国際的な基金が，教育の向上を目的とするプログラムを実施しており，特に途上国の教育関係者と協働するものが目立つ。たとえば，「アフリカにおける高等教育パートナーシップ」(Partnership for Higher Education in Africa) は，フォード財団 (Ford Foundation)，ニューヨーク・カーネギー財団 (Carnegie Corporation of New York)，ロックフェラー財団 (Rockefeller Foundation) などの有名な財団から資金を募り，アフリカの有望なプロジェクトに資金を提供している。アメリカのフルブライト奨学金 (Fulbright Scholars) プログラムでは，世界各国の研究・教授活動に助成金を交付している。アメリカでは，国際開発庁 (United States Agency for International Development；USAID) や教育省 (U. S. Department of Education) などの政府機関が，アメリカの研究者・開発担当者と外国の関係者の大規模な共同プロジェクトを資金面で支えている。さらに，教育開発アカデミー (Academy for Educational Development)，学術パートナーシップセンター (Center for Academic Partnerships)，国際開発のためのワールド・ラーニング (World Learning for International Development) など，ワシントン DC の大手コンサルティング会社は，それぞれのプロジェクトのためにコンサルタントを募集したり，大規模プロジェクトの一部について，個人や機関に委託契約を発注したりすることも多い。北米高等教育協働コンソーシアム (Consortium for North American Higher Education Collaboration) は，北米における高等教育分野の流動性を促進するためのプログラムに資金を提供し，メキシコ，カナダ，アメリカ間の共同プロジェクトを支援している。アメリカでは，Community of Science[5]や Grants. gov[6]など，資金提供元を探すために頻繁に利用されるデータベースがあり，それらを利用して，国

訳注　[5]　現在は Pivot (http://pivot.cos.com) が運用されている。
　　　[6]　http://www.grants.gov

際的な研究・開発プロジェクトを探し当てることができる。大学は，多くの国々で，政府の統制下にあるため，各国の政府機関や，東南アジア教育大臣機構（Southeast Asian Ministers of Education Organization: SEAMEO）[7]などの多国間の枠組みは，研究・開発プロジェクトの良い情報源になりうる。ただし，いかなる提案を行う場合でも，各国もしくは各地域の主要な研究者との連携を明記することが必要になるだろう。さらに，国際的な学術研究のための競争的内部補助金など，自らの組織内で提供される補助金も見過ごすことはできない。北米と他の地域など，2つの機関の間で資金協力関係を確立すれば，研究・開発プロジェクトのための資金を確保する手段となる。協力は，特別資金の提供に加え，教員の交流制度や，機器・支援スタッフの提供などの形式をとる場合もある。

　資金提供機関は，通常，提案されているプロジェクトの重要性や所要資金の額を記した照会状の提出を求めてくる。資金調達を行う場合，関係国や地域についての見識がある特定の国際的な専門家と協力していることを明記することが重要である。過去に国際プロジェクトを実施した実績や，プロジェクトの実施において互恵の精神を尊重する方針などを援助側に伝えることができれば高く評価されるだろう。資金提供機関は，大量の文書を受け取ることになるが，追って，機関のスタッフから連絡がある。機関側が関心を持つプロジェクトについては，担当の研究者や開発担当者に連絡があり，当該組織の事情と手続きに応じた詳細な計画を提出するように求められる。

　研究・開発プロジェクトを提案する際には，当該組織内でプロジェクトの実施に必要なサポート体制が整っていることが重要になる。サポート体制が整っていなければ，煩雑な出張の手配，関係諸国との連絡，財務処理などで長時間を取られ，研究者はプロジェクトに集中できなくなる。

終わりに

　幸い，開発担当者の間で広がりつつある交流や協力は，FD活動の必要性

訳注　[7]　SEAMEOは，本書出版現在で，教育や科学，文化に関する20のセンターを加盟国内に擁しており，高等教育に関するセンターであるRegional Centre for Higher Education and Development（http://rihed.seameo.org）はタイに置かれている。

が増し，中等後教育のグローバル化が進むなかで起きている。開発担当者は，それぞれの組織や実践についての類似点と相違点を学び，共同研究を行い，相互訪問を重ね，彼・彼女らが読む研究文献の幅を広げつつある。こうしたエネルギーと見識は，高等教育の未来を形作る助けとなるだろう。

付録

FD 開発または中等後教育における教育・学習に関する国際機関誌の厳選リスト

Brookes Ejournal of Learning and Teaching（http://bejlt.brookes.ac.uk/）
College Teaching（Heldref）
Higher Education（Springer）
Higher Education Research and Development（HERDSA）
The Innovations in Education and Teaching International Journal（SEDA）
Innovative Higher Education（Springer; http://www.uga.edu/ihe/ihe.html/）
International Journal for the Scholarship of Teaching and Learning（Georgia Southern University）
All Ireland Journal of Teaching and Learning in Higher Education（All Ireland Society for Higher Education, or AISHE）
The Journal of Faculty Development
Journal of University Teaching and Learning Practice（University of Woolongong）
The Journal on Excellence in College Teaching and Learning（Miami University）
Studies in Graduate Teaching Assistant Development
Studies in Higher Education（Routledge）
Teaching in Higher Education（Routledge）
ThaiPOD journal（Thailand Professional and Organizational Development Network）

第9章 テクノロジーとファカルティ・ディベロップメントに関する問題

サリー・クーレンシュミット

　テクノロジーを適切に活用することは，今日の高等教育を成功・発展させる上で不可欠の要素である。FD担当者を対象とした調査（Sorcinelli, Austin, Eddy, and Beach, 2006, p.189）によれば，教員が直面する難題のトップ3の1つは，テクノロジーを従来の教育・学習にいかに取り入れるか，である。したがって，テクノロジーの問題はFD活動に従事する者にとって優先事項と言える。テクノロジーは，単純な文書作成に関するものからコラボレーションツールまで，教室で使う機器からインターネットベースの教育を可能にするソフトウェアまで，さまざまな範囲に及ぶ。それらのツールは新しいものだが，成功のための鍵は従来と変わらない。すなわち，教育・学習に最適なテクノロジーとは，対象者と課題の目的によって異なるのである。教育方法が，学生のタイプや学習目標によって異なるのと同じである。最大の目的は，学習目標を達成することであり，その過程においてテクノロジーを活用することで費用を上回る便益が得られる場合にテクノロジーを活用すればよいのである。

　FD担当者は，その活動にテクノロジーを効果的に使う上で，4つの課題に直面する。第1の課題は，テクノロジーを避けようとする教員の態度を理解することである。第2は，適切なテクノロジーを選択すること，第3は，教員が教育にテクノロジーを取り入れやすくするために，顧客の知識と目的を活用すること，第4は，FDセンターの各種プログラムや目標に適したテクノロジーを使うこと，である。

テクノロジーに対する教員の反応

　テクノロジーに対する教員の見方を理解することは，開発担当者が助言をまとめたり，適切なテクノロジーを選んだり，FD活動を率先する教員を選んだりする際に寄与する。イノベーションに対する反応についてロジャーズ（Rogers, 1962, 2003）がまとめたモデルの一般的な枠組みは，教員がテクノロジーの価値をどのように見ているかを概念化する上で役に立つ。このモデルでは，テクノロジーに対する反応を4つに分類している。テクノロジーに対する受容度の大きい順に探究者（explorer），先駆者（pioneer），定住者（settler），守旧者（stay back）の4つである。これらの用語自体はロジャーズが作ったものではなく，R・クレモンス（Clemmons, 私信, 1999年2月13日）やT・ロックリン（Rocklin, 私信, 1999年3月8日）によるものとされる。ロジャーズ自身の用語（革新者（innovator），初期採用者（early adopter），後期採用者（late adopter），採用遅滞者（laggard））と比べ，軽蔑的なニュアンスが少なく，覚えやすいと思われるが，ここでは，ロジャーズモデルに馴染みが深い向きのために，ロジャーズの用語にも触れる形で話を進めたい。これらの用語はすべて誇張した言い方であり，各個人の状況と一致するわけではない。実際，キャリアを重ねるうちに異なる分類に移る人もいるかもしれない。

　「探究者」（ロジャーズの言う「革新者」）は，根っからのテクノロジー好きで，リスクを取ることを好む。新しいテクノロジーを使うことに伴う困難も厭わず，他人が知らないことを知ることができるとなると特にそうである。このタイプの人は独学を好み，開発セミナーなどに出席することは稀である。「探究者」と協働する際の最大の問題は，「探究者」と周りとのコミュニケーションを促す際に，周りが当惑してしまうことのないようにすること，教育現場で意味のある目的にテクノロジーを活用できるようにすること，である。「探究者」はセミナーのリーダーには不向きかもしれない。彼・彼女らには，テクノロジー関連の投資は個人的なものが多い，テクノロジーについての批判的省察の結果を他人に伝えられない，専門用語を多用する，などの特徴があるからである。彼・彼女らがテクノロジー関連の訓練を受けよう

とすることはあまりないが，仮に訓練の場に置かれたとしても，指示を忍耐強く聞くことができず，独自の世界に入ってしまいがちである。

「先駆者」（ロジャーズの言う「初期採用者」／Rogers, 2003）は，一般に，2番手としてテクノロジーを取り入れる。そのテクノロジーについて理解でき，的確な判断が可能になるまで待ちたいと思うからである。彼・彼女らは，概して，オピニオンリーダーであり，その影響は，テクノロジーの普及を促進することも阻害することもある。「先駆者」は，新たなテクノロジーを既有知識の枠内に組み入れることを容易に，かつ，独力でできるが，セミナーなどへの参加もする。「先駆者」は，協働の相手としては最も対処しやすく，テクノロジーの活用時期や活用すべき理由，その限界などを説明することができるため，セミナーのリーダーとしても適任であることが多い。

「定住者」（ロジャーズの言う「後期採用者」）は教員の60～70%を占め（Rogers, 2003），テクノロジーについては，学生の学習の助けになったり，専攻の科目数を増やすなど各専門分野の特定の目標を達成する助けになる場合においてのみ興味を持つ。実験的なテクノロジーの利用は好まず，最小限の努力で利用可能なテクノロジーを望む。一般に，「定住者」は，少なくとも初期段階においては，他者との協働や他者からの学習を志向するが，同時に，特定の目的に合ったテクノロジーを一人で検討するための時間を求める。「定住者」は，優れたセミナー・リーダーになりうる。テクノロジーに関する支援要員がいればよいと考え，その意味で，セミナーの一般的な参加者と同じ意識を持つからである。開発担当者は，「定住者」との協働において，技術課題をステップごとに分けて示し，できれば配付資料などを用意することが望ましい。「定住者」は，自らの懸念や教育の要点と考えていることを説明したいと思うことが多い。「定住者」は，開発担当者がツールを使っているのを受身的に観察するよりも，直接テクノロジーを利用するように努力を促される必要があるかもしれない。

最後の「守旧者」（ロジャーズの言う「採用遅滞者」／Rogers, 2003）は，2種類に分かれる。一方はその状態で問題ないが，他方は危機的である。問題のないケース（本人が満足しているケース）は，従来のアプローチでうまくいっているため，新たなテクノロジーを導入する必要がない場合である。このグループは，過去の成功例を重視し，自らを，長年の間に証明された価

値を守る番人だと考えている。彼・彼女らに新しいテクノロジーを使わせるには，それが従来の価値を支えることになる点を説明するだけでよい。新しいテクノロジーが，彼・彼女らの過去の実績と似た面があることを示すことも助けになるかもしれない。たとえば，専門用語の代わりにアイコンを使う，トレーニング・セッションをコンピューター・ラボ以外の部屋で行い，コンピューターの使用は必要な場合に限る，参加者に馴染みのあるソフトウェアとの類似点を強調する，などの方法が有効かもしれない。このグループについては，テクノロジーを紹介することの結果を予測することは難しい。彼・彼女らが開発イベントに出席したとしよう。その場合，彼・彼女らは，紹介されたテクノロジーを再び使うことはないかもしれないし，逆に，そのテクノロジーが彼・彼女らのニーズに合致して，彼・彼女らはその専門家になるかもしれない。彼・彼女らにとって，価値観を同じくする「定住者」との共同学習か，時間の効率性から言えば開発担当者との1対1のセッションがベストである。

「守旧者」のもう1つのグループは，健康問題を抱えていたり，新しいテクノロジーの導入に向けたやる気も時間もなかったりする，危機の渦中にいる人々である。開発担当者はこのグループに対して最も簡潔かつ迅速な解決策を見つけるべきであり，新しいテクノロジーの導入は必ずしも必要ではない。

これらの分類は開発担当者にも当てはまる。「探究者」型の開発担当者は，自らの批判的省察の結果を言葉に表す努力をする必要があるかもしれないし，自身の表現力をチェックしたり，教員と直接協働する仲介役を見つけたりする必要があるかもしれない。FD活動に最も適しているのは，おそらく，「先駆者」型だろう。「探究者」，「先駆者」は，いずれも，テクノロジーに対して個人的な関心が高いために，テクノロジーに関する技能を自然と身につける。「定住者」型の開発担当者は，テクノロジーに関する指示を出すより，教員とテクノロジーを共有することを好むだろう。「定住者」型にとっての難題は，自らはテクノロジーを習得する気がない場合においても，それを理解し，信頼が置けるようにする努力が必要になることだろう。そのためには，主な用語を覚え，新たなツールをいくつか試してみることが有効だろう（詳細はKuhlenschmidt, 1997）。「定住者」は，「探究者」が主導権を握る

なかで，学習環境改善に向けたテクノロジーの導入を求める際に自信を持てるようにしなければならない。「定住者」は，自らが主流派であり，そのニーズがテクノロジーによって満たされることを念頭に置く必要がある。議論を基本的な目標に戻すことは有力な手段となる。一方，「守旧者」型の開発担当者は，伝統的な価値を重んじるあまり，大勢が新しいテクノロジーの容認に向う流れを見失うことがないようにしなければならない。ロジャーズ（Rogers, 2003）が技術革新について行った研究によると，「守旧者」のグループは，変化への抵抗が長引いて取り残される傾向があり，新技術を受け入れて，従来の価値観と統合させる努力が必要と言える。取り残されるよりは，技術革新の論議を主導した方がいいだろう。「守旧者」型の開発担当者は，新技術に関する意見を聴いたり，書籍を読んだりして用語の理解を深めることができるほか，毎週少しずつでも新技術を試してみて，主なポイントを理解する助けとすることができる。一方，個人的な問題を抱えて「守旧者」状態にある開発担当者は，技術的な問題に精通した誰かに検討を委ねる方法がある。そうした場合においても，技術関連の議論を分析的に進めることは可能である。

テクノロジーの評価方法

あまりにも多くのテクノロジーツールがあるが，開発担当者は教員や所属するセンターに購入物品についての助言，時には選択までしなければならないことが多い。幸いにも，よく使われるツールを土台にして考えればそれほど大変ではない。たとえば，ペンの有用性を評価するのは簡単である。読みやすい線が書け，使いやすく，持ちやすく，楽に使い方を学べ，確実に機能し，さまざまな用途に使えることが大切である。時に，道具は持っているだけで楽しいということもあるかもしれない。

開発担当者は，新しいテクノロジーに接したとき以下の質問をするとよい。

○ テクノロジーの適用を考えている仕事の目的は何か。問題が明確に理解されないうちに，あるテクノロジーが解決法に見えてしまうことが多い。ツールとは関係なく実現したいことは何か，ツールを使うこと

から何が学習されるかを教員に尋ねてみるとよい。1つのテクノロジーが活発な学習を促進するだろうか。
- 検討中のツールが人または組織の学習や戦略的な目標にどの程度合致するか。テクノロジーにより，教育や昇進・テニュアのためにしなければならない仕事を取り除くことができるか。
- このツールは，この先もユーザーが利用するスキルの一部をなすだろうか。作業の多くは他者との関係の上に成り立つので，主要なテクノロジーとは人と人とをつなぐもの（携帯電話や電子メール）である。
- そのテクノロジーを習得し，使いこなすのに必要な時間と手間に比べどのくらいの見返りがあるか。現在の方法に比べ，今以上の学習を促すだろうか。ツールの目新しさは学生のモチベーションを少しの間でも高めるだろうか。
- そのテクノロジーはメンテナンスが必要か。支援要員は用意されているか，またはメンテナンスを行う時間があるか。典型的な交換サイクルに従えば，どれくらいで使えなくなるか。
- もっと単純なテクノロジーが代わりにならないだろうか。鉛筆ではどうか。
- そのテクノロジーはある集団の学習の妨げになっていないか。身体に障がいのある人はある種の通信ツールが使えない。障がい者に簡単に対応できないか，または障がい者に対応した機能を最初から施設に用意できないか。

上記の質問に対する答えにより，そのテクノロジーが最適な戦略ではないかもしれないと思われても，そのツールを学びたい気持ちがまだあるだろうか。楽しみのため，また人気があるからという理由でテクノロジーを学ぶことが許されるのは，時間とエネルギーが十分にあり，そのツールが主たる目標の妨げにならない場合に限る。

教育へのテクノロジーの統合

教員はテクノロジーを教育に効果的に統合する際，4つの課題に直面する。

教員に，(1) 教育内容の最先端を知っている，(2) 教授設計（instructional design）の知識がある，(3) 強みと弱みを含めそのテクノロジーを理解している，(4) これら3つの分野を統合するのに必要な視点を有する，の4点が求められるのである。開発担当者の役割は，ツールが教員の目標に貢献しそうにない時期の判断も含め，教授設計のプロセス，テクノロジーの知識について指導することである。開発担当者は，教員がテクノロジーの利用を学習方針と結びつけられるよう指導できなければならない（Chickering and Ehrmann, 1996）。

テクノロジーに関するコンサルテーションは，教育の向上を目指すテクノロジー以外の方法に関するコンサルテーションと同じ方針に基づく。開発担当者はまず，学習目標と教員が用いる教授方略，教師が持つ価値，対象学生のタイプの評価からスタートする。こうした要素を検討した上で決定を下す。理想を言えば，開発担当者は，テクノロジーの問題を含むかどうかにかかわらず，学習の問題を特定し解決法を提示する。よくある失敗は，テクノロジーが必須だとみなすこと，教育上の問題を気に入ったテクノロジーに合うように再構築すること，適切なテクノロジーの使用を避けることである。

コンサルテーションの間，開発担当者は，教員のテクノロジーに対する適応度と技能を評価しなければならない。また，教師がどのようにテクノロジーを使ってきたか，テクノロジーを使った仕事で最も複雑なものは何かを尋ねてもよい。具体的な提案をするのは，教師の学習目的，学生のタイプ，テクノロジーへの態度を明らかにした後である。教師が特定のテクノロジーが解決法だと期待し，それを開発担当者が受け入れたら，残念なことだが問題解決の取り組みはそこで終わってしまう。開発担当者は，どのように，そしてなぜそのツールが選ばれたのか明らかにしなければならない。

主要な学習目標に適したテクノロジーの例

ソルチネッリら（Sorcinelli et al., 2006）の研究では，開発担当者がテクノロジーに関し注目しているのは，(1) 知識を開発するためのテクノロジー利用，(2) デジタル情報に関するリテラシー，(3) 問題解決技能を開発するためのテクノロジー利用，(4) 学習コミュニティを通じて学生同士のつながりを構築するためのテクノロジー利用，の4分野である。著者は，テクノロ

ジーの倫理的・法的利用という5番目の分野も、テクノロジーの有効利用の点では重要であると信じる。

知識を開発するためのテクノロジー利用とデジタル情報に関するリテラシー：どこにでもあるインターネット検索は別として、テクノロジーは今やほとんどすべての専門分野において一部となっている。開発担当者はテクノロジー利用すべてに精通することはできないが、特別な関心には注意深く耳を傾け、特定のツールがある専門分野の教育にとってどのように重要であるか説明して、テクノロジー支援を行う者とともに教員に訴えることができる。その他の主要な役割は、学生が意図した利益を得るために、教員が新しいツールを学習目的と結びつけられるよう支援することである。また、開発担当者は専門分野のリソースを進んで求めることにより内容知識の発展を支援できる。例を挙げるなら、TeacherTubeのビデオ（TeacherTube, 2008）、ビデオやゲーム、テンプレート、デモンストレーションなどを提供するMERLOT（2009）などの内容豊かなウェブサイトである。

知識の開発という第1の分野は第2の情報リテラシーと深く結びついている。誰でも検索エンジンで情報にアクセスできる時代では、最も重要なスキルは悪いもののなかから優れたものを選り分けることであろう。学生のデジタル情報リテラシーを高める最も一般的な教育技術は、ウェブサイトについて批判的に省察させることである。教員は分析的思考の構築のため、学生に授業内容に関するYouTubeのビデオを検討させ、投稿コメントの評価をさせるのもよい。世界の新聞はオンラインで簡単に閲覧でき、観点を比較することで国際意識が高められる（Kuhlenschmidt, 2007b、英語による新聞リストを参照のこと）。教員が一連の専門分野に特化したセミナー、ニュースレターの記事、イベントを通じて、自らの専門分野に特有の戦略を共有できるよう、開発担当者は支援を行うことができる。

問題解決技能を開発するためのテクノロジー利用：問題解決技能は専門分野によってさまざまだが、ジェネリック・スキルに関するテクノロジーは、専門分野に関する技能のモデルにもなりうる。デジタルリテラシーの訓練は批判的思考法の助けになる面もあるが、対話と教育法が最も重要である。電

子メール・メーリングリスト，掲示板，チャットルーム，ブログ，ウィキ，インスタント・メッセージ，携帯電話などのテクノロジーツールは教育的対話を行う場を提供する。たとえば，携帯電話は個人応答システムにおけるクリッカーの代わりに使うことができる。教師はコース内容や討論内容をインターネット経由で携帯電話に配信することができる。PowerPoint（Active Learning with Power-Point, 2008）や Quandary（Arneil, Holmes, and the University of Victoria, 2008b）[1] は批判的思考法の奨励に使われる。教師は，こうしたツールを使い，活動の選択肢によって分岐するストーリーを作成する。次に，学生は問題への理解を深めるためにオプションを検討する。教師や学生が作成したストーリーは Blackboard や教師のウェブサイトにアップロードされる。複雑なプロセスを説明するシナリオを開発する場合，もう1つのオプションとしては，対話型のスプレッドシート（Sinex, 2008）が挙げられる。学生は値を変えて結果に与える影響を見ることができる。開発担当者は，アクティブ・ラーニングを奨励，訓練を行うツールを発見，推進し，教員が新しい考えを共有できるよう支援する。

シミュレーションは現実社会の経験を提供する。テクノロジーなしでもシミュレーションは可能だが，現実世界のテクノロジーとマルチメディアを使用すると，時間と資源が十分なら，学生にとって豊かで意欲を高める内容が保証される（Aldrich, 2005）。教師は，すくなくとも，学生に MS Office など広く使われているソフトウェアツールにアクセスさせ，文書作成，データの収集と分析，協働作業などの専門的なタスクに取り組ませることが可能である。開発担当者は，教員がシミュレーションの概念化を行い，障がい学生のための設備の具体化といった課題について検討するのを支援できる。Second Life（Linden Research, 2008）などのさらに複雑なツールについては，開発担当者は，これを使う教員の学習コミュニティを構築するのもよい。

学生間のつながりを構築するためのテクノロジー利用：テクノロジーは学生をばらばらにすることが多いが，結びつけることもできる。協働作業を奨励するために，学生のグループはコンピューターを共有し，ウィキと Goo-

---

訳注　[1]　Quandary はウェブベースの対話型ケーススタディソフトである。
　　　　　http://www.halfbakedsoftware.com/quandary.php

gle ドキュメントを使って共同で作成している資料を交換することができる。Del.icio.us はソーシャルブックマーク・サイト[2]で，学生はコメントをウェブサイト上に蓄積することができる。Blackboard や Moodle などのコースマネジメントソフトを使うと，グループディスカッションのための場を用意できる。Facebook[3]や MySpace[4]は，専門分野やコースが同じ学習者仲間のつながりを構築するのに利用できる。もちろん，このツールは教員・学生間の交流，教員・開発担当者間の交流にも使うことができる。開発担当者は他の技術に関しては，特に法律やプライバシーの問題で，教育場面におけるツールの適切な利用法について，評価と訓練を行うこともできる。

テクノロジーの倫理的，法的利用：開発担当者は，テクノロジーの倫理的・法的問題に大きな影響力を持つことができるし，また持つべきである。開発担当者は，懸念事項を絶えず念頭に置き，訓練で対応するようにし，主要な問題について話し合いを設けることで教員を励ます責任がある。注意を払うべき主な分野は，学問的誠実性（academic integrity），知的財産権（記録管理を含む），障がい者のアクセス確保，学生情報の秘密保持である。開発担当者がこうしたテーマに詳しくない場合，こうした知識を有する教員にパネルへの参加や全学での討議の立ち上げを求めることもできる。POD ネットワークのカスタム検索エンジン（POD: Professional and Organizational Development Network in Higher Education, 2007a）では，こうした問題のみならず，教育開発に関する他の問題についても信頼性の高い情報を得ることができる。これは POD メンバーのウェブサイトのみを検索するツールであるため，検索をすると高等教育における開発に直接関係のある情報が得られる。

教育と評価

学習の評価：テクノロジーは評価へ申し分なく適合する。教室内では，クリッカーなど個人応答システムを使うと学生に直ちにフィードバックできる。

訳注　[2]　本訳書の出版現在では，Delicious (https://delicious.com/) と名前が変わっている。
　　　[3]　https://www.facebook.com/
　　　[4]　https://new.myspace.com/

教師は学生の参加を増やすよう，こうしたツールを積極的に使うことができる（Kuhlenschmidt, 2007a）。Study Mate（StudyMate Author 2.0, 2000）[5] や HotPotatoes（Arneil, Holmes, and the University of Victoria, 2008a）[6] などのソフトを使うと容易にオンライン上に問題を作ることができる。即座にフィードバックできるのは学生に基礎を学ばせるのには強力なツールだが，やや低い学習レベルだがドリルよりかは上の問題を教師が作れるよう支援するには訓練が必要である。Quandary（Arneil et al., 2008b）を使えば高い学習レベルの問題を作ることができる。

教師は，コースマネジメントシステムの Blackboard で，公開変更機能を使って基準に達しない学生に追加授業を公開したり，学生が前の教材を学習するまでは次の教材を公開しないといったことができる。こうしたツールにより，それぞれのペースに合わせ習熟度に応じた学習コースが可能になる。学生主体の学習評価ツールは，Student Assessment of Their Learning Gains（Carroll, Seymour, and Weston, 2007）[7] のようにオンラインで利用できるものもある。

教師の評価：教育活動の自己評価を支援するオンライン上のツールはいくつかある。Teaching Goals Inventory（Angelo and Cross, 1993）[8] はオンラインで利用でき，教員が教授方法を選ぶ前に目標を定めるのに役立つ。また，Teaching Perspectives Inventory[9] もオンライン上の自己評価ツールである（Pratt and Collins, 2001）。ティーチングポートフォリオは教育開発の手段としては一般的で，そこから生まれたのが形成的評価を目的に使われる e ポートフォリオである（Cambridge, Kahn, Tompkins, and Yancey, 2001）。

学生による評価は教育を評価する上で目下，問題となっている。ここ数年間，費用と処理時間を削減するために，評価をオンライン上に移動させることに多大な関心が払われている。問題は，学生に評価を最後まで回答する気にさせることだが，2009年秋時点で，学生に評価させる，普遍的でうまくい

訳注 [5] http://www.respondus.com/products/studymate/index.shtml
[6] http://hotpot.uvic.ca
[7] http://www.salgsite.org/
[8] http://fm.iowa.uiowa.edu/fmi/xsl/tgi/data_entry.xsl?-db=tgi_data&-lay=Layout01&-view
[9] http://teachingperspectives.com/drupal/

く方法はまだ現れていない。開発担当者にとって別の問題は,学生が運営する格付けウェブサイト（Profeval, 2007）やソーシャルネットワーキングサイトのようなインターネットサイトから入手できる教員に関する情報を,コンサルテーションで使うかどうかである。開発担当者は,相談に来た教員に関する他の情報源とそれを使う倫理の問題についてどのように対処するか,考慮し議論しなければならない。

どの水準のテクノロジーを利用するかを決定する際に考慮しなければならないのは,昇進とテニュアという目的に照らすと,テクノロジー利用が教員の上層部からはどのように判断されるかである。教育へのテクノロジーの応用を文章にして研究要件を満たす教員が時々いるが,専門分野によってはそれが認められない場合もある。開発担当者は教員に,教育へのテクノロジーの利用は昇進とテニュアの検討過程においてどのように評価されるか,所属先の先輩教員に相談するよう助言するべきである。

オンラインで教育を行う教師にとって,コース設計に関する全国的な相互評価システム Quality Matters（QM）の設立（Maryland Online, 2006）は大きな進歩である。QM は,Maryland Online が中等後教育改善財団（Fund for the Improvement of Postsecondary Education）の資金援助を受けたことで,2003年に始まった。このプログラムでは,表彰,昇進,テニュアの目的でオンラインコースの設計（配信ではない）を専門家が相互評価する。このシステムは学術論文を専門家が評価するシステムに似ている。

開発担当者のためのテクノロジー

FD 開発組織がその目的のためにテクノロジーを使う分野は主に（a）開発活動,（b）FD および開発担当者の管理業務の2つである。

FD 活動

開発担当者は,対象層とプログラムの目的をまず考え,次にテクノロジーがその使命の遂行に役立つか判断しなければならない。センターには対象とするグループがいくつかあり,そのニーズは対立している。テクノロジーの進歩により高等教育機関は望ましい方向に進むだろうが,対象グループはそ

れにより脅威を感じるかもしれない。めったに教員が使わなくても，そのウェブサイトが，スタッフにとっては重要なツールだったり，評判を確立するのに必要だったりする。センターが選べるのは最良の方向性であって，完璧はない。開発担当者は，目標の評価を行い，時間，資金，維持管理を必要とするテクノロジーの採用についてデータに基づく決定をしなければならない。また，上述の評価基準はセンターのテクノロジーにも適用される。混乱を避けるため，センターのスタッフは最低でも，教員の多くが使う基本的なテクノロジーツールについて熟知しなければならない。

　テクノロジーが効果的に使われるためには，複雑であってはならない。同じ関心を持つグループの参加者のメーリングリストを確保し，定期的にメールを送るのは効果的である。メールは忙しい新任教員にアピールする最もよい方法である。別の単純な働きかけとしては，メールの署名にセンター名を入れて広報に努め，教育に関する格言を加えるとさりげないアピールになる。開発担当者は，http://www.wku.edu/teaching/db/quotes/ の大学教育に関する格言が多く集めてあるサイトを利用できる（Kuhlenschmidt, 2008）。

　また，教育に使う配信システムは開発にも使え，Blackboard，メーリングリスト，ウェブサイトなどのテクノロジーをうまく使いこなした例をモデル化する機会を与えてくれる。教員全員への接触が目的である場合，開発担当者は双方向テレビ，電子メール，ウェブサイトなどさまざまな方法でセミナーを開くことができる。こうした手段は，スケジュールがいっぱいで対面セミナーに参加できない非常勤教員などに好まれる。また，国内外のセンターと協力することも可能であり，自機関の教員の教育に関する視野を広げられる。テンプレートに従った文章をウェブサイトに掲載するなど，最初の取り組みはシンプルにした方がよい（Teaching Issues Online Workshop Series, 2007など）。討論はメーリングリストを使って行うことができる。コース管理システムはセミナー用に利用できる。

　センターのウェブサイトは，開発担当者の言葉ではなく教員の言葉でまとめると，忙しい専門家たちに必要な情報を必要なときに供給してくれる重要な情報源となる。ウェブの使いやすさに関する情報源としては，http://www.useit.com/ が一番よい（Nielsen, 2008）。たとえば，検索エンジンがサイト上の情報を探しやすくなるよう，サイトの各ページには特定のコンテン

ツに特有のタイトルを付ける必要がある，といったことである．

電子メールで送信するニュースレターは中心となるべきコンテンツで，コストが削減でき読者の追跡ができる．しかし，電子メールによるニュースレターは削除が簡単で自動的にフィルターで振り分けられるため，読まれないことがある．ポッドキャスティング（Center for Teaching, 2008など）やストリーミングビデオによるセミナー（Zakrajsek, 2007など）の配信実験を行っているセンターは少ない．オンラインビデオはせいぜい2，3分の長さであるべきで，アクティブ・ラーニングを取り入れた優れた教育実践のお手本となるだろう．ビデオはブログと組み合わせると双方向的になり，評価のための情報を提供できる．

センターに予算があれば，開発活動の一部を外注できる．いくつかの組織やAtomic Learningなどの業者は，オンライン開発のパッケージを提供している（Atomic Learning, 2008）．しかし，こうした活動が組織の状況に合っているか考えなければならない．アウトソーシングに向いているのはMS Officeの利用のような一般的なスキルについてである．

最後に，センターは機器を教員に貸し出すことができる．センターに最新鋭のツールを買わせ教員への貸し出しを行わせると，各学科が数回しか使わないツールを買うよりコスト効率がよい．ツールが貸し出されると，開発担当者はその機器の適切な使い方を説明するためにアドバイスを与える機会が得られる．開発担当者にとって取り組みがいのある目下の課題は，同様に開発活動に従事している情報技術組織との連携である．開発担当者がこうした組織と仕事上の関係を築くと理想的である．

管理業務

センターは開発活動とは別に，管理業務を行わなければならない．マーケティングはセンターの成功に必須である．教育機関の中には，教員全員への電子メールを許可しているところがある．送信の日時が決められていると，常時送信するよりは，煩わせないかもしれない．教育機関が組織全体への送信を許可しない場合，センターが持っている電子メールリストが役に立つだろう（Chap. 7「プログラムの促進と大学内での定着」〔本書では未訳〕）．

センターのウェブサイトはセンター自体を表す重要な象徴で，センターの

価値を反映していなければならない。研究活動が重視される場合，構成員による研究成果の一覧が掲載されていなければならない。協働活動が重視される場合，他の組織との協働を説明するページが重要になる。ウェブサイトはイベントやリソースに関する情報を適時，提供するのが肝要である。センターが出した書籍に関する教員のレビューを，当該書籍のリストにリンクすることができる。ウェブサイトでは，教育機関の指針に従い，寄付に関する手順を掲載することができる。内容が完全になるまでサイトを作ることをためらうセンターもあるが，ウェブサイトというものの性質から考えて完全なウェブサイトというものはない。最低限のウェブサイトでも何もないよりはましである。テクノロジーに関するスキルに欠けるセンターにとって解決策は，Plone（2000）[10]のようなコンテンツマネジメントシステム（CMS）で，オンライン上の書式に書き込むだけでページが作れる。ブログやイベント登録などの交流も可能なシステムもある。センターがテクノロジー支援を得られたり，登録ツールを有するCMSが使えたりするなら，センターのイベントにウェブ上で登録できるのは理想的である。もっと簡単な方法では，イベント出席の申込み用の返信を送れるようeメールのリンクをお知らせの中に載せてしまうという方法がある。

　地元のメディアは広報のために彼・彼女らのテクノロジーを供与してくれるだろう。センターのプログラムを地元のテレビやラジオの放送用に，またはインターネット経由のストリーミング用に開発してみよう。そうすれば，他のビデオやラジオと競争するには高いレベルのスキルが必要だと気付くだろう。センターがビデオを制作するのに多大なエネルギーをつぎ込んでも，アマチュアっぽくしか見えず，すぐに時代遅れになる。多くの新しいテクノロジーと同様，最初は簡素にしておくのがよい。

　センター教職員間の連絡など管理に関する目標は，テクノロジーを利用すると達成に近づく。比較的簡素なツールだとセンター全体にとって推進力になることが多い。情報技術組織は，中央サーバーに文書を保管するスペースを作ることができる。そのスペースには誰でもアクセスできるか，またはセンターの教職員のみアクセスできるか選べる。センターの共有文書（相談の

訳注　[10]　日本語版も存在している（本訳書出版現在）。http://plone.jp/

テンプレートやセミナー企画資料など）を共有スペースに置くと，組織の各メンバーは各自のコンピューターからアクセスできる。技術スタッフはそのスペースにアクセスできるので，秘密資料を保管するのは適切ではない。予約や会合を調整するのに役立つツールは，スケジュール調整ソフトである。そのようなソフトが所属機関にない場合，Doodle（2008）をお勧めする。

PODのウェブサイトは開発担当者にとって貴重なリソースである（Professional and Organizational Development Network in Higher Education, 2007b）。1,200人以上が参加するPODのリストサーブ（Professional and Organizational Development Network in Higher Education, 2007c）は，アイデアとネットワーク作りの源であり，トレンドを追うこともできる。リストに投稿する場合，漠然とした「支援求む」より「PBLのアイデア」といった具体的な件名を使うのがルールである。定期的にリストを読むと，組織でどういうトピックが話題になるかがわかる。

FD活動に携わる大学院生のニーズには，CTAD@lists.uwaterloo.caというメーリングリストが対応し（Holmes, T., and Taraban-Gordon, S., 日付不明），150名を超えるメンバーがティーチング・アシスタント（TA）の訓練に関する問題を話し合っている。カナダの高等教育教育・学習協会（Society for Teaching and Learning in Higher Education: STLHE）のリストサーブ（Society for Teaching and Learning in Higher Education, 2008）は開発担当者と教員向けである。

開発担当者は，予算削減が続く中，アクレディテーションへの対応からその存在の正当化に至るさまざまな業務について，彼・彼女らの有効性に関するデータを求められることが多い。Microsoft AccessやFileMakerProのようなデータベースにより，センターのデータに継続してアクセスでき，変化する質問に答えるためさまざまな方法でデータ分析ができる（第6章「ファカルティ・ディベロップメントのプログラム評価」も参照のこと）。

センターが使う評価ツールとしては，SurveyMonkey（1999），Doodle（2008），Zoomerang（MarketTools, 1999）などオンライン上の調査ツールもある。こうした調査ツールで，センターのプログラムに関する情報を簡単に集めることができる。データが集まると，SPSS（Statistical Package for the Social Sciences）を使って定量的分析を行う。Atlas.tiなどのプログラム

は，定性的分析に役立つ。また，こうしたツールは，個々の教員について集められたデータまたは個々の教員が集めたデータにも役立つ。しかし，Excelや日誌，紙と鉛筆も同様に役立つだろう。

終わりに

　テクノロジーを使って仕事をする場合，鍵となるのは，解決すべき問題や業務の目的からスタートし対象者の能力を知ることである。開発担当者は，教育に関するコンサルテーションを通してこの重要な方針を熟知しているので，テクノロジーに関する実際的な知識とスキルを統合するだけでよい。テクノロジーは急速に変化するものであり，最新のツールに詳しい者は一般にテクノロジーに対して好意的であるため，テクノロジーに関する客観的なレビューを見つけるのは難しい。しかし，テクノロジーについての判断は，前述の評価基準を使う人なら誰でもできる。開発担当者は，テクノロジーがハードであれソフトであれ，または想像もしない何かであっても，教育ツールに対し行うように批判的分析を行って，思慮深くテクノロジーをとらえることができる。すべてのテクノロジーに精通することは誰もできないが，開発担当者は機関内の人に力を借りて新しいツールを分析することができる。開発担当者は，教員にテクノロジーに対し批判的に考えるよう導くことができる。開発担当者は，キャンパス内のその他の人に報告するのを期待し，共に学ぶ教員のチームを組織することができる。また，書籍のレビューのようにテクノロジーに対する学術的なレビューを促進できる。新しいテクノロジーを採用する集団のあらゆるレベルで専門家による評価を確立することができる。まとめると，開発担当者は，テクノロジーに関する決断をする際に目的と対象者を最も重要なファクターとし，評価に関する重要な問題を熟考し，こうした考慮に基づいてテクノロジーを使い，テクノロジーに振り回されることのないようにしなければならない。

第3部

高等教育機関,キャリア,組織に応じたファカルティ・ディベロップメントの進め方

第3部は7つの章から構成され,研究大学,小規模カレッジ,コミュニティカレッジなどさまざまな教育機関における教育開発を探求するとともに,キャリアパスのさまざまな段階にいる教員を教育開発担当者が支援する方法を検討し,さらに教育機関の組織開発において教育開発担当者が果たす重要な役割について考察する。〔本書ではChapter 17, 18, 20～23を第10章～第15章として訳出した。〕

【第3部　解説】

　原書第3部は，「高等教育機関，キャリア，組織に応じたファカルティ・ディベロップメントの進め方」と題され，以下に示す通り，Chap. 17～23の7つの章が収録されている．

　Chapter 17　研究大学における効果的実践――研究と教育の生産的な組み合わせ（コンスタンス・ユーイング・クック，ミシェル・マリンコビッチ）
　Chapter 18　小規模カレッジにおける効果的実践（マイケル・レダー）
　Chapter 19　コミュニティカレッジにおけるファカルティ・ディベロップメント（ヘレン・バーンスタッド，シンシア・J・ホス）
　Chapter 20　大学院生および専門職大学院の学生の能力開発プログラム（ローラ・L・B・ボーダー，リンダ・M・フォン・ヘーネ）
　Chapter 21　非常勤教員との協働（テリー・A・ター）
　Chapter 22　キャリアの各段階における教員への支援（アン・E・オースティン）
　Chapter 23　組織開発（ケイ・J・ガレスピー）

　Chap. 17～19では，研究大学，小規模カレッジ，コミュニティカレッジなどさまざまな教育機関の類型別による教育開発のありようを探求し，Chap. 20～22では，キャリアパスのさまざまな段階にある教員をいかに支援するのか，その方法が検討されている．そして，最後のChap. 23では組織開発において教育開発担当者が果たす役割について考察している．
　今後日本の高等教育においては，多様な機関特性や開発対象の差異に合わせた教育開発がますます必要になっていくと思われる．本書では，そうした新たな課題を考慮し，やや文脈の異なるChap. 19を除く6つの章を訳出し，第3部とした．
　Chap. 17「研究大学における効果的実践――研究と教育の生産的な組み合わせ」は，ミシガン大学のコンスタンス・ユーイング・クック教授とスタンフォード大学のミシェル・マリンコビッチ教授が執筆している．両教授ともに，アメリカを代表する研究大学において教育センター長という重責を長く

担い，全学レベルでも教育を所掌する執行役員を補佐する立場にある。そうした実践経験に基づく記述が本章の説得性を高めていることは言うまでもない。本章が強調するのは，研究大学でFDセンターやそのスタッフが同僚教員から信頼を勝ち取るための戦略の重要性である。鍵は，学内の研究文化を尊重し，研究志向の強い教員の知性に訴えるサービスを提供することにある。小手先の教授技術の提供や改善に終始していてはいけない。「教育と研究の緊密で生産的な関係性」を強調しつつ，一般教員が教育の「イノベーション」に関わるようにいかに支援するかがポイントになる。こうした指摘は，一般に研究志向が強いと言われる日本の大学で教育開発を担うFD関係者にも重くのしかかっている現実的な課題だと肝に銘じておきたい。

対照的に，Chap. 18「小規模カレッジにおける効果的実践」は，研究大学とは規模や特性の異なる小規模機関で求められる教育開発活動について述べている。著者は，コネチカット・カレッジ教育・学習センター長であり，かつPODに置かれた小規模カレッジ委員会の初代委員長（2004-2007年）を務めたマイケル・レダー博士である。専門は現代英文学でありライティング指導の専門家でもある博士は，もともとコネチカット・カレッジの卒業生でもある。カレッジを知悉する博士によれば，教育重視と親密性の組織文化を特徴とする小規模カレッジで教育開発を展開するには，小規模ゆえの条件や課題を考慮に入れて臨まなければならない。人員・予算・スペースといった限られた資源を使っていかにFDを成功に導くのか。あるいは，教員の当事者意識やリーダーシップの継続性をいかに確保するのか。この種の問いは，日本の小規模大学においてFD活動を真摯に進めようとしている担当者であれば，少なからず直面しているにちがいない課題である。具体的な方略やヒントはぜひ本文をお読みいただきたいが，興味深いのは，小規模カレッジであっても教育の方法・スタイルにおける多様性や，研究と教育の密な関係性を意識したFDプログラムの構築の重要性も，同時に指摘されている点である。Chap. 17の主題である研究大学におけるFDのありようにも通底する内容であり，こうした観点はFD担当者が共通して備えるべき基礎的姿勢だと見なされていると考えてよいだろう。

Chap. 19「コミュニティカレッジにおけるファカルティ・ディベロップメント」は，アメリカ特有の高等教育機関であるコミュニティカレッジにおけ

るファカルティ・ディベロップメントの課題と事例を紹介している。著者はジョンソン郡コミュニティカレッジのヘレン・バーンスタッド博士と，グランサム大学のシンシア・J・ホス博士の２人である。バーンスタッド博士は，教職員・組織開発部門長として長く同コミュニティカレッジの専門性開発を推進した経験を有し，現在はその経験を活かして，教育開発のコンサルタントとして活動している。ホス博士は，カンザスシティ・カンザス・コミュニティカレッジ（KCKCC）やビッグベンド・コミュニティカレッジでの勤務経験を経て，2009年グランサム大学の筆頭副学長兼学務担当副学長に転じ，同大学における教育・学習の改善に尽力した経歴を有する。

　コミュニティカレッジは地域に根ざした高等教育機関であるため，多分に地域性が反映されるという特徴がある。それゆえ，それぞれ固有の機関文脈や組織課題を踏まえて教育開発を行った経験が意味をもち，２人の執筆者の強みはともに長年の勤務経験を踏まえてコミュニティカレッジを知悉している点にあろう。コミュニティカレッジにおける学生は15歳から90歳までの年齢幅があり，それぞれ異なる目的をもって在籍をしている。そのため，コミュニティカレッジの教員は，さまざまな多様性を理解し，教育活動に反映させなければいけないという課題を抱えている。本章では，モデルプログラムを示すのではなく，さまざまなニーズに応えるモザイクのようなファカルティ・ディベロップメントプログラムを提供する必要があると主張している。日本の高等教育機関の文脈とは大きく異なるため，本書では訳出しなかったが，生涯教育に力を入れている高等教育機関，社会人学生や留学生を多く受け入れている機関，また，教育を中心におこなっている専門学校などにおいて，参考になる部分もあるので，原書を参照していただきたい。

　Chap. 20「大学院生および専門職大学院の学生の能力開発プログラム」は，大学院在籍中に教育に関する仕事をする場合や将来大学教員を目指す大学院生に対するプログラムについて解説している。著者は，コロラド大学ボルダー校大学院生講師プログラムのディレクターであるローラ・L・B・ボーダー博士とカリフォルニア大学バークレー校GSI教授リソースセンターのセンター長であるリンダ・M・フォン・ヘーネ博士である。両博士とも，それぞれの大学における大学院生向け能力開発プログラムに立ち上げから関わり，特に，コロラド大学ボルダー校の取り組みは，大学院協議会とアメリ

大学カレッジ協会が全米規模で展開した大学教員準備プログラム（Preparing Future Faculty）のモデルとなったと言われている。本章では，大学院生の教育能力獲得についてだけではなく，博士課程において身につけるべき能力などについても触れている。アメリカの大学院生向け能力開発プログラムは，ティーチングアシスタントとしての能力開発プログラムが発展したもののため，ティーチングアシスタントとしての熟達度に合わせて能力開発プログラムとして扱うべき内容や活動を整理し紹介している。また，担当者に必要な知識や技術などについても論じている。博士課程を大学教員キャリアの初期段階と位置づけて考えると，日本においても今後取り組まれて行くべき分野のため，参考になると考えられる。

Chap. 21「非常勤教員との協働」は，時間給教員，補助教員，臨時教員などの非常勤教員に対する支援や専門性開発プログラムについて解説している。著者のテリー・A・ター博士は，インディアナ大学−パデュー大学インディアナポリス校（IUPUI）の教育・学習センター副センター長で，発達心理学を専門としている。IUPUIはインディアナ大学とパデュー大学の全面的な協力をもとに運営され，学生はインディアナ大学もしくはパデュー大学からの学位を取得する。教員には多くの非常勤教員が含まれ，非常勤教員への支援が教育・学習センターの重要な役目の1つとなっている。本章では，非常勤教員を4つのタイプに区分し，特徴を解説した上で，専門性開発プログラム等を計画する場合には，実施時期や提供形態，広報の方法などを考慮する必要があると論じている。非常勤教員が占める割合は日本の大学でも増加しているが，これまでの専門性開発の分野では対象とされてこなかった。非常勤も含めた大学全体の教育力向上を目指す場合に参考になると考える。

Chap. 22「キャリアの各段階における教員への支援」は，大学教員のキャリアステージごとの特徴を理解し，各段階に対応したFD戦略やプログラムの開発について解説している。著者であるミシガン州立大学のアン・E・オースティン教授は，高等教育研究の分野で著名な研究者でもあり，取り扱うテーマは大学教員のキャリアと専門性開発だけではなく，大学院教育改革，組織開発，発展途上国における高等教育など多岐にわたる。オースティン教授によると大学教員のキャリアは大きく初期，中期，後期キャリアに区分され，それぞれの段階で必要となる支援が異なる。初期段階では，テニュアを

獲得するための支援，プライベートと仕事のバランス確保に対する支援など，中期段階では，研究や教育活動に対する助成金等の支援やメンター制度の導入など，キャリア後期では，リーダーシップの開発や退職にむけての準備などが指摘されている。テニュアトラック制度のない日本の大学教員のキャリアステージとは異なる部分もあるだろうが，FDのあり方を多角的に考察する上で重要な指標となる。

　Chap. 23「組織開発」は，その名が示す通り，高等教育機関における組織構造や諸手続きの開発，各部門間の関係性の構築といったテーマを扱う。その目指すところは，当該組織に関わる関係者を支援し，組織が総体として効果的に機能するようにすることである。その意味で，組織開発はFD活動において重要な位置を占めると言えるが，本書第1版（2002）では組織開発が独立した章として明示的に立てられていなかった。第1章でダイアモンドが3つのアプローチの1つとして触れ，第15章でルーカスが学科長との協働の観点から組織開発を論じていた。この第2版では教育開発がより多面的に論じられた上で，組織開発の章が最後に置かれる構成となっていることは，その重要性が改めて認識されつつあることを示唆するものだと言ってよい。本章は，コロラド州立大学名誉教授で現在は高等教育コンサルタントを務めるケイ・J・ガレスピーの手になるものであり，彼女は第1版の編者であった。本章で言及されているように，PODはその名称に「組織開発」を包摂し，実際に活動初期から組織開発を重要なテーマとしてきたのであり，第2版でガレスピーが「関係性」と「文脈」の2つの視点で組織開発を読み解いていることは，FD担当者が自らの取り組みを組織的に見直す際の羅針盤として有効に機能することだろう。その意味で必読の章である。

（杉本和弘・佐藤万知）

第10章 研究大学における効果的実践

研究と教育の生産的な組み合わせ

コンスタンス・ユーイング・クック，
ミシェル・マリンコビッチ

　研究大学では当然，研究活動が優先されるが，同時に教育活動における卓越性も求められる。教育開発センターはそうした教育機関で活発に活動していることが多い。実際，2005年版カーネギー分類の定義に基づく博士課程のある研究大学で，教育開発センターを有する割合は，他のタイプの高等教育機関より高い。パイロット調査によると，博士課程のある研究大学の65〜70％が教員への教育活動支援を行うセンターを有していた（Kuhlenschmidt, 2009）。

　研究大学は，高等教育機関の中でセンターを有する割合が高いだけでなく，センターを最初に設立した教育機関でもある。1962年に設立されたミシガン大学の学習・教育研究センター（Center for Research on Learning and Teaching: CRLT）はアメリカ初の教育開発センターであり，1975年に設立されたスタンフォード大学の教育・学習センター（Center for Teaching and Learning: CTL）も古くからあるセンターの1つである。どちらのセンターも長い時間をかけて成長し，大学が教員，院生講師（GSI），カリキュラムの改善を支援する上で欠かせない存在となっている。著者らが所属するセンターは大学の見識あるリーダーシップと並外れた多額の資金により恩恵を受けているが，研究機関におけるFD活動の一定の原則が，こうしたセンターの成功と他の研究大学のセンターに所属する同僚の成功に貢献していることもまた確かである。次に必要となるのは，研究大学の教育センター長が，組織文化の転換を創出し維持するための仕事を形成する諸原則を明確にすることである。戦略は，教育センターの使命，リーダーシップ指針，FD活動の3つの節に分けて考察する。こうした諸原則を説明するためにさまざまな研究大学の例を紹介する。

教育センターの使命

改善ではなく，イノベーションに力点を置く

　教育センターの使命は，改善ではなく，イノベーションに関することでなければならない。著名な教員は自分自身が専門職として劣っているとは思っていないし，またそうであってはならない。全体的に見ても，教員のほぼ90%が自らの教授活動を平均以上の効果をもっていると考えており（Blackburn & Lawrence, 1995; Bok, 2006），典型的なミシガン大学とスタンフォード大学の授業評価もこの認識を裏付けている。特に研究志向の教員にとっては，特別な研究成果や新しい手法について語ることは，教授活動の改善の動機づけを高める最も効果的な方法であることが明らかになっている。

　例えば，ペンシルベニア大学の教育・学習センター（Center for Teaching and Learning）はランチFD（Faculty-to-Faculty Lunch）を主催しており，そこでは教員らがディスカッションを主導して自らが授業で使っている革新的な教授法について同僚教員に伝えている。ハーバード大学では，新しい一般教育プログラムの一環として，ボック教育・学習センター（Bok Center for Teaching and Learning）が中心となり，同センターに加えて教育コンピューター・システム，学生のライティング・プログラム，図書館などからメンバーを集めて，支援サービスの特別チーム（SWAT Teams）を編成・調整している。こうしたチームの目標は，コース開発の初期段階において，非伝統的な教授法（つまりは，講義，ラボ，討論以外のアプローチ）に必要となる教育的・組織的資源を十分意識しながら，教員による新しいコースの計画立案を支援することである。

　また，プログラムが研究文化に見合ったものであると強調することは賢明である。プログラムは，最新の研究的洞察，革新的手法，専門職の教育倫理といった新しい課題に焦点化すべきであって，経験的に研究志向の教員の知性に訴えないとわかっているようなテーマ，つまり一般的な指導技術に比重を置くようなことは避けるべきである。研究大学からの回答が27%であるのに対してすべての教育機関からは17%だった（Sorcinelli, Austin, Eddy, &

Beach, 2006, p.48) ことから考えて，研究大学における FD センターは他の教育機関のセンターよりも問題を抱えた教員への支援に積極的なようである。ミシガン大学とスタンフォード大学のセンターもそうした取り組みを行っているが，出版物等で改善サービスが強調されているわけではない。

教育と研究の相互補完性の強調

　ケン・エブル（Ken Eble, 1972）は，FD 関連の初期の古典とも呼べる書籍の中で，教育と研究が多くの大学のキャンパスで競い合った結果，必然的に教育が負けて研究に道を譲ることになったと述べている。勝てない競争に教育を巻き込むことは研究大学にとってとりわけ有害である。それゆえ，教育と研究が緊密で生産的な関係性にあることが，センターのプログラムや出版物において強調されるべきであり，それと合わせて，こうした専門職としての2つの責任が強化し合うように，想像力に富んだ方法を用いている教員が認められるようにすべきである。学士課程の学生が研究に従事する機会を作り出すことは，教員が教育と研究の統合を図るよう支援する上で特に効果的である。マサチューセッツ工科大学（MIT）の教育・学習ラボ（Teaching and Learning Lab）は，研究プロジェクトを行う学士課程学生を指導する教員に対して教授学的支援を行う教育センターの1つである。

教育機関のリーダーシップを取る計画の実施支援

　研究大学では，教育改善プロジェクトが研究上の優先課題と関連性がある場合，資源が流れていきやすくなる。研究大学のセンターは，筆頭副学長（provost）室や教育担当副学長室の下に位置づけられ，おそらくは筆頭副学長補佐に報告義務を負っていることが多いので，センターは筆頭副学長，学長，理事の新しい構想をいち早く把握し，センターの諸活動をそうした構想に合わせていくことができる。センタースタッフが主要な学内委員会に属していれば，大学で新構想に関連する教育・学習活動の推進者となることができる（Sorcinelli, 2002; Wright, 2000）。また，FD センターは大学の意思決定プロセスに参加することで受け身でなく積極的になることができる（Chism, 1998）。例えば，筆頭副学長が学際性を推進しようとしている場合，センターはプログラム，出版物，研究助成金の中心的要素に学際的教育を含

めることができる。

　ミシガン大学のCRLTは，過去10年間，筆頭副学長の取り組みを支援すべく，筆頭副学長自らテーマを選び，教員を招待して主催する筆頭副学長教育セミナー（Provost's Seminars on Teaching）を年2回提供してきた（http://www.crlt.umich.edu/faculty/psot.php）。ハーバード大学では，学内昇進率とテニュア取得率を向上させる取り組みを支援するため，ボック教育・学習センターが新任教員向けに3日間のプログラムを提供している。ジュニア・ファカルティ講習（Junior Faculty Institute）と名付けられ，秋学期が始まる直前に開講されるプログラムでは，ハーバード大学の教育コミュニティの主要メンバーに参加者が紹介され，教育実習を行い，シラバスに関するワークショップを受講することができる。バンダービルト大学では，教育センター（Center for Teaching）が筆頭副学長室と協力し，アクレディテーションへの準備として学科長と学部長を対象に学習成果評価計画のためのワークショップを提供した。そのうえで，コンサルタントを担うセンター教員が学科長と個別に面談し，計画設計とその実施について話し合っている。

　驚くべきことに，多くのセンターは，特に設立初期，自らの優先事項を所属機関における大学執行部の優先事項と効果的に調和させていない（Sorcinelli et al., 2006）。新しいセンターの場合，教員からの支援要請をほぼすべて受け入れることで彼らを引き寄せようとすることもあるが，センターが成熟してくるにつれて戦略性が増し，センターの使命や機関の執行部が率先して行う活動との関係に基づいて支援要請に優先順位を付けるようになる。

研究大学におけるセンターのリーダーシップに関する指針

教員に信頼される教育開発担当者の確保

　有能なFD担当者の資質には幅があるが，研究大学の場合，FD担当者がFDの経験を有するだけでなく，FD対象となる教員と同様に大学での教育経験や博士号を有していると信頼を得やすい。研究大学のセンターは，自機

関の多くの学部・学科にサービスを提供できるように，生物学，工学，ドイツ研究といった多様な分野の学位を有するスタッフを擁していることが多い。特に自然科学や工学分野の教員は，同じ分野的背景を有するFD開発者への反応が良好のようである。ミシガン大学のコンサルタントの中には特定機能（授業技術，多文化状況における教育・学習，評価研究など）を担う者もいれば，特定の学問分野（人文科学，学際的プログラム，工学など）を担当する者もいる。他の専門職と同様，FDの専門職の高質な活動を担保するには，新入りのスタッフに研修を受けてもらい，定期的な専門性開発活動に取り組んでもらうことが重要である。

専門分野に根差したアプローチを提供し，学部（department）と協働する

　高等教育を支配するのは専門分野と学部である。研究大学では，それら2つが他の教育機関においてよりもずっと大きな力をもつ（Becher & Trowler, 2001）。このため，研究大学の教員の忠誠心は，所属機関よりは専門分野に向けられることが多い（Hativa & Marincovich, 1995）。したがって，教育センターが，所属機関の学部やプログラムの枠内で業務を行うことは賢明である。専門分野に根差した活動は，学部におけるニーズ評価から始まり，その後各学部の優先課題に対応していくことになる。これこそが教育センターにとって最も効果的な活動となることが多い。というのも，特定課題に対応しようとし，専門分野の文化に応じて調整しつつ，当該分野の教員と協力してこれらに合わせてプログラムやサービスを設計していくことになるからである。

　驚くべきは，業務の優先順位を学部に合わせて決めないセンターが大半だということである（Sorcinelli et al., 2006）。しかし，ミシガン大学とスタンフォード大学の教育センターは，専門分野に即したサービスを重視している。サービスの種類は，センターが受ける要請によって毎年大きく変わるが，通常はカリキュラムと教授法の改善を支援するリトリート[1]，ワークショップ，研究プロジェクトなどである。スタンフォード大学のCTLは，新任教員に

訳注　[1]　リトリート（retreat）とは，合宿型研修のことをいう。

対して学問的観点を持つことの重要性を理解するよう呼びかけている。そのために，機関専用の教育入門ハンドブック（Marincovich, 2007）だけでなく，ショーウォーター（Showalter, 2002）による人文科学者のための *Teaching Literature*，デビッドソンとアンブローズ（Davidson and Ambrose, 1994）による工学部教員のための *New Professor's Handbook* など，学問分野により特化したハンドブックを配付している。ミシガン大学のCRLTは最近，学科長の訓練プログラムを初めて開発した。それにより，学科スタッフは今まで以上に学科長と頻繁に接触することができ，教育・学習の改善について一層緊密に協力できるようになった。学部において教育する文化を作りだす鍵となるのは学科長だと認識することは重要なことである（Wright, 2008）。

キャンパスにおいて多様性と包摂を促すFD活動

　教育センターは大学の関心を多様性の問題に向けるのによい位置にある。多様性は，教員と院生の多様化が本当の意味で達成されていない研究大学にとって非常に関心の高いテーマである。センターは優れた教育活動を促すために，特定の学問状況における多文化の問題，教室内にある差異（学生の自己認識，準備状況，学習スタイル等），コース内容の変革，教授者の役割を果たすことと，教室における権限などに対処するプログラムを提供することができる（Cook & Sorcinelli, 2005; Kaplan & Miller, 2007）。こうした問題は，Chap. 13「多文化を見据えたファカルティ・ディベロップメント活動の概念化，設計と実践」〔本書では未訳〕で詳しく検討している。

　ミシガン大学とインディアナ大学－パデュー大学インディアナポリス校（IUPUI）の教育センターのウェブサイトは，多文化教育に関心のある教員にオンラインで情報を提供している。IUPUIの教育・学習センター（Center for Teaching and Learning）は，他大学の組織と協力して設立した多文化教育・学習機構（Multicultural Teaching and Learning Institute）に資金を提供している。多文化教育・学習機構は，教室における学生の発言の促進，異文化間コミュニケーションの改善，グローバル能力の育成，包括的教授法の開発，学生の学習を促す革新的技術の活用，補助金と協働の機会の追求に焦点を当てている。

センターのあらゆる活動に教員の
オピニオンリーダーを巻き込む

　FD活動の構造は，教員自身がそれを作り自らが当事者だと意識したときに，最もよく機能する。教員を巻き込んでいくことがセンターの成功には欠かせない（Cook & Sorcinelli, 2002; Eble & McKeachie, 1985; Sorcinelli, 2002; Sorcinelli et al., 2006）。教員の当事者意識がなければ，教育活動の改善などの持続的変化がキャンパスに起こることはない。

　ミシガン大学のCRLTはそもそも教員が設立したのであり，オピニオンリーダーからなる教員助言委員会を活用している。教育センターはいわゆる常連たち（つまり，卓越した教育活動で知られた教員）だけで運営されるべきではなく，そうした委員会の委員は優れた研究者でもあるということが重要である。委員会メンバーや他の教員は，CRLTのプログラム設計に参加した上で，プログラムの推進に当たったり，講演者かパネリストとしてプログラムを支えたりする。スタンフォード大学のCTLでは，大学における主要な教育賞を受け，かつ多くの場合優れた研究者でもある教員が，賞を受けた"Teachers on Teaching"講義シリーズ（http://ctl.sranford.edu/AWT/）に名を連ねている。この講義では，大学における優れた教育活動と合わせ，各学問分野特有の教授法に関する内容知識にも焦点が当てられている。

大学における他の部署との協働

　研究大学におけるFDセンターは，教員のニーズに応える多様な組織の1つでしかないため，他の室やプログラムと定期的に協働して自らの影響力を高めることが肝要である（Albright, 1988; Sorcinelli, 2002）。協働には，ウェブサイトや教員とのコミュニケーションを通じて行う相互補完的共同プログラム作成，資金援助，広報などが含まれる。センターは，例えば教員がコース設計を行う際，サービス・ラーニング担当部署がそれを援助できるように支援するなど，大学で新たにイニシアチブを取り，教授法に関する要素を組み込むことができる。オハイオ州立大学の大学教育推進センター（University Center for the Advancement of Teaching）は，大学院や教育政策・リーダーシップ学部（Education Policy and Leadership）と協力して，カレッジ

や大学における大学院学際副専攻（Graduate Interdisciplinary Specialization（minor）in College and University Teaching）を実施している。

優れた教育の可視化

　研究大学の教員の多くがFDセンターを活用するようになることなどないだろう。それでも，センターの可視化は大学執行部が優れた教育を重視しているというシグナルを送るものであり，先行研究によれば，教員が機関の優先事項に積極的に反応するという（Blackburn & Lawrence, 1995）。大学執行部は，教育の文化を育成し維持していくため，教育・学習活動における卓越性を優先課題としなければならない（Seldin, 1995）。そのための１つの方法は，大学執行部が教員とのコミュニケーションの中で頻繁にその点に触れることである。例えば，ミシガン大学のCRLTは，年に一度，新任教員のためのオリエンテーションの計画・実施を行う。そうすることで，新任教員が当該大学と最初に接触する場で，優れた教育活動に関する集まりが展開されることになる。学長や筆頭副学長は，歓迎の挨拶において，常に優れた教育活動を強調する。また，彼らがCRLTのサービスを利用するように推奨することで，教育活動への支援を求めてもよく，良い教育を心がけることが必須だと暗に示すことにつながる。同様に，スタンフォード大学のオリエンテーション・プログラムでは，教育はキャリア形成において重要な要素だと聞かされ，テニュア審査の時期になると，手続き書類によって「第一級の教育プログラムを維持する能力」を示す証拠の提出が必要だと学ぶことになる（Stanford University Faculty Handbook, 2007, Appendix B, Form B 3, p.15）。

　センターは，定期的に教員や院生講師と意思疎通を図ることで高い可視性を維持しなければならない。ここでいう意思疎通とは，プログラムの予定や補助金の締め切りを知らせる冊子や電子メール，提供サービスを知らせる大学執行部宛ての手紙，優れた教育活動に関する文献や研究に関する文書，関連文献や優れた実践のリンクをつけたウェブサイトなどのことである（http://www.crlt.umich.edu/tstrategies/teachings.php および http://ctl.stanford.edu/ を参照）。

センター業務の評価

　教育機関のタイプにかかわらず，資金をめぐる競争は激しい。センターは支援を得るために，管理が適切で説明責任が十分果たされていることをはっきりと示さなければならない。FD担当者の多くは形式にこだわらず，平等主義的なアプローチを享受している。例えば，北米のFD担当者の専門職組織であるPODネットワークはネットワークと呼ばれ，その運営組織はコア委員会と呼ばれる。しかし，センターが大きくなるにつれ，責任を明確にし，サービスの改善につながるデータを収集しながら運営すべきである。ミシガン大学とスタンフォード大学のセンターは，プログラムとサービスのリストを編集する業務進捗管理ソフト（productivity-tacking software）を用いており，データはサービスやプログラムを提供された部門と個人の大部分を網羅している。センター長が年次データ報告書を用いてセンターの価値を示すことで予算要求が認められる可能性は高くなる（第6章「ファカルティ・ディベロップメントのプログラム評価」も参照のこと）。

　センター長は，大学のカリキュラムと教育方法について注意深い評価を行うようにするのが常である。それゆえ，センター自らの仕事の評価と改善も継続的に行う必要がある。プリンストン大学のマグロウ教育・学習センター（McGraw Center）は，プログラムを実施したときに反応を収集するだけでなく，数カ月経ってから参加者に電子メールを送って「ワークショップから得たアイデアで，実際に教育活動で使ってみた（または使おうと思っている）アイデアは何ですか」と尋ねることがある。また，コンサルテーション・サービスの利用者にフォローアップ・メッセージを送ることもある。

研究大学におけるFD活動

優れた教育活動に資源と名誉で報奨する

　大学執行部は，教育の価値を広く知らせるために教育表彰制度を設けることが多い（Chism & Szabo, 1997; Menges, 1996）。教育表彰制度が増加しているのは，研究大学においても優れた授業の必要性が高まっている証左であ

る。センターは，コンペを周知することを手助けし，選抜過程をモニターし，その透明性を向上させることで，受賞者を称える。その結果，応募者や候補者の人数が増えるとともに賞に付随する威信も高まってきている。

オハイオ州立大学の教育センターは，同窓会教育賞（Alumni Award for Distinguished Teaching）を受賞した教員から構成される教育アカデミー（Academy of Teaching）に職員を派遣して支援を行っている。同アカデミーは，*Talking About Teaching at The Ohio State University* という出版物の刊行に加え，毎年，教育学習活動に関する研究会の開催を後援している（http://ftad.osu.edu/read/teaching_showcase/talkingaboutteaching.html）。

カリキュラム改革を支援する

大学とカレッジすべてにおいて，カリキュラム改革は教員が重要だと考えるテーマの1つである。センターは，学部，時には大学全体レベルで改善プロセスに一定の役割を果たすことで意思決定の改善に貢献でき，センタースタッフの専門知識や存在意義を示すこともできる。センタースタッフは，改善をめぐる教員の意思決定が実証的証拠に基づくよう，現在のカリキュラムについてデータを集めるためにフォーカスグループ，面接，調査を利用する。またセンタースタッフは，教員がカリキュラムについて意思決定を行う会合やリトリートの準備を行う。新しいカリキュラムの形成的評価に向けて現行データの作成を行うことに加え，コース設計やその改良を支援するために教育方法に関する専門知識を提供することもある（Cook, 2001）。また，同じような目的を持った教員同士をつなげる役割も担う。例えば，アイオワ大学の教育センター（Center for Teaching）は，複数学部（工学，薬学，文理，ビジネス，教育，看護，医学）と共同で，地元ロータリークラブと提携しつつメキシコにサービス・ラーニング課程を設置している。

教員を惹きつけるための教育用テクノロジーの利用

他の教育機関と同様，研究大学においても教育用テクノロジー（instructional technology: IT）を教授法の改善としてではなく，そのイノベーションとして機能させることで，教員をセンターに惹きつける1つの手段となる。しかし驚くことに，テクノロジーの知識を有するスタッフを擁する教育セン

ターはほとんど存在しない（Sorcinelli et al., 2006）。ITの責任が分権化しており，FDセンターが多くのIT実践主体の1つでしかなくなっている研究大学が多い。しかし，新しいテクノロジー（つまりは，技術発展に遅れずについていくのに必要な資金源と専門知識）は，いとも簡単にセンターを呑み込んで他の責任を果たせなくしてしまうため，ITをセンターにとっての最大のテーマにすることは危険である。それでも，センターには，ハードやソフトだけでなく，ITに通暁して教授法やコース目標に教員の関心を向けさせられるスタッフが必要である（Zhu, 2008）。

マサチューセッツ工科大学（MIT）の教育・学習ラボ（Teaching and Learning Laboratory）は，iCampus（http://icampus.mit.edu/）において，MIT教員とマイクロソフト社研究部門との間のとりわけ野心的な組織的連携の一角を担った。iCampusとは教室の内外に影響力を有する教育技術の開発を目指す学際的活動である。何百名もの教員や研究員がiCampusプロジェクトに参加し，そのプロジェクトには可視化，シミュレーションソフトの開発，遠隔操作による実験の開発，ペン入力によるコンピューターの実験が含まれていた。

新任教員への効率的支援の提供

一般に，研究大学の教員は，他の教育機関の教員より労働時間が長い（National Center for Education Statistics, 1992）。その労働量を考えれば，FDセンターがタイミングよく助言を提供することで，教員が専門性開発に使う時間をできるだけ効率化しようと努めることは理にかなっている。例えば，教員が次回のコースで初めてグループワークに取り組むと決めた場合，このテーマに関する支援が直ちに得られると知っておいてもらうべきだ。そのために，センターには，若手（Austin, 2003），中堅（Baldwin & Chang, 2006），シニア（Wheeler & Schuster, 1990）教員といった，キャリアのあらゆる段階に対応できる幅広いプログラムが必要となる（Seldin, 2006）。

新任教員に重点を置くことは賢明である。若手の教員はテニュア取得までの間，教育に関する助言に対して受容度が特に高いことを踏まえれば，センタースタッフは，教授法に関する知識に初期投資を行うことが長い目で見れば時間の節約になるとわかってもらうべきである。また，スタッフは，教育

責任と研究責任を結び付け，相互強化が可能となるような戦略を強調してもいいだろう。

　研究大学の多くは，大学教員準備（Preparing Future Faculty: PFF）活動にも取り組んでおり，対象となる集団に会合，セミナー，インターンシップを提供している（Cook, Kaplan, Nidiffer & Wright, 2001など）。院生講師は将来の大学教員であり，大学院で受ける訓練は，教育担当者として受ける訓練の中で最も徹底した訓練になるかもしれない。こうした開発活動はそれ自体重要なだけではない。センターのサービスを最初に利用し，その後他の教員に勧めるのは院生講師であることが多いため，こうした活動がFD活動にも大きく貢献することになる（Marincovich, Prostko, & Stout, 1998，第12章「大学院生および専門職大学院の学生の能力開発プログラム」参照）。

教育イノベーションへの資金提供

　研究大学において通貨となるのは補助金である。当然ながら，研究機関は多額の研究予算を有し，それは常に革新的教育プロジェクトに向けられる資金を上回っている。それにもかかわらず，多様なレベルの資金と複数の目的を備えた教育補助金を提供し，その補助金の広報に努めるのは有益である。重要なプロジェクトに十分な資金が提供でき，受給者が威信を得られるような補助金があってもよい。ミシガン大学とスタンフォード大学のセンターは申請の支援を行っている。また，教員による申請書の作成や，プロジェクトの実施及び評価に対して支援を行っている。補助金をめぐる競争は，センターとこれまで接触することのなかった教員をセンターに引き入れることになる。

　IUPUI（インディアナ大学-パデュー大学インディアナポリス校）の教育・学習センターは，テクノロジーと補助金支援を組み合わせた興味深いアプローチを採っている。"Jump Start into Online Course Development"と呼ばれるプログラムでは，参加者が，学生の学習改善や自らの時間と資源の効率的利用のために，学習促進のための新しい方法をイメージしコースの再設計ができるよう支援する。参加教員は，オンライン学習への集中オリエンテーションを受け，教授設計及びテクノロジーの知識をもつ担当者と協力してコースの再設計を行い，それぞれの学科や学部に見合った資金配分を受け

ることになる。

コミュニティ形成のためのFD資源の利用

　大規模な研究大学では，教員が専門領域（大学においても他の研究会においても）に没頭しやすく，結果として学内の他分野の教員と接触をほとんどもたない。多くのFDプログラムは学部やカレッジ，スクールを基盤に展開される一方で，中央から提供されるプログラムは関心を共有する教員が専門を越えて集う機会を提供する。学際的なプログラムは，新しい教授法に関心をもつ教員や，例えば教育統計などの同じテーマで専門知識を有する教員を引き寄せることになる。テーマがどのようなものであれ，FDセンターはネットワークの新しい機会を提供し，優れた教育に取り組む教員からなる重要な多数者を生み出すのである（Sorcinelli, 2002）。

　FDセンターは，最良の教師を称え，コミュニティ意識の醸成を支援する手段として，催しを開催することもある。例えば，スタンフォード大学のCTLは，熱意があって有能な，多様な職階からなる研究者・教育者の会合を「教育の式典」（Celebration of Teaching）として年末に開催している。彼らは日頃から教育のマンネリ化を防ぐといったテーマについて話し合っている。また，外国人教員を対象とした夕食会を開催するミシガン大学のCRLTのように，交流を目的とするプログラムを提供するセンターもある。ネットワークが形成できると新天地での生活に快適さが生まれ，そうした快適さは優れた教育の重要な要素であることが多いからである。教育センターのコミュニティ形成の取り組みが教員にとって重要であることは先行研究から明らかになっている（Sorcinelli et al., 2006）。食事の提供はコミュニティ形成の促進に役立ち，食事のケータリングはセンターにとって主要な予算項目となっていることが多い。

教育センターの仕事に研究を利用する

　FDセンターは，変化をもたらす研究志向の手法であるアクションリサーチに取り組むべきである。アクションリサーチは，問題と実現可能性のある解決法の特定，行動計画の選択肢の開発，計画の選択と実施，収集データの解析，計画の評価，データを利用した改善プロセスへの情報提供など，いく

つかの段階を踏むのが一般的である（St. John, McKinney, & Turtle, 2006）。

　FDの取り組みでは，アクションリサーチをカリキュラムの改善や改良に使うことができる。例えば，CRLTは科学分野における学部学生の在籍継続率に寄与する院生講師の役割について研究を行っている。CRLTは，科学専攻学生に関する調査データの分析を通して，カリキュラム改革と院生講師研修の改善を助言し，スタッフを配置することが可能となった（Cook et al, 2007; O'Neal, Cook, Wright, Perorazio, & Purkiss, 2007; Wright, Purkiss, O'Neal, & Cook, 2008）。速報データによれば，この結果，在籍継続率が改善している。

　すべてのFDセンターは可能な範囲において，ニーズ評価とその結果の改善を目指し，またセンター業務にプロ意識を確立するため，データ重視の姿勢を取らなければならない。例えば，スタンフォード大学のCTLは2007年，学内最大学部のTAの学期末の平均評価点が着実に上昇していることを示すデータを全学評議会に提示し，報告書を提出して高い評価を得ることができた。同期間，スタンフォード大学は院生講師に対する研修プログラムへの資金配分を徐々に増やしていたのである。研究大学では，データが大きな説得力をもつ。

各教員による教育活動に関する研究を支援する

　研究大学の教員は，自らの教育活動について研究することに関心を寄せることがある。カーネギー教育振興財団（Carnegie Foundation for the Advancement of Teaching）は，リー・シュルマン（Lee Shulman）名誉理事長の指揮の下，長年にわたって教育と学習に関する学究的活動（SoTL）を推進してきた。SoTLとはある種のアクションリサーチであり，教員が自らの教育活動に関する仮説の検証，結果の考察，同僚との結果の共有，教育の改善を行うことである（Cambridge, 2004）。研究大学のセンターは一般に，コンサルテーションを通した関連文献の紹介，研究活動に必要なスタッフの給与の支払い，SoTL研究者を集めたアイデア共有のためのプログラム，大学のウェブサイト，ニュースレターやFD関連ジャーナルへの紹介を通じた広報などによって，SoTLを支援している。インディアナ大学は，最高35,000ドルのSoTLリーダーシップ資金（Scholarship of Teaching and

Learning Leadership Award）を設けている。この受賞チームから提案されるのは，教授法開発及び教育活動に持続的に影響を与える見込みが高く，学内外でモデルとして利用される可能性のある SoTL に基づく研究活動である。

他機関や外部資源との連携

　一般に，研究大学は同じような大学と協働して活動する。その結果，他の大学で起きることが自大学の課題となることも多い。それゆえ，センターにとってとりわけ重要なのは，同じような大学の活動を自大学で採用するかどうか考えるきっかけにすることである。センター長から構成されるコンソーシアムが発展し，これが仲間の大学の実践を学ぶのに良い方法であることが明らかになっており，センターがほとんどの大学にとって不可欠な存在であり，これは自大学だけの現象ではないと大学経営陣が認識するのに役立っている。

　FD 活動が他国で普及するにつれ，センターが国際的なつながりを築くことも重要になっている。教員が他国のふさわしい相手方と共同研究を行うのと同じく，研究大学のセンターが世界に所在する機関のセンターと一緒に活動することが広く見られるようになってきている（第8章「ファカルティ・ディベロップメントの国際展開」参照）。

　研究大学にとって，外部資金は大切な収入源である。サービス志向の教育センターが労力を費やして申請書を作成し，外部活動に重点を置くことはあまり賢明な資源の利用法ではないかもしれない。しかし，公的な機関や基金（全米科学財団 National Science Foundation など）から資金を得ることで学内におけるセンターの威信が高まるのは確かである。

　ミシガン大学やスタンフォード大学のセンターだけでなく，他の研究大学のセンターも，大学を全国的プロジェクトにつなぐ役割を担うことが多く，それによって教員は新しいトレンドやイノベーションについて知識を深め，大学における教育・学習活動に対して関心や専門知識を向けるようになる。さらにセンタースタッフは，自身の研究に関連した教育事業申請に取り組む教員に，申請書作成や評価の支援を行う。

終わりに

　全国にあるほとんどのセンターが一定の目標を共有しているとはいえるが，機関のタイプによって目標の優先順位には違いがある（Sorcinelli et al., 2006）。研究大学同士には共通点がある一方，研究大学とそれ以外の機関との間には相違点があるのであり，それによって研究大学のセンターには好機がもたらされたり制約が生じたりする。大多数の研究大学に教育開発センターが設置されているという事実は，それらの大学において教育の卓越性に高い関心が向けられていることを示している。センターがその使命，マネジメント，プログラム開発において研究大学の現実と真正面から向き合おうとするとき，センターは教育の卓越性という強力な文化を創出する上で重要な役割を担うことになる。

第11章 小規模カレッジにおける効果的実践

マイケル・レダー

　過去10年で，小規模カレッジにおけるFDプログラムやFDセンターは正式なものとなり，大きく増加してきた（Mooney & Reder, 2008）。認証評価機関や資金提供者からのアカウンタビリティを求める圧力を含め，さまざまな内的・外的な力が高等教育機関に働いたのも，こうした増加につながったのかもしれない。おそらく，教育活動に重点を置く主要な小規模機関のほとんどが，優れた教育を重視していると単に主張するのと，効果的な教育を積極的に支援しているのとは質的に違うと理解するようになっている（Reder & Gallagher, 2007）。カレッジは，学究的活動や創造的活動を公開してきたように，教育実践を向上させるには，教員による教育技術を広く公開することが必要だと次第に気づき始めたのである（Reder, 2007）。シュルマン（Shulman, 1993）の言葉を借りるなら，教員は「教育活動上の孤独」を克服し，自らの教育を「コミュニティの財産」にしなければならないということになる。全国の小規模カレッジは，学習・教育に関する教員用プログラムを開始しているか，またはすでに各機関で始めていたFD活動を正式な活動として認め始めている。1999年に開催されたPODネットワーク大会にごくわずかな小規模カレッジのFD担当者が参加しただけだったところから，2004年にはPODネットワーク小規模カレッジ委員会（POD Network Small College Committee）が設立され，会員数は約250名と4倍以上に増えた。同委員会は，PODの小規模カレッジ委員会の会員が主たる連絡手段として使うSmall College PODリストサーブ（http://oak.conncoll.edu/mailman/listinfo/sc-pod.を参照）など，PODネットワークの資源を用いて，小規模カレッジのFD担当者に支援を提供している。「ファカルティ・ディベロプメント」の見出しで語られるさまざまな活動は，本書で詳しい説明がある

（Chap. 8「プログラムと活動のための実践的な提言」参照〔本書では未訳〕）が，本章は，教員と彼らの教育をめぐって協働することが，小規模カレッジにおけるFD活動の唯一ではないが主要な焦点になるということを前提としている。

小規模カレッジおよびFD活動の定義

　小規模カレッジが「小規模」と呼ばれる理由や，小規模カレッジのFD活動が他と区別される理由は何だろうか。キム・ムーニィと著者（Kim Mooney & Michael Reder, 2008）は，PODネットワークの小規模カレッジグループとともに仕事をする中で，「小規模」を決定づけるリトマス試験はないことに気づいた。FD担当者は，自らのニーズや状況により，自らを「小規模」と伝統的に自分で認識しているだけである（p.159）。著者らはそうした機関の一般的特徴をいくつか明らかにした。

- 学部学生が多い（大学院生がいたとしても少数）
- 機関の使命において教育活動が中心的役割を占める
- 常勤教員が250人未満
- 概して15～30人の学生からなる比較的小規模なクラスで授業を行っている
- 学際的な教育や研究が多く行われている。

　こうした特徴の中で，重要なのは，学部学生を重視する親密な文化であり，特に「教育活動に価値が置かれていること」である（p.160）。
　教員が運営し，学生を中心に位置づけるという特徴的な文化が，小規模カレッジにおける教育開発活動の特質を形成することになる。機関の規模と，そこでFD活動を推進する責任を負った人物の管理上の立場がもつ特性の双方が生み出す状況の中で，FD活動が行われることになり，プログラム設計を首尾よく行う上での効果的な戦略が決定されていく。

　規模が重要：教育する文化の特徴，FD活動の推進と資金配分のための規

模の経済，学内における教育重視のあり方といったことは，機関の規模の影響を受ける。小規模機関における学習・教育文化は，寄宿制のリベラルアーツ・カレッジ，宗教系カレッジ，独立の専門カレッジ（保健，芸術，音楽，科学など）のいずれであっても，大規模大学とはかなり異なる。小規模カレッジにおける教育と研究の性格は多くの大規模大学とは対照をなす。小規模カレッジには，大学院生のTAやRA（リサーチ・アシスタント）がいないため，学部学生はテニュアを得た常勤教員から教育を受けるのがほとんどで，教員は学部学生と研究プロジェクトに取り組むことが多い。そのため，教員の研究活動は学部学生への教育と連携することが多い。また，小規模カレッジの文化は，大半の新任教員が訓練される研究大学とは大きく異なる（Gibson, 1992）。小規模カレッジにとっては，新しい環境下で新任教員が教員生活や教育方法をめぐる特有の要求にうまく対応できるように支援することが，きわめて重要である（Mooney & Reder, 2008; Reder & Gallagher, 2007）。

また，機関の規模はFD担当者の役割にも影響を与える。例えば，寄宿制のリベラルアーツ・カレッジでは教員数が少なく，教員同士が知り合いであることが多い。多様な学部を有し千単位の教員から構成される大規模大学とは異なり，小規模カレッジはFDプログラムを開発する責任者が，学内教員の名前をすべて知っていて，同じ委員会に所属していたり協働プロジェクトに参加していたりして，互いに専門職として関係性を築いていることが珍しくない。本書に収められた各章では，FD担当者が各所属機関での職務に持ち込むことが期待されている幅広い専門知識を明らかにしている。そういった知識が，個人の中に留まっており，またよくあるように小規模カレッジの中に留まっているままだと，FDの職務は気力を挫き，かつ骨の折れるようなものになりかねない。しかしそれはまた，とてもやりがいのある仕事にすることも可能なのである。

地位も重要：責任者の管理上の立場に由来する特性も，小規模機関のFD活動の内容に影響を及ぼす。大多数の小規模カレッジの教育開発担当者にとって，教員向けプログラムの運営は，教育など多くの責任を抱える中でほんの一部分に過ぎない。FD活動の責任者は，組織の中でいくつもの役割を

こなすことが多い。例を挙げると，管理職（学部長，全学プログラムの長，学科長），教員（教師，研究者，委員会委員），評価者（テニュア審査，財政配分に関する決定），メンター（先輩教員，管理者として）などである。このように役割を複数担うことで，プログラムを成功裡に運営するための特別な課題が提起されることになる。

　組織文化とFD運営責任者の地位特性という2つの要素が意味するのは，小規模カレッジのFD活動の「小ささ」は，もっぱら機関規模ではなく，組織面と管理面から見て特殊な状況下でできるだけ効果的なFDプログラムを策定することが関係しているということである。特に資源が限られている場合がほとんどであり，たいていは時間が足りず，資金が限られていることも多い。さらには，それら両方を欠いていることも少なくない。小規模カレッジの使命，学生のタイプ，学生と教員の比率，教育負担，カリキュラムは，機関によって大きく異なる。しかし，小規模カレッジは，特に研究志向の大規模大学と比較した場合，いくつかの特徴を軸に1つの群にまとめることができ，多様ではあるが，同じような性質が強いグループとして概念化することが可能である。「小規模カレッジ」のFD活動は，こうした機関特有の状況で効果的プログラムを策定する際に，FD担当者が用いる一連の技能や戦略によって定義づけられることになる。

指針となる原則

　小規模カレッジが有する文化に限ったことではないが，とりわけ教育活動が中心的役割を担う小規模カレッジにおいてはFDプログラムについて3つの誤解があり，独特な方法でプログラムが展開される結果となっている（Reder, 2007）。その誤解とは，FDプログラムが，(1) 矯正をテーマとしていること，(2) 教育には「1つの正しい方法」があると主張していること，(3) 教員に教育か研究のいずれかを選ぶことを強いていることである。FD担当者は，こうした誤解を直截に解くように自らの職務を注意深く説明し，間違った考えに対処していくことができる。そのために，FDプログラムが(1) 省察的で批判力のある実践者を育成することを目的に，意図的に教育活動を発展させ，(2) 多様な教育スタイルや学際的アプローチを尊重し，(3) 教

育と研究が互いに支え合う文化を醸成するよう努めるものであることを強調しなければならない。

意図的教育と批判的実践の涵養

　教育を重視し，自らを教育重視機関と喧伝する小規模カレッジには，優れた教育が「自然に」生まれ，こうした機関に雇用された教員が「教育を大切にしている」がゆえに上手く教育ができるという思い込みがある（Reder; 2007; Reder & Gallagher, 2007）。それゆえ，教育が必須とされる環境においては，教育効果の向上をめぐる教員の仕事が矯正的なものとみなされがちである。小規模カレッジのFDプログラムでは，意図的で効果的な教育活動に関する教育開発プログラムを策定することで，こうした誤解に素早くかつ明確に対処することがとりわけ重要である。教員は，学究的活動や創造的活動のときと似た視点で，つまり，目的的方法で実行し，一般に公開し，ピア・レビューを受けることで実際に改善していく知的行為として，自らの教育を検討することができるし，またそうすべきである（Shulman, 1999）。教員が学究的活動や創造的活動において批判的実践者であることを求められるのと同じように，教育に重点を置くFD活動も教育に関して同じことをすることが求められているのである。教育について議論し批判的に考えることで，教育活動の改善は，小規模カレッジですでに実践されている多くの優れた教育活動を可視化する公的行為となるといえる。

教育スタイルと教育方法の多様性の重視

　教員数に対する学生数比率が低く，学生が1クラスあたり平均20人未満の小規模カレッジでさえ，たった1つの正しい――つまりは，効果的な――教育方法というものは存在しない。多くの大規模大学に見られがちな大人数の講義式授業に比べれば，キャンパスに広がる文化や期待やクラス規模といったものによって双方向的な授業が志向されてはいるが，小規模カレッジでFDプログラムが効果を上げるには，教育スタイルと教育方法が，教員の経験，個性，アイデンティティによって異なることが認識されていなければならない。さらに，科目がどう教えられるかは，専門領域または学部が有する規範，目標・対象・教育のレベルなど科目自体の性格によっても影響を受け

る。極めて単純に言えば，すべての小規模な科目またはセミナーでさえ同じ目標を有するとは限らないため，教育活動にはさまざまな目標が反映されている必要がある。小規模カレッジでさえ，1年生向けの初年次セミナーは専門分野ごとに異なった方法で教育が行われている。同一分野の初年次セミナーでさえ異なっているかもしれない。それゆえ，FD活動はこうした多様性を念頭に置きつつ，効果的な教育実践の多様性，またコース・デザイン手法の多様性にも注意を払わなければならない。

教育と研究の関係性

　教員が教育者でもあり研究者でもあるとする考え方は，多くの小規模カレッジにおいても受け入れられており，教員はそのどちらにも同等の比重で取り組んでいることが多い。効果的教育と学問研究にはよく似た心性が必要である。分析，統合，創造性といった必須スキルだけでなく，志向性，好奇心，探究，自己省察なども求められる（Reder, 2007）。リベラルアーツにおける教育者と研究者の理想的関係性は，教室だけでなく図書館や実験室にも及ぶ。小規模カレッジの多くの教員にとって，研究は教育のインスピレーションの源泉であるだけでなく，研究がそのまま教育にもなっている。教員が研究を通して学生を教育するのは，多くの小規模カレッジの自然科学系学科では当たり前で，人文科学を含む他の領域では教育と研究の境界も曖昧さを増してきている（Marx, 2005; Zimmer, 2005）。自然科学や心理学の実験室では，学部学生と教員が共同で実験を行い，研究成果を会議で一緒に発表し，専門機関誌に共著者として論文を発表することが多い。教員と学生は，美術や舞台芸術の領域では，物理的に一緒にいるだけでなく，単なる「学生」作品の域を超えて創造的協働や公の場でのパフォーマンスに一緒に携わることになる。社会科学や人文科学の領域では，学部学生と教員が研究や学究的作業に一緒に取り組むケースが増えてきている。そのため，多くの教員にとって研究は，教育活動に知を提供するだけでなく，教育のための道具となっているのであり，翻って教育が研究に知を提供することも可能にしている（Reder, Mooney, Holmgren, & Kuerbis, 2009; Zimmer, 2007）。

小規模カレッジの FD モデル

多面的な FD プログラムを行う大規模な教育機関は，常勤の責任者を雇用し，副責任者のような管理業務補佐を置くとともに，大学院生と協働する専門家や特定領域の専門家，インストラクショナル・デザイナーやコンサルタントを置くのが一般的である。その組織構造は，安定し，独立し，自律的である。そこでのプログラムは，独自の予算，物理的スペース，人事系統を有している。小規模校におけるプログラムの管理モデルは，もっと簡素だがほとんどの大規模機関が直面しない問題を提起している。

管理構造の課題

小規模カレッジの FD 活動が直面する管理上の重大な 2 つの問題は，教員の当事者意識の育成とリーダーシップの継続性の確保である。

教員の当事者意識：小規模カレッジの教員は，自分のことを自分で決めるだけでなく，機関のことの多くを管理することに慣れているため，教員の当事者意識が重要である。大規模大学に比べ，教員は学生への助言からテクノロジー，予算・管理から計画・資金調達まで大学運営のすべての面に関わっていることが多い。このような機関では，管理当局と教員との境界は大規模大学ほど明確ではない。教員は同僚である教員同士で働くのには慣れているが，「外部」の（教員ではない）専門家から指示を仰ぐことは苦手であることが多い。例えば，実際に学生を教育していないインストラクショナル・デザイナーから助言を受けることは好まないかもしれない。そのため，小規模カレッジで，教員でない者が教員向けのプログラム策定を指揮することはまずない。

リーダーシップの継続性：教員の当事者意識とリーダーシップにとっては，継続性が課題である。FD 活動のリーダーに選ばれた教員は，教育・学習がそれ自体 1 つの専門領域であり，効果的なプログラムを作成したり指揮したりするのは非常に難しいことだとすぐに気付くものである。継続性をめぐる

課題は，教員のサバティカルやキャリアパスにおける当然の周期から生起するだけでなく，名のあるリーダー的存在であり有能な教育者でもある教員を，こうしたプログラムの運営のために教室から引っ張り出すというやや皮肉な措置を取ることでも生じる。教員の当事者意識とリーダーシップにおける継続性は両立が困難であるため，小規模カレッジにおけるFDの管理構造は重要課題となるのである。

管理モデルのタイプ

あるスクールがFD活動の管理構造とプログラムを設計するにあたってどのような選択を行うかは，プログラムの使命と目標に大きく左右される（Reder et al., 2009）。とはいえ，小規模カレッジに特有の課題が存在することは，効果的なFD活動を行うためには特定の管理モデルと戦略が必要となることを示している。小規模カレッジでFDプログラムの運営を行う管理モデルには，(1) 教員の委員会，(2) 学部長の職務の一部に位置づける，(3) 多くは非常勤である交代制の兼任責任者，(4) 専任責任者をトップとするセンターもしくはプログラム，という4つの共通モデルがある。どのモデルもそれ特有の長所と特定の課題を抱えている。

教員の委員会：既存プログラムがない機関でFDプログラムを構築しようとする場合，委員会がこの責任を担うようにすると非常に容易に進められる。こうしたモデルの利点は，教員の明確な当事者意識が得られ，目標や優先事項の決定にあたって多様な教員から定期的に情報が提供され，立ち上げ費用が最低限で済むことである。もう1つの利点は，既存の管理構造の中で機能する委員会は，当局からも支援を得られやすいことである。管理者1人で運営するプログラムよりも効果的に資金と認知を集めることができるからである（第4章「ファカルティ・ディベロップメント委員会との協働」参照）。

しかし，交代制の委員で構成されリーダーシップの継続性を欠く正規の委員会だけに頼ることには不利な点もある。何よりもまず，交代制の委員長では，FD委員会の経験があっても，包括的で効果的なFDプログラムを運営するのに必要な知識と経験を集積できる可能性が小さい。委員長に熱意があっても，他に優先しなければならない役割（教育，研究，その他の業務）

があるのが普通である。結局，時間が最大の課題となる。プログラムを成功に導くのには時間とエネルギーが必要になるだけでなく，コース設計の理解，効果的なワークショップの実施，教員との議論，包括的なプログラム提供など，FDを1つの専門領域として学ぶのにも時間がかかるのである。

　たとえ委員長や委員の教育負担が減らされたとしても，効果的な教育，学生の学習，教育開発について増え続ける一方の研究成果を理解するのは容易でない。委員会の仕事が輪番制となると，こうしたことを学ぶことは一層難しさを増す。他の教育機関でFD担当者と仕事をした十数年の間に，教員向けプログラムの運営担当であった教員が，「仕事のコツがわかってきた頃，任期が終わる」と嘆くのを聞いたことは一度ではない。始まって間もないFDプログラムが委員会のリーダーシップでは前に進まないと言っているわけではない。むしろ，委員会ができることにはそもそも限界があることを認識しなければならないということだ。カレッジが教育を真剣に考えるのならば，教員が委員会の日常業務に費やす時間以上に，教育事業に真の資源を投入していかなければならない（Reder & Gallagher, 2007）。

　学部長の職務：小規模カレッジの中には，FDプログラムの責任が，学部長または副学部長の職務の一部になっているところがある。このモデルの利点は，当局から明確で直接的な支援を受けることができ，FD活動が，教育機関が直接かつ目に見える形で取り組む優先事項になることである。ただし，それはカレッジ全体の教育活動のリーダーシップに責任を負う部署が熱心に取り組んだ場合に限る。加えて，教員と良好な関係を築いている学部長は，特に教員助言会議や委員会と連携しつつ，教員の間に強い当事者意識を育てることができる。

　しかし，学部長室がFDプログラムを運営する場合，不利な点もある。第1は，学部長の所掌業務が幅広く多様であり，毎日急な仕事が入るため長期的な優先事項が圧迫されてしまうことである。そして，強力なFDプログラムを構築し維持しようとする試みは，現行の人事・人員配置に関する問題，短期的な諸活動，目に見えて急を要する事柄等に圧迫され，あっという間に二の次に追いやられてしまう。第2には，プログラムを成功させるスキルを有した熱心な学部長であっても，学部長の職は交代制で変わっていくという

ことである。学部長が代わると，人事だけではなく優先事項も影響を受ける。ある小規模なリベラルアーツ・カレッジでは，副学部長が内容のしっかりしたFDプログラムを運営していたが，新しい学部長は新しい副学部長を就任させ，FDを運営してきた人物を交替させただけでなく，優先事項を教育から研究へと転換し，FD関連の活動を事実上一晩のうちに排除したという例がある。最後に，教育改善をテーマにしたプログラムの多くは，教員が授業での成功例や失敗例を話し合う「安全な空間」を必要とする。もしそのプログラムを評価，昇進，テニュアに責任を負う部署が運営する場合，特にテニュア取得前の教員が関わるとなると，こうした空間を作ることは難しい。

交代制の兼任責任者：FD活動のプログラム作成を管理する別のモデルとしては，一定期間，兼任責任者が一義的な責任を担うというものがある。FD活動の責任者の任期は一般に1〜3年程度で，その教員は報酬の割増しに加え，担当コースを減らしてもらうのが普通である。こうした交代制の責任者は専任教員から選ばれ，任務終了後はまた元の立場に戻るため，学生指導，委員会業務，その他の役職など責任者以外の所掌業務の多くを担当し続けていることが多い。また，専門領域に焦点化した研究活動も持続させておくことも必要になる。そのため，交代制の兼任責任者は実際，非常勤教員が務めることも多い。責任者としての任務を果たすよう選ばれた教員は，現在抱える業務と新しい責任の2つの仕事についてバランスを取れるようになる必要がある。

このモデルは，FD活動が一個人の一義的な責任になるという点で，委員会モデルに比べて利点がある。しかし，前述のとおりFDという専門領域を限られた任期内に学ばなければならないという点ではやはり欠点でもある。さらに，ただ一人の，時としてカリスマ性を帯びた人物がFDと関わることで，結果として「FD」という語がそのリーダー的教員と同一化してしまう危険性がある。したがって，当の人物が離職すると，ふさわしい後継者が見つからずにプログラムは衰退してしまう。

専任責任者：小規模カレッジでのFD活動を運営する最後のモデルは，専任職として継続的に責任を果たす人物である。この手法は，かつては珍し

かったが，小規模カレッジが強力な FD プログラム運営による恩恵を認識し，当該プログラムの策定に適切な資金を充当するようになったため，現在は人気が増している。このモデルによって継続性と安定性が担保され，責任者は教員のニーズを知り教育・学習に関する研究と FD 分野に精通することができる。このモデルを採用すると，FD にかなりの資源を投入することが必要になり，教員，学生，卒業生，その他の利益関係者に対して，組織を挙げて教育を重視しているというシグナルを送ることになる。

　こうした責任者は，教育機関の内外から，テニュアを獲得している教員になってもらうか，テニュアを得ていない教員を雇い入れるかのどちらかである。教員の間で有名で尊敬され，教育経験豊かな責任者の存在は，この地位に知識と信用という強力な基盤を持ち込むことになる。何年もの間，小規模カレッジは FD のリーダーを学外で探すことはしてこなかったが，近年 FD 分野の専門性に対する意識が高まるにつれ，小規模カレッジは責任者を全国から求めるようになった。適任者をどこで見つけようと，責任者には授業経験があり，少なくとも 1 年に 1 科目を担当することが重要である（Reder et al., 2009）。

　また，継続性のある専任責任者が有するもう 1 つの利点は，当該責任者が機関における教育活動の唱導者となることで，教育・学習の向上が各教員にとっての主要な課題となることである。教員の教育活動を支援することで学生の学習を向上させること，つまり学部の枠を越えてカレッジの使命の核心に迫る問題を考えるのが責任者の仕事である。機関に FD の「顔」とみなされる人物が存在するがゆえに，このモデルでは，プログラムを最新で関連性の高いものにし続けることに加え，教員の当事者意識をいかに持続させるかも課題となる。プログラムに参加した交代制の「学内協力教員」の力を借り，強力な教員助言委員会を設置して，さまざまな教員からの情報提供や参加を通して特定プログラムへの地道な支援を獲得することで，プログラムはこうした課題に対処していくことができる（Reder & Gallagher; 2007; Reder et al., 2009）。

スペースと予算

　スペースは重要だろうか。予算は重要だろうか。新しい FD プログラムや

教育・学習センターの話になるたびに，物理的スペースと適正な予算の問題が持ち上がる。どちらの問題に対しても「場合による」というのが一般的な答えである。スペースは重要だが，小規模カレッジの場合，強力なプログラムほどには重要でない。多くの小規模カレッジのプログラム責任者の相談役を務めるピーター・フレデリック（Peter Frederick）がよく指摘するのは，FDプログラムが，実際上もプログラム上も，さまざまな小規模カレッジにおいて，例えば初年次セミナープログラム，情報リテラシー活動，ライティングセンターのようにすでに実践されている教育・学習に焦点化した教員活動にとって「隠喩的なセンター」の働きをしているということである（Frederick, 2007; Mooney & Reder, 2008; Reder et al., 2009）。物理的スペースを有することは，得なこと（キャンパスの中心に広がる魅力的なスペース）もあれば，損なこと（キャンパスの外れの手入れの行き届かない建物）もある。最も重要なのは，そういったスペースがプログラム策定を向上させ，学内で取り組みのプレゼンスを高めることができるか否かという点である（Reder et al., 2009）。

　十分な予算を投じて教員用の教育・学習プログラムを策定し実施することに時間を割ける責任者を準備することは，カレッジが教育改善に取り組んでいるのを示す明白な証左となる。潤沢な予算があるに越したことはないが，カレッジが教育・学習活動に費やす時間，つまりは教員の時間ほどには重要でない。予算はイベント用に食事を十分なだけ提供でき，プログラムを運営するのに必要な書籍や物品が購入でき，責任者が会議に出席して専門性を高めることができる額が担保されていれば十分である。何より，効果的なFDの機会を開発し計画し実行するのに，そして資金を戦略的に用いることに時間がかかるのである。言い換えれば，大型予算が充てられ担当コースが1つだけに免除された責任者のいるFDプログラムよりも，予算が少なくても企画にもっと時間を投入できる責任者のいるFDプログラムの方がずっと活気があり効果的である。イベントに対する需要が高まるのに合わせて，プログラム予算とイベントを運営するのに必要な時間の両方を増やしていくべきである。

機関独自の文化

　機関独自の文化はすべての教育機関にとって考慮すべき重要な点であり，学術機関として親密な雰囲気や教員数の少なさがはっきりと特有の規範を作り出している小規模カレッジにおいては，とりわけそうである。ある小規模カレッジでうまくいったことが，よく似たカレッジではうまくいかないことがある。しかし，本章で述べた考えや戦略は，特定機関の伝統，ニーズ，優先事項に沿って変更しても，たいていは当てはまることが明らかとなっている（Capt.7「プログラムの促進と組織内での定着」参照〔本書では未訳〕）。

FDが成功するための実際的戦略

　著者ら（Reder et al., 2009）は，前述のように，小規模機関におけるFDプログラムを開始し，構築し，維持するための13の原則を提示した（Sorcinelli, 2002, および第3章「教育開発プログラムの開始」参照）。こうした諸原則は相互に情報を提供し合い支え合うものになっているが，著者は，それらを統合して（a）プログラムの構築，（b）教員の当事者意識の確保，（c）卓越性と有効性をもたらすプログラムの策定という，FD活動を成功に導く3つの戦略または目標にまとめた。本章の最後では，小規模カレッジに特に関係のある評価戦略についても簡潔に述べたい。

プログラムの構築

　活力があり効果的なプログラムを構築する鍵は，小さく始めて注意深く育てることである。とにかく1つプログラムを開始し成功させるのが一番良い。そうすると次のプログラムを求める教員の声は自然に大きくなる。立ちあがって間もないセンターやプログラムの場合，新任教員向けの1年間にわたるプログラムから始めてみるよう勧めることが多い（Mooney & Reder, 2008; Reder et al., 2009; D'Avanzo, 2009）。こうしたプログラムは，当該機関において教育活動が支援され尊重されているという明確なメッセージを送ることになるからである。数年経つと，そのプログラムはカレッジの教育の文化を変えていくだろう（Reder & Gallagher, 2007）。また，キャリアの浅

い教員用のプログラムを策定することは，センターが他のプログラムを策定するための利用者の基盤を作ることにもつながる。

　プログラムを拡大していく場合は，注意深く慎重でなければならない。また，プログラムが有する資源や能力以上の内容を提供しないようにする必要がある。2つ目のプログラムに適しているのは，教育をテーマとしたディスカッションやワークショップに参加を望む幅広い層の教員の関心に訴えるプログラムである。そうした内容のプログラムは，テーマに興味があれば参加できる「不定期プログラム」や，選抜された教員グループが学期または学年にわたって顔を合わせる長期セミナーといった形態を取る。そうしたプログラムのよい例としては，セントローレンス大学の「コミュニケーション講座」(Oral Communication Institute, Mooney, Fordham, & Lehr, 2005)，アレゲニー・カレッジの「教える仲間たち」(Teaching Partners, Holmgren, 2005)，セント・オラフ・カレッジの教育と学習に関する学究的活動（SoTL, Peters, Schodt, & Walczak, 2008)，コネチカット・カレッジの「教育を語るランチタイムシリーズ」(http://ctl.conncoll.edu/programs.html#talking)，マカレスター・カレッジの中堅教員向けセミナー（http://www.macalester.edu/cst/Mid%20Career%20Seminar/Index.htm)，ファーマン大学におけるコース統合の'Nexia'コンセプト（Love, 2008）などがある。多様性のある2つのプログラム，つまり新任教員向けのプログラムと，多様なユーザーの興味を引くプログラムが成功すると，総合的なFDプログラムを成功に導くための基盤が出来上がる。

教員の当事者意識の確保

　教員の当事者意識を確保する1つの方法は，関係者，なかでも教員からの助言を仰ぐことである。プログラム策定の相談役として，さらにはプログラムやセンターの擁護者として機能する助言委員会の設立を求めてもよい。さまざまな専門領域と段階のキャリアパスにいる教員から助言委員会のメンバーを選び，その中で最も尊敬を集める教員を選び出すとよい。プログラム策定のためには，組織の人材に注目し利用することをお勧めする。小規模カレッジでも素晴らしい教育がたくさん行われており，その模範的な教育実践を広めるのがFD担当者の仕事の1つである。同僚教員は所属大学の学生の

ことを一番よく知っているのであり，彼ら・彼女らの意図的で効果的な教育に対する洞察はそれだけ重要で貴重なものになる。また，教員同士は互いによく知っていて，他の教員が教室でどのような実践をしているのか関心を抱いているものである。教員のニーズと優先事項を注意深く評価し，教員がプログラム策定を具体化し，貢献できるようにすることで，教員が教育・学習プログラムを自分たちのものだと感じ，今後も継続的な参加を通してプログラムを支援してくれるだろう。

卓越性と有効性の涵養

　FD担当者がプログラム策定を行うことで，教員は効果的で意図的な教育活動について話し合う機会が得られる。最も尊敬を受けている教員を巻き込むようあらゆる努力を払わなければならない。こうした教員とは，単なる「良い教師」ではなく，教育，研究，リーダーシップ，サービスでの活躍で知られた最良教員のことである。FD担当者が策定するプログラムに対して関心と参加を獲得する方法は，選抜された教員グループと企画を共有し，正式に発表する前に彼らの意見をふまえておくことである。また，特定の教員をディスカッションやイベントの「討論者」や「メインゲスト」として招待することもできる。多様な教員や，時に管理職や職員がすでに次回のプログラムに参加しようとしていることを宣伝すると，プログラムの魅力が増す。宣伝された参加者グループが多彩（専門領域，ジェンダー，教育手法，キャリア・ステージなど）だと，関心を抱く者の幅が広がり，その人数も増える可能性がある。

　幅広く多様な内容を提供することが，FD担当者の企画するプログラムの関連性と有用性を決める鍵となる。すでにFDの機会を提供している学内の他組織と協働し，それを通してFD担当者のプログラムが，教員たちが教育活動について語る会話の「中心」に位置づくようにすることが重要である（Frederick, 2007; Reder et al., 2009）。プログラムの細かい部分が実は重要である。食事や環境の質はすべて，そこで交わされる会話や行われる作業が重要なものであること，教員による参加に価値が置かれていることをメッセージとして発信しているのである。

活動の評価

プログラムの活動評価は，プログラムを策定し，教員の卓越性を涵養し，プログラムの効果を確保する上で不可欠な要素である。大規模な評価プロジェクトの実施や，教育と学習に関する研究に基づく学究的活動は，一人で行う仕事の範囲を超えているので，プログラムの正確な実施記録を保管し，参加者から情報を収集することが小規模カレッジの FD プログラムの成功と成長の鍵を握る（小規模カレッジの FD プログラムのための基本的評価戦略に関する詳細は，Reder, 2009を参照のこと）。

記録をつけることは重要だが，統計では全体像は明らかにならないということも忘れてはいけない。特に教員数が少ない場合，参加者数が少なくぱっとしない——割合からいえばそうでもないのだが——傾向がある。「数を頼りに生きる者は数によって死ぬ」という言葉は，心にとどめておいていい言葉だ。合評会への教員参加者数が30％増加したのは素晴らしいことだが，それは持続可能だろうか。ランチタイムの教育討論会への平均参加者数が18人？ それは素晴らしいことだが，次の学期で減ったらどうなるだろう。そのことは何を意味するだろうか。純粋に数値に基づくこうした質問への答えは不明瞭である。しかし数量データには限界があるが，教員の参加こそがやはり重要である。教員がイベントに参加しないと，イベントを通して教育を向上させることもできないし，プログラムが目的を達成するのが難しくなってしまう。

さらに著者の経験からすると，数字よりも，教員が FD 活動をめぐる自らの経験を語ったり，プログラムが自らの教員生活に与えた影響について語ったりすることのほうが関心を集める。特にプログラムやセンターの最初の1年は，この種の証拠を集めることが重要である。評価は不完全だが不可欠だということを忘れてはならない（第6章「ファカルティ・ディベロップメントのプログラム評価」参照）。

終わりに

ソルチネッリ，オースティン，エディとビーチ（Sorcinelli, Austin, Eddy,

and Beach, 2006）は，FDをめぐるさまざまな問題をまとめて取り上げている。このうち，小規模カレッジの教育・学習活動においてテクノロジーが果たす特殊な役割，および教授職の性格の変化という2つの問題が，小規模カレッジのFDプログラムにとっては重要である（Mooney & Reder, 2008）。さらに，特に小規模リベラルアーツ・カレッジは，学生の学習に関してFD担当者が集めた膨大な量のデータ（評価データ）を受け取り，それを解析し学生の学習を直接向上させる取り組みを始めるよう求められている。学生の学習の向上は，いかなる小規模カレッジにとってもFDプログラムの使命の中核をなすテーマである。リベラル教育に関するワバッシュ全国調査（Wabash National Study of Liberal Arts Education[1]）の予備結果によれば，教員の教育実践は，リベラルアーツ教育の到達目標に直接的な影響を与えるという。すなわち，学生の能力開発に対する教員の関心や高度な課題設定等を含む教育の全体的な質は，モチベーション，多様性や変化への寛容な態度，批判的思考と道徳的推論，リテラシーに対する態度，アーツと自然科学に貢献する意欲といった領域における学生の成長と正の相関がある（Reder, 2007; Wabash National Study of Liberal Arts Education）。教育は真に重要な事柄である。教員向け教育・学習プログラムが盛況を示していることは，小規模カレッジが，学内の良質な教育を公開し，学生の学習を向上させるべく教員の教育活動を支援することで，自らの使命に真剣に取り組んでいることを示しているのである。

訳注 [1] ワバッシュ・カレッジの探究センター（Center of Inquiry）が2006年から2009年にかけて，リベラル教育の効果と影響を与える要素について行った全国調査。

第12章 大学院生および専門職大学院の学生の能力開発プログラム

ローラ・L・B・ボーダー,
リンダ・M・フォン・ヘーネ

　大学院生・専門職大学院生は，大学院在籍中に教育に関する仕事をする場合や，将来大学教員を目指す場合，求められる知識や技術を大学院在籍中に身につける必要がある。以前は，教育に関する仕事をこなすことで，効果的な教授法を学習する十分な訓練を受けたとみなされ，大学教員ポストにつくことができた。しかし，主要な研究大学がこれまで25年の間に，大学院生・専門職大学院の学生能力開発（Graduate and Professional Student Development: GPSD）プログラムの開発を重ねた結果，授業，研究活動，教育サービス，専門能力の開発に的を絞った効果的な支援システムによって，大学院生が所要の技術と知識を習得することができると証明されている。大学院生を支援するプログラムが研究大学で普及するに従い，大学院生・専門職大学院の学生（Graduate and Professional Student: GPS）向けのプログラム開発者は，研究を重ね，この分野の専門誌などを発行するようになっている。本章では，以下に挙げる GPSD の5分野について解説する。

1. GPSD の発展
2. プログラムの種類
3. 大学院生が博士課程において習得すべき知識・技術
4. GPSD 担当者に求められる知識・技術
5. 大学院生の能力，GPSD プログラム，GPSD 担当者の評価

GPSDの発展

　第2次大戦後，復員兵援護法（GI Bill）の下で，大学・大学院への進学者が急増した。同時期に，大学は研究活動の拡充を始め，大学院生がティーチング・アシスタント（TA）や講師として雇用される機会が広がった。1960年代には公民権法の成立で進学者の動向がさらに変化する。1970年代までには，これらの要因が重なって，TAの活用が拡大した。とりわけ，外国語，英語，スピーチ，化学などの分野では，実験，朗読，入門講座の一部などでTAへの依存度が高まった。70年代の学生紛争の結果，カリキュラムだけではなく，教員やTAに対する評価方法にも変化が見られるようになった（Border, 2006）。

　1980年代半ばまでには，いくつかの研究大学で，大学院生に教育経験を持たせることで，将来の大学教員として訓練するプログラムが始まった。コロラド大学ボルダー校で1985年にスタートした院生講師プログラム（Graduate Teacher Program）などがその例である。また，1985年には，PODネットワークの年次大会で，TAの訓練に関心を持つ参加者が会合を開き，この際に出されたアイデアが，1986年にオハイオ州立大学で開催されたTAの訓練・雇用に関する初の全国会議につながることになった。同会議には，多くの大学院研究科長を含む，およそ300人が参加し，これを皮切りに，ピュー・チャリタブル・トラスト（Pew Charitable Trusts）の資金援助の下で関連会議が5回開催された。ピュー・チャリタブル・トラストは，将来，大学院生がTA，大学教員としてだけではなく，官・民・非営利分野のリーダーとして活躍するための育成支援活動をアメリカ内外で進めた。これらの会議の公表議事録（Chism, 1987; Lewis, 1993; Nyquist, Abbott, Wulff, & Sprague, 1991）は，この分野の研究の基礎的資料になっている。1993年には，ドイツで大学教育の改善をテーマとする国際会議が開催され，ゴールドシュミット（Goldschmid, 1993）が，博士課程の学生に対して，大学教授職に向けた訓練だけではなく，さまざまな分野における指導的なポジションや管理職などに向けての訓練をも行う必要性を強調し，「将来の成長，発展，順応力」に必要な条件として，「忍耐，指導力，活力，効率性，エネルギー，

独立心，自信，社会性，社会との統一感，柔軟性」を挙げた（p.533）。

　1995年までには，大学院協会（Council of Graduate Schools: CGS）とアメリカカレッジ・大学協会（AAC&U）がピュー・チャリタブル・トラストから資金援助を得て，大学教員準備（PFF）プログラムのための助成金制度を始めた。さらに，2000年までに，全米科学財団（NSF）とアトランティック・フィランソロピー（Atlantic Philanthropies）からも資金援助が得られ，特定分野におけるテーマが助成金の対象になった。PFFプロジェクトには，295の単科大学・総合大学が参加する76のテーマが含まれた。このプログラムは成功とみなされ，CGSは現在もPFFのウェブサイトを運営している。2000年には，PODネットワークがTA能力開発に関する小委員会を設置した。これは，大学院生・専門職大学院生の能力開発に関する問題がPODの年次大会やPODの刊行物で取り上げられるようにすることを目的としたものである。ワシントン大学で始まった「博士課程再構想プロジェクト」（Re-envisioning the Ph. D. Project）では，大学院生の教育に関する問題が優先的に取り上げられ，大学院生の教育に際して，大学教授職にむけての準備ととらえる従来の枠組みを超え，財界，政界，産業界のリーダーを育てる意識を持つことの必要性が強調された（Nyquist & Woodford, 2000）。PODは，2003年に，TA小委員会を常設の正規委員会に格上げした。また，同じ年に，「博士課程におけるカーネギーイニシアチブ」（Carnegie Initiative on the Doctorate）が化学，教育分野におけるプロジェクトに資金援助を行い，各学部の（再編されたものを含む）博士課程の中からモデルコースを選んで大学院生の専門能力開発を目指した。その後，2003年にはNSFが，科学・技術・工学・数学（STEM）の分野における大学教員養成に対して支援を行うことを決定し，STEM分野の教授法改善を目指すウィスコンシン大学マジソン校の研究・教育・学習統合センター（Center for the Integration of Research, Teaching & Learning, 2008）とワシントン大学の工学教育推進センター（Center for the Advancement of Engineering Education：CAEE, 2008）に資金援助を行った。2004年には，PODネットワークのTA開発委員会が大学院学生・専門職大学院学生開発委員会に改称された。委員会の名称に，キャリア開発に関する新たな流れを反映させ，さまざまなキャリアへの準備段階としての教授法習得を引き続き強調するための名称変更であった。

ウッドロウ・ウィルソン財団（Woodrow Wilson Foundation）の「ニーズに応じた博士学位プロジェクト」（Responsive Ph. D. Project）では，2005年まで，大学院生を対象として，さまざまな役割を担うための適切な準備が提供され，注目されるプログラムを印刷物やオンラインで紹介する活動が行われた。

1990年代末には，ニュー・フォーラム・プレス（New Forums Press）がTAの育成に関する専門誌 *Journal of TA Development* をスタートさせた。計10号が好評のうちに刊行された後，同誌は，GPSD分野のプログラム，研究，活動をより広範に対象とするため，*Studies in Graduate and Professional Student Development* に改称された。第11号は2008年にこの新名称で刊行されている（Border, 2008）。2009年には，PODコア委員会が大学院学生・専門職大学院学生開発委員会の名称を大学院・専門職大学院学生開発委員会（Graduate and Professional Student Development Committee）に改めることを承認した。さまざまな大学やカレッジの大学院生と専門職大学院の学生が大学教授職につくための準備を行う，との趣旨をより正確に反映させることが改称の目的であった。

GPSDプログラムの種類

TAプログラム

大学院生プログラムが急激な変化と発展を遂げた時期，ランベルトとタイス（Lambert and Tice, 1993）はアメリカ高等教育学会（American Association for Higher Education: AAHE）の支援を受けて実施した調査に寄せられた107の回答に基づき，大学が実施するTAプログラムや学部別TAプログラムの一覧を作成した。当時，大学で実施されるプログラムは，大部分が教育・学習センターの管理下にあったが，コロラド大学ボルダー校，シラキュース大学，カリフォルニア大学バークレー校のセンターは大学院に直接報告するようになっていた。そのため，カレッジや総合大学レベルにおける教授法の学習は，大学院教育に属するべきとの認識が生まれた。ランベルトとタイスは約20の大学実施プログラムとほぼ同数の学部主体のプログラムの

詳細を記載している。

　TA 訓練プログラムは，大学院生が教える準備をするための現職研修プログラムとして機能していたが，すぐに院生を将来の大学教員としてとらえるようになった。こうした変化はマリンコビッチ，プロストコ，スタウト（Marincovich, Prostko, and Stout, 1998）が一部文書化し，それは当時のTA 開発分野を概観する優れた記録になっている。

　こうした初期のプログラムは，GPSD プログラムの礎となり，その延長線上に今日の姿がある。大学実施プログラムと学部のプログラムの両方で，指導に関するワークショップ・セミナー・コースが開講され，内容としては，教授法，成績評価，省察や認知科学に基づいた学習スタイルに関する内容，コースやシラバス作り入門，教授と連携するか，登録教員[1]（instructor of record）としての授業実践，留学生に対しては英語による会話，異文化理解，アメリカの教室における多様性問題，教育についての相談や教員による授業観察をふまえた相談，教育機関独自に開発した教材の作成と使用などがそうである。

大学教員準備（PFF）プログラム

　全国に広がる PFF プロジェクトは，ピュー・チャリタブル・トラストが大学院協会とアメリカカレッジ・大学協会（AAC&U）に資金を提供して始まり（Gaff, Pruitt-Logan, Sims, & Denecke, 2003），1つの教育機関の範囲を超えた視野で，大学院生のための大学教員準備プログラムを広めたものである。PFF では，大学院生が典型的な研究大学だけでなく，他の高等教育機関についても知るチャンスを与えることによって，リベラルアーツ・カレッジ，コミュニティカレッジ，専門カレッジなどに研鑽を積んだ教員を送り込むことを期待している。典型的な PFF プロジェクトでは，さまざまな高等教育機関から教員を集め，大学院生をどのように育成・支援すると，将来，教員としての仕事上の責任を果たすことができるようになるかを議論する。また，この準備作業が将来の教員が果たす役割と結びつかなければならない。PFF プロジェクトでは，提携大学への訪問，地元大学または提携大

訳注　[1]　成績評価に責任を持つ教員。

学の教員によるメンター制度，所属大学と提携大学の双方に利益をもたらす教育プロジェクトなどを通して，大学院生がさまざまな高等教育機関のキャンパスや教室，文化などに広く触れるよう奨励する。

専門職開発プログラム

　大学院生への支援が充実してくると，学術論文の作成など，個々の大学院生の学者として必要な能力を向上させるプログラムが提供されるようになった。大学院の上級生が教育に関するコンサルタントの任が果たせるよう訓練するプログラムや，大学院生を指導するメンターとしての教員の技能を向上させるプログラムもある。多くは大学教授法履修証明を発行している。大学におけるリーダーシップ養成プログラムを開発する大学もあれば，修士・博士課程の学生を大学教授職以外のキャリアに移行させる支援を行うキャリア開発プログラムを作成する大学もある。学士課程教育の向上に関する一般的な教育問題に対応するため，授業研究や教育研究に焦点を絞ったプログラムを導入したところもある。現在は，さまざまな専門職開発についての検討が行われている。

　大学院生のためのライティング・プログラム：大学院生は学位の取得過程で助成金獲得のための文書作成，学会発表資料やポスターの準備，論文の作成，修士論文や博士論文の執筆などさまざまな文書作成を行うが，中には初めて作成するタイプの文書が含まれる。論文作成の訓練は，大学院生や専門職学生の開発を担当するオフィスの責任とは限らないが，論文作成について書かれてきた多くの文献を基に，ワークショップやコースが提供されている。大学院生の開発を専門的に担当している者は，最低でも，論文執筆についてカリフォルニア大学バークレー校のソラッコ（Soracco, 2008）が編纂した初心者のための文献目録のような目録の提供を検討するべきである。大学院生は全員，文章が上手でなければならない。また，指導する立場の大学院生は，学士課程の学生が効果的に文章を書けるよう支援できなければならない。そのため，大半のプログラムは，効果的な学術的主張の方法，カリキュラムの枠を超えた文書作成，文章の採点，学位論文の執筆，学問分野による文書作成などに関するワークショップやコースにより，学術文書作成能力開発に

何らかの方法で取り組む。その他に，文章作成の新しい分野を扱ったプログラムには，スタンフォード大学による大学院生が一般読者向けの文章を書けるようになるための綿密なプログラム，カリフォルニア大学バークレー校大学院アカデミックサービス部による大学院生の学術文書作成に関するニーズに特化したライティング・プログラムなどがある。

メンター・プログラム：教員は担当の大学院生のメンターとなるよう期待されている。教育機関の中には教員のメンターとしての技能を向上させる開発プログラムを提供するところも現れた。例えば，カリフォルニア大学バークレー校のGSI（大学院生講師）教育・資源センター（Graduate Student Instructor Teaching and Resource Center）は，教員向けに年1回のセミナーを開催し，大学院生と専門職大学院の学生に対する指導・助言を行うのに必要な技能を開発するのを助けている（von Hoene & Minrz, 2002）。教員はこのセミナーで，大学院生への指導・助言に関する大学の方針によって明確に規定されている責任を果たすよう支援を受ける。エール大学やウィスコンシン大学などでも類似のセミナーを計画中である。

修了認定プログラム：アメリカとカナダにおいて大学院生・専門職大学院の学生開発を行う約45のプログラムでは，カレッジの教育に関する修了認定を行っている（von Hoene, 2009）。認定はセンターで提供されるプログラムに合わせて行われる傾向がある。例えば，主に教室での授業，学習と活動に焦点を絞った認定証，教員が必要とする幅広い能力に関する上級認定，キャリアサービスオフィスとともに発行する大学外の仕事に就くための専門職開発認定などがある。

リーダーシップ・プログラム：コロラド大学の大学院生講師指導ネットワーク（Lead Graduate Teacher Network）は，授業についての相談のための訓練を超えて，専門分野や高等教育機関において学術的リーダーシップが発揮できるよう，毎年50名の大学院生を指導する。こうした大学院生は，ネットワークのスタッフと所属学部のメンターである教員の監督の下，相談の計画作成，ワークショップの設営，伝統のあるプロジェクトを「率先」し

て実行する。

大学教授職以外のキャリア支援プログラム：ネブラスカ大学とコロラド大学ボルダー校の GPSD 担当者は，各大学のキャリア支援プログラムと連携を取り，大学院生とポスト・ドクトラルフェローの両方に追加的かつ集中的キャリア支援を行っている。こうしたプログラムの目標は，学位取得者が想定していないキャリアの選択肢を提供することである。キャリア支援センターは，企業，政府，研究者集団と連携してインターンシップの機会を設け，大学院生はビジネス，政府，産業，非営利分野といった多様な労働環境で，新しい技能を実際に使ってみたり学んだりする（Bellows, 2008）。

授業・教育研究プログラム：カリフォルニア大学バークレー校で行われた学習評価技術研究（Angelo & Cross, 1993），学究的活動（scholarship）に関するボイヤーのモデル（Boyer, 1990），エリック・マズール（Mazur, 1997）が開発しハーバード大学で提供した省察的教育実践を中心とした大学院生の開発プログラムのモデル，教育と学習に関する学究的活動（SoTL），また，最近の研究としての教育の考えなどに基づき，これらを統合した考えとモデルを持つ教育機関もある。初期のプロジェクトの中には，教員の関与のレベルと学士課程学生の成績について調査をする，専門分野別の教育研究に変更してきたものもある（Pollock & Finkelstein, 2008）。また，教育と学習に関する学究的活動を，大学院生のためのワークショップや認定プログラムに取り入れたり，教育活動を研究対象として扱うコースや認定プログラムを提供する教育機関もある（Center for the Integration of Research, Teaching & Learning, 2008）。

大学院生が必要とするスキルと知識

大学院生のための大学教員準備プログラムや専門性開発活動を計画する場合，開発担当者は，多様性に対する意識や学問的誠実性の問題など，大学院生が大学院やその先のキャリアで成功するために必要な知識・技術全般をどう取り入れるかを考えなければならない。メンターによる学士課程学生の研

究活動支援への関心が高まるにつれ，大学院生は，後輩や学士課程学生に対してメンター，助言者，時には相談相手として対応する技術を持つよう求められる。学部や全学的な委員会や，公共サービスの性格を持つ活動に参加する場合，大学院生は協調性を学ぶ必要がある。就職活動で成功するためには，訓練を受けた証拠，技能，経験，キャリアプランを強調し示さなければならない。

初級の教育スキル

　大学院生は，通常は教員の指導の下，コースの一部に位置づけられているディスカッション，朗読，実験などを担当したり，外国語・作文・スピーチといった科目については単独で授業を担当する。院生は，多くの場合オフィスアワーを設けたり，オンラインの学習管理システムを利用して指導しなければならない。彼らが教える科目は，学士課程の1～2年生レベルの場合もあれば，3～4年生レベルの場合もある。こうした状況で必要な初級の教育技術と知識分野は，授業計画の準備と発表，クラス運営，小グループ用アクティブラーニング戦略の実施，討議の進行，口頭でのプレゼンテーション，学生の成績評価，フィードバックなどから，専門分野での研究を行う学生の指導や学習状況の理解まで幅広い。また，障がいのある学生との接し方や包摂的教育を進める環境（inclusive classroom environment）を構築することなど，学士課程学生に対する教育活動の基盤となる専門職としての基準と倫理をしっかりと理解する必要がある。外国語，スピーチ，作文など，責任が重くなる授業では，教員の監督の下，TAは独自のシラバスを作りコース計画を立てることができる。大学院生がサービスラーニングを含む科目を教える場合，地域社会で実施されるアクションリサーチの中核を成す，市民との関わり・多様性・学習・葛藤管理の相互関係を理解する必要がある。

上級の教育スキル

　TAとして必要なスキルと知識は大学教員としても重要で基本的なものであるが，大学教授職を目指す者は，職に就いたとき重い責任を負うので，さらに上級のスキルと知識が必要になる。そのため，院生は一般的なPFFプログラムによって培われたスキルをさらに広げようとする。そうした知識が

あれば，初めて教員になったときに「幸先のよいスタート」が切れる（Boice, 2000）。例えば，研究大学の教員は，通常はTAが教える1～2年生用の言語科目を教えることはめったになく，文学や批判理論を教えることが多い。一方，リベラルアーツ・カレッジの教員は，大学院生のときに教えた初級レベルを超えるさまざまなコースを教える必要がある。そのため，リベラルアーツ・カレッジでは研究大学とは異なったスキルが必要になる。研究大学では大人数講義の有用性，講義を準備し実施するスキル，TAに指示を出すスキルについて考えるだけでよい。理想をいえば，教員としての教育活動に備えて，大学院生はカリフォルニア大学サンタバーバラ校の大学院部門（Graduate Division：Academic Services, 2008）が提供するような授業経験を持つとうまくいくだろう。サンタバーバラでは，大学院生や専門職大学院の学生がシラバスの設計を行い，成績評価に責任を持つ教員として教育活動に参加する経験を持てる。自らの科目を独力で設計し教え，登録教員として指導に当たる機会に恵まれる学生の割合は少ないが，学習目標の設定，活動の設計，評価基準の設定などができるようになると役に立つだろう。コロラド大学ボルダー校の大学教員準備開発認定プログラム（Professional Development Certificate for Preparing Future Faculty）は，こうした高レベルのスキルに取り組んでいる。

学士課程学生および新人大学院生のメンタリング

　学士課程学生の指導者として利用するメンタリング・助言スキルに加え，大学院生はロナルド・E・マクネイア学士課程後プログラム（Ronald E. McNair Postbaccalaureate Achievement Program, 2008）のような学士課程学生を対象とした研究見習いプログラムで，彼らのメンターになるときがある。また，多くの大学院のプログラムでは，院生の上級生が新しい院生を学部の文化になじませるメンタリングができるように訓練する。カリフォルニア大学バークレー校のGSI（大学院生講師）教育・資源センター（GSI Teaching and Resource Center, 2008a）が提供するような，大学院生にメンターとしてのスキルを正式に教える科目は，GPSDのこうした側面に取り組んでいる。

研究

博士号取得者はポスト・ドクトラルフェローになると，独立した研究計画を策定する必要がある。科学分野では，研究申請書や助成金申請書の書き方を学ばなければならない。研究室の開設と運営の方法，博士研究員・大学院生・学士課程学生を含む研究チームの作業の把握方法，健全な作業環境の提供方法を知る必要がある。そこで大学院教育の一環としてこうしたスキルの修得に取り組むのは有益である。最初に所属学部で，次にGPSDプログラムによる補完的な支援を得て取り組むのがよい。

学術サービス

大学院生が負う責任の中で，ほとんど正式に教えられていないのは，学術サービスとコミュニティサービスに関するものである。大学院生は，学部や全学の委員会の一員として働いたり一連の講義や会議の調整を行ったりすることがある。大学院生主体の専門誌の編集委員会に属する場合もある。こうした活動には，編集技術，会議の提案や記事の検討・判断を行うスキルが必要である。大学の委員会に参加する場合，大学運営の知識が必要になる。アメリカ科学財団（NSF）は，大学院生を初等・中等教育機関に派遣して自らの研究について話をするというK-12アウトリーチ活動を通し，専門知識に関連する学術サービスに取り組むことを奨励している。

ティーチング・ポートフォリオまたはソクラテス・ポートフォリオ

1990年代前半から提供されてきた大学院生向けプログラムにおいて，もっとも浸透してきた変化は，教育活動を記録し，改善を目指すティーチング・ポートフォリオの導入である。GPSD担当者は，カナダの研究者（Knapper, 1995）やアメリカのセルディン（Seldin, 1997）などの知見を土台にして，ティーチング・ポートフォリオに関するワークショップと相談にかなりの時間を割いている。ソクラテス・ポートフォリオに関するボーダー（Border, 2002）の研究は，大学院生特有の問題に取り組んでいる。大学院生は自分自身を形成する段階にいるので，大学院生用プログラムを通して，個人的な関

係を築いた，所属部局・専門分野の学会・教育センターの複数の教員や職員のメンター，他大学の教員とのソクラテス式の対話を持つこと，また中等教育以後の授業について理解することから最大の利益を得る。その結果生まれるソクラテス・ポートフォリオには，これまでの経験や議論してきたこと，決断，中等教育以後の環境などを省察し，言葉によって説明し，それらに付随して生み出されたものが含まれる。ソクラテス式の探求を経験した大学院生は，大学関係の就職活動においてもキャリアに関する決定がうまくできるようになっている。表12.1は，理想化されているが，大学院生の能力モデルの見本で，教育能力や専門性開発に関する活動との対応関係を示している。

GPSD担当者のための知識・技術

　GPSDの提供が進むと，次は，十分訓練された担当者が必要になる。GPSDはFDと似ているが，FDとは異なる知識基盤とスキルが必要である。GPSD担当者は，FD担当者の大半とは異なった環境で仕事を行う。

- 彼らは，ほとんど研究大学だけで働く。
- 学部のTA訓練プログラムと協調して働かなければならない。
- 大学院に直属するかどうかにかかわらず，大学院長と継続して連携を取り，大学院教育の問題点を意識しなければならない。
- 多くの大学院生，大学院生グループ，大学院生を対象としたサービスオフィスと連携する。
- TAの訓練と大学教員準備（PFF）に利用できる文献や資金について知らなければならない。
- 大学院生はキャリアの形成段階なので，大学院生特有のニーズやキャリア上のニーズに対応した方法で，訓練，指示，相談ができ，メンター役を務められるようにならなければならない。

　GPSD担当者が必要とする知識とスキルに特に焦点を当てた会議前セッションが2007 PODネットワーク会議で初めて開かれた。バンクーバーにおける教育開発担当者会議（Educational Developers Conference），年2回開

表12.1 大学院生・専門職大学院の学生向け専門性開発の見本

新入TA (1年目)		継続TA (2〜3年目)		登録教員 (4〜5年目)		PFFフェロー (5〜6年目)	
GPSDプログラム	学部	GPSDプログラム	学部	GPSDプログラム	学部	GPSDプログラム	学部
大学での教授法、授業運営、テストと評価、倫理入門と評価、多様性問題と偏見のない教授法、学習スタイル、朗読、実験の指導法、初期コースの監督、実験ないコースの監督、教育方法、評価問題などに関するワークショップの提供。教育テクノロジーの活用。授業観察とティーチング・ポートフォリオの始め方の紹介。	教員メンバーによるTAの監督と評価。専門分野の文化への教育。学生に教えるための組み込み方を大学院生に教える。教員メンバーによる専門分野におけるコースの起案と指導。	アクティブラーニング・サービスラーニング・協調学習に関する講義、ワークショップの提供。教育カリキュラムにおける多様性に関する知識の普及。教員評価に関する情報の提供。大学授業におけるテクノロジーの活用の法方法の向上。藤ネジメントの活用。教育を支える方法論紹介。教育における学術的な情報資源と適切な教育テクノロジーの紹介。学術文書作成するワークショップの提供。評価方法に関する知識の拡充。	シラバスの書き方、学習目標と目的、評価目標の方、強調の方、学習・協調学習に関するワークショップ。教員メンバーによる専門分野における授業科目の提供。大学院生に対する授業の起案の指導。	講義、ディスカッション、アクティブラーニング・サービスラーニングなどさまざまな教授法についての講義の仕方、協調学習の指導ワークショップの提供。教育、学習、学生のアクティブラーニングへの関与に関するカリキュラムにおける授業の多様性。授業でのカリキュラムや教育における大人数講義を支援するTAとの協働、評価によるコンサルテーションの提供。	成績評価を行う大学院講師は、3〜4年生向け科目の教え方、大学院での講義の仕方、調整の仕方、大人数授業での教え方、TAと採点者の運用。3〜4年生向け学院での講義の仕方、高校生への専門分野の生への講義方法をモデル化する。	中等教育後教育機関に関するワークショップの提供、提携大学および学部の教員の訪問。PFFの教員メンバーの認定。PFFフェローとその学部生とのコミュニケーション。専門職のコンサルティング、就職面接のためのスキル、ティーチング・ポートフォリオや専門職ポートフォリオの作成、就職のための添え状作成の教育に関する負担を担う教員メンバーとの教員シップ。フィードバック、ティア・観察、就職相談を提供。パッケージ・ビデオ作成、出版物及び一般人のための文書作成の教育。専門分野に関する教育のためのワークショップの提供。	大学院生と教員メンバーとの提携機関でのショップによる提供、提携機関の働き方を学習とのコミュニケーションしているかについての学習。ジョブ委員会への参加。就職活動の準備、添え状、履歴書に関する報告、就職機関の体験報告書の作成、就職面接のための採用シナリオの準備、研究のココロコナムの教員メンバーとの模擬面接の実施。所属学部の大学院生への体験報告書・就職手順の学部教員一緒に検討。また、大学院生一般および学院の学生は、自らの専門分野の非営利部門、民間政府がどのように利用されているかが学習する。

注：この表はモデル案として作成。教育機関による違いが推察され、尊重される。

かれる国際教育開発コンソーシアム（International Consortium for Educational Development）の会議でのフォローセッションでは，このテーマがさらに話し合われ，GPSD担当者に対する特別な支援の必要性が明らかになった。このセッションの参加者から寄せられた意見に基づき，GPSD担当者に必要な知識とスキルに関する問題は，以下のように11に分けられる。

1．教育マネジメントとリーダーシップスキル：GPSDサポートオフィスは教育センター内か大学院の指揮下にあることが多いので，GPSD担当者は大学の文化，直属となる指揮系統，連携するカレッジやスクール，意思決定プロセス，このプロセスに影響を与える一番よい方法について理解する必要がある。戦略的計画スキル（学部・大学全体）とプログラムの計画立案，実施，評価スキルが必要である。また，GPSD担当者は，差別とハラスメント，学問的誠実性，アメリカ障がい者法（Americans With Disabilities Act: ADA）などの分野に関する政策の動向について理解し責任を持つ必要があり，大学院生がこうした方針と基準を理解し実行できるようにするためのプログラムを提供しなければならない。例えば，カリフォルニア大学バークレー校では，新人TA全員（毎年約1,300名）は「教育における専門性と倫理基準」（Professional Standards and Ethics in Teaching）というオンラインコースの受講が必修である（GSI Teaching and Resource Center, 2008b）。

2．中等後教育機関に関する知識：現代の大学院生は，さまざまな環境での仕事を探すため，GPSD担当者はアメリカだけでなく海外の中等後教育機関の状況を幅広くかつ詳しく理解する必要がある。大学院生用プログラムが国を超えて似通ってきたため，GPSD担当者は院生が国内，海外どちらの教職にも就けるよう準備できるようになっている（Bellows, 2008）。

3．教授法の知識：GPSD担当者が複数の分野の専門家になるよう期待するのは無理だが，大学院生のプログラムに関する博士レベルの確固たる基礎，博士学位修得までのプロセスの経験，委員会の選択，学位論文の執筆と擁護，大学での地位の獲得に関する経験は必須条件である。GPSDの内容は書籍の中に存在するのと同じくらい，経験を積み重ねてきた中に存在する。GPSD

担当者が博士課程学生の信頼を得ようとするなら，教育内容の知識や大学院での経験に基づく例を示し，専門分野の教育経験から得た例（教育学的内容の知識）を利用することができなければならない。教育に関し，内容面とプロセス面の両方に確固たる基礎がある必要があり，レベルに合った介入方法で大学院生の支援を行うことができなければならない。つまり，TAにとって知る必要のあることと，成績評価に責任を持つ教員が習得しなければならないこととは，プログラムの開発上異なるのである。GPSD担当者が専門分野に特化した教授法のワークショップを提供するより，担当者が特定の分野に詳しくなり，教員や大学院生を利用してワークショップやコースで専門分野に特有の問題に取り組む方が望ましい。

4．コンサルテーションスキル：あらゆるGPSD担当者は，予約なしの話し合い，長時間にわたる1対1のコンサルテーション，観察・ビデオ撮影をした授業に関するコンサルテーションなど形式を問わず，大学院生講師とのコンサルテーションを実施する。有能なGPSD担当者は，教授者中心の個人的成長モデルやフィードバックに基づく構成化モデルなど，学生のニーズに合わせたコンサルテーション形式を見つけ出す。コンサルテーションの成果として重要なことは，現在の学期，またキャリア全体を通して，大学院生が自らの教育活動を向上させるのに必要なツールと自己省察スキルを身につけることである。

5．教育用テクノロジー：GPSD担当者にとって，学内の教育技術者との協働作業や，すでに教育用テクノロジーを効果的にコースに取り入れた経験の豊富な教員を通して，教育用テクノロジーのスキルを養成することが重要である。教育用テクノロジーを，プログラム作成，活動，成果物に組み込むことは，教室の環境にあったテクノロジーが教師としての成功と学生の学習を支援するよう設計されていることを保証する助けになる（第9章「テクノロジーとファカルティ・ディベロップメントに関する問題」参照）。

6．さまざまなレベルでの教育：従来からあるTA訓練の大きな弱点は，TAへの指導が，教員になったときに果たす役割や担う科目全般より，教育

助手という現在の任務に焦点を当てていることである。より効果的な手法は，大学院生が院生用プログラムを履修する際，学内で担うさまざまな任務，また大人数講義，3～4年生用コース，大学院のセミナーなど，後に負うことになる任務に対応できるようなプログラムを提供することである。

7．学生支援サービス：大学院生講師は大学に一般的に設置されているさまざまな学生サービスオフィスについて知っていると，TA，成績評定者，チューターとしてより効果的に仕事ができる。カウンセリングセンター，学習指導支援室，障がいのある学生のための支援オフィス，女性センターや託児所，ゲイ・レズビアン・バイセクシャル・トランスジェンダー（GLBT）オフィス，学生行動オフィス，オンブズマンなどに学士課程学生や同僚を紹介する必要がある場合もあるだろう。GPSDプログラムには，ミシガン大学やコロラド大学ボルダー校のプログラムのように，大学の授業環境につきものの葛藤マネジメント，自殺防止，差別・ハラスメント問題に対処するワークショップや参加型演劇を提供するものがある。

8．研究と出版・発表：GPSD担当者は研究費を獲得し，研究結果を発表するための要件，機会，その可能性のある学会や学術雑誌について知っていなければならない。提供しているプログラムの中で実施するプロジェクトを含む研究プランを作成し，研究計画を学内審査会から承認を受け，データ収集，業務に関する研究プロジェクトの実施，適切な学術雑誌での発表を行った方がよい。研究を理解することにより，GPSD担当者は自らプログラムを構築し，大学院における院生の成功を支えるための知識とスキルを獲得する。

9．人的資源と財務の運営スキル：GPSD担当者のほとんどは，常勤または非常勤の教員や職員，大学院生，学士課程学生の被雇用者まであらゆる種類のスタッフとともに働き，彼らを監督することも多い。そのため，GPSD担当者は人的資源政策について学び，スタッフの雇用と管理に関するスキルを磨く必要がある。また，予算管理を行う担当者は，財務運営に関する知識も持たなければならない。

10. 博士号取得者の大学以外のキャリアに関する知識：ゴールドとドーア（Golde and Dore, 2001）による *At Cross Purposes：What the Experiences of Doctoral Students Reveal About Doctoral Education* などの著書では，大学院生が大学教員以外の職業に就く準備をする必要性が指摘されている。大学教員としての訓練は，どの職業に就くにしても効果的な準備活動となると思われるので，国または地域の経済界につながりのある地元のキャリア開発スタッフと仕事上の関係を築くいい機会となる。こうした協力関係により，大学外の環境で成功を収めた大学院生を，講師またはメンターとして大学に呼ぶ機会も得られる。

   11. 自らの専門職の知識：GPSD 担当者は，GPSD 分野へ貢献できるよう自らの学習と能力を最大化するために，GPSD に関する既存文献をよく知っており，知識とスキルを更新するための年次大会への出席，国内外の仲間とのネットワーク作りを行う必要がある。専門職開発協会はほとんどすべての主要国にあり，知識の大きな源である。

評価

　GPSD 担当者は，大学院生の能力，自らの担当者としての能力，プログラムの効果，という 3 つのレベルを評価できるようにならなければならない。評価結果は，プログラムの改善と業務報告書に利用し，会議での発表や出版を通して同僚と共有する。

大学院生の能力の評価

　教育，研究，大学のサービスに関する大学院生の能力を評価する方法は多くある。自己評価，学生による授業評価，教員による評価はそれぞれ役割がある。参加データ，履修証明，ポートフォリオの作成は役に立つ。授業観察とビデオ相談は，教師が必要なスキルを習得し始めているかを確認するのに非常に役に立つ。模擬面接，教育に関するコロキウム，教育に関する研究プロジェクトの発表は，観察・評価の対象である。ティーチング・ポートフォリオにより，大学院生は教育と学習に関する自らの考え方の概念化と関係づ

けが可能になり，自らの成長と成功の証拠を具体的に示すことができ，これまでの活動記録と大学教員としての今後の抱負を詳細に示すことができる。

GPSD 担当者の能力の評価

GPSD 担当者は，自己評価計画を継続的に行い，履歴書を常時更新し，学期・学年単位の報告書を大学へ提出する必要がある。スキルレベルを示す証拠を載せた資料とともに，前述の知識とスキルの詳細を記した専門職ポートフォリオを作成する。このポートフォリオは，GPSD や教育と学習に関する個人の考え方を表す。GPSD 分野での教育や経歴，職歴，大学の活動への参加履歴，ワークショップの開催，助言を行った経験などを概説した経歴レポートが添付されることもある。評価の項目には，参加者のワークショップに対する評価，受けたコンサルテーションに関する教員の省察，他の GPSD 担当者からの推薦状や評価が含まれることがある。研究プロジェクトへの参加，教育機関を超えた協働，会議での発表，論文発表なども含まれる。GPSD 担当者は，学部の委員会の仕事やプロジェクトを通じて大学に貢献し，専門職開発協会や全国レベルの専門学会，戦略的計画委員会・専門誌の査読委員会・助成金提供機関への参加と貢献を記載することもできる。ポートフォリオの体験談の最後の項目には，これからの個人的開発と専門職開発の計画，助成金申請計画，論文の計画を記載することもできる。付属文書には，体験談で示した項目の証拠を説明・提供し，業績の効果と質についてそのレベルを示さなければならない。

GPSD プログラム評価

全学的 GPSD プログラムは，学内の定期的評価プロセスの対象になっているものもあれば，そうでないのもある。学部の GPSD プログラムや大学院に報告しなければならない GPSD プログラムは，学内の通常の評価プロセスにおいて検討・評価されるか，アクレディテーションの査察時に検討・評価を受ける。

GPSD プログラムは目立つため，プログラムを通じて得られるデータによって教育機関の重要なイメージが形成される可能性がある。大半の大学では，一般にデータの項目は似ている。満足度調査，ワークショップ・コー

ス・インターンシップ・PFF 提携大学への訪問の参加率，大学院生のポートフォリオ，PFF 提携大学の教員メンターからの反応，学部間の連携などである。科目のシラバスが重要であるように，開発されてきた学問分野特有の手法に関する科目の数と内容のデータは重要である。

　組織レベルでは，評価は，継続的，形成的で，プログラムについての大学院生，職員，卒業生からの反応に基づく必要がある。GPSD 担当者はこうした反応を教材と出版物の更新，新しいプログラムの創出，既存のプログラムの改善のために使う。承認を受けた研究提案計画を土台に新しいプロジェクトを構築するのが賢明である。そうすれば，データは公開され論文に利用できる（第 6 章「ファカルティ・ディベロップメントのプログラム評価」参照）。

終わりに

　GPSD 分野が成熟してきたため，GPSD 担当者が，助成金を申請し，研究を実行し，成果を発表する機会が増えてきている。プログラムは国際的に発展しているので，研究協力の機会は一層興味深いものになっている。今後必要なのは，大学院生と GPSD 担当者に必要な知識とスキルに関する更なる研究，プログラムの効果測定，プログラムが修了生のキャリアに及ぼす影響，サービスを提供し成果を評価する効果的な方法などである。経験を積んだ新しい仲間には，こうした研究課題に積極的に取り組み，成果を広めてくれるよう強く願っている。

第13章 非常勤教員との協働

テリー・A・ター

　非常勤教員との協働は，FD活動において，やりがいがある分野であると同時に，困難な課題も伴う。非常勤教員は，教えることの楽しみを感じて非常勤の立場にいることが多い。彼らは，効果的な教授法についての習得意欲が強く，大学のコミュニティの一員として活動する機会を肯定的に評価している。しかし，キャンパスでの滞在時間が限られるほか，組織的な結びつきの弱さや，専門職開発プログラムへの参加に対する周囲の期待感の低さ，参加による見返りの少なさなどの要因から，課題が生じている。非常勤教員が増えるなかで，彼らが高等教育において果たす役割は極めて重要であり，所属組織の側でも，非常勤教員に対して，専門職開発活動への適切な参加機会を提供していく必要がある。

　本章では，まず，さまざまなタイプの教育機関における非常勤教員の比率，非常勤ポストの特徴，非常勤教員に対する周囲の見方などを含めた概況を示し，その後，非常勤教員のためにプログラムを計画し，彼らの専門職開発のニーズに対処するための注意点を解説する。

非常勤教員の概況

　高等教育における非常勤教員については，時間給教員，補助教員，有期教員，臨時教員，実務家教員などの呼称があるが，本章では，「非常勤」もしくは「パートタイム」とする。教育機関が非常勤教員を雇用する理由はさまざまである。常勤教員が持っていない専門知識を求める場合もあれば，非常勤の方が常勤より給与水準が低いことが多いため，コスト面での理由で非常勤雇用を選択する場合もある。さらに，夜間や週末などの都合がつきにく

い時間帯での授業に非常勤スタッフを活用することも多い。授業はオンラインの形式をとることもある。また，教育機関は，非常勤教員を活用することによって，教員配置をより柔軟に行うことができる。

パートタイム教員の数

　非常勤教員は，高等教育機関における教員の相当程度の比率を占める。2003年秋に実施された *2004 National Study of Postsecondary Faculty Report on Faculty and Instructional Staff* (National Center for Education Statistics, 2004) によれば，全教育機関の教員数のうち56.3%が常勤，43.7%がパートタイムであった。常勤とパートタイムの比率は教育機関の種類によって異なる。博士課程を有する公立機関（常勤77.8%，パートタイム22.2%）や学士課程のみの私立非営利機関（常勤63.2%，パートタイム36.8%）などの4年制機関ではパートタイムの比率が低く，公立の準学士学位授与機関（常勤33.3%，パートタイム66.7%）などの2年制機関ではパートタイムの比率が高い。コミュニティカレッジでは，1990年代以来，常勤よりパートタイムの比率が高くなっている（Wagoner, 2007）。

　非常勤教員の大半はテニュアでもテニュアトラックでもない（National Center for Education Statistics, 2004）。すべてのタイプの教育機関のうち，非常勤でテニュアもしくはテニュアトラックは4.5%（テニュア3.0%，テニュアトラック1.5%）にとどまるのに対し，常勤でテニュアもしくはテニュアトラックの比率は68.1%（テニュア47.5%，テニュアトラック20.6%）に達する。また，予想されたところではあるが，テニュア資格があるパートタイムの比率は，準学士課程の公立機関（テニュアトラックの比率4.5%）より，博士課程を有する公的機関（テニュアもしくはテニュアトラックの比率7.5%）の方が高い。テニュアでなければ，非常勤教員は雇用の保証や学問上の自由についての保証が限定され，常勤教員と比べ，退職の比率が高くなる。

　常勤とパートタイムの比率は専門分野によって異なる。*2004 National Study of Postsecondary Faculty Report on Faculty and Instructional Staff* (National Center for Education Statistics, 2004) で調査対象となった9分野をみると，教育（パートタイムの比率48.7%），美術（同47.0%），ビジネ

ス（同46.0％）でパートタイムの比率が高く，農業・家政（同21.6％），工学（同21.8％），自然科学（同23.5％）で比率が低い。人文（同34.6％），医学（同30.3％），社会科学（同29.7％）はその間にある。

Digest of Education Statistics（U. S. Department of Education, 2007）によれば，1995～2005年に中等後教育機関の教員が全体として増加を続けるなかで，常勤教員の増加率（22.7％）は非常勤教員の増加率（61.4％）を下回った。常勤教員の増加率低迷に加え，テニュア常勤教員の比率も1993～1994年の56％から2005～2006年の50％に下がった。こうした雇用パターンの変化，常勤教員の増加率低下，テニュア常勤教員の比率低下は，教育機関や高等教育分野全般で懸念の対象となっている。

パートタイム教員の種類

　非常勤教員は，さまざまな理由からパートタイムで教えることを選んだ多様な人々で構成されている。彼らは一般に，少ない賃金で複数の教育機関を飛び回りながら常勤のポストを探す「高速道路を走る高速バス」（freeway fliers）と呼ばれるが，パートタイム教員はそうした固定概念にそぐわないことが多い（Leslie & Gappa, 2002）。

　ガッパとレズリー（Gappa and Leslie, 1993）は，非常勤教員を4つに区分し，この区分は今でも多くの人に使われている。こうした区分は，パートタイムで教えることを選んだ理由の多様さを明確にし，さまざまな専門職開発のニーズを示すので，このグループを対象とした教育開発活動を考える際に役に立つ。

1. キャリア終了者：完全に退職した教員，または，退職する前後の移行状態にいる教員。パートタイムで教えることは彼らにとって重要な役割を果たしている。
2. 専門家，エキスパート，専門職：一般に，こうした非常勤教員は，常勤の主たる職業を別に持っている。半分以上の非常勤教員は別の常勤の仕事をしている。
3. 求職中：最終学位を有し常勤のポストを探している。いくつかの教育機関を掛け持ちすることでフルタイム相当になっている教員を含む。
4. 自由契約：非常勤教員の仕事はパートタイムで働く仕事の1つで，そ

の他に従事する仕事には高等教育以外も含まれる。ライターやコンサルタントなどの仕事も行い，大学の常勤ポストは望んでいない。

常勤教員との比較

National Center for Education Statistics（2004）によると，非常勤教員は集団として見ると常勤教員と多くの点で異なる。

○ 女性の占める割合が常勤（38％）よりパートタイム（47％）の方が高かった。
○ パートタイム教員は常勤と比べて35歳未満または65歳以上である人が多いようである。
○ 常勤教員が得ている最高学位はパートタイムよりも高い傾向にあった。常勤教員のうち，68％が博士号または第一専門職学位，27％が修士号，6％が学士号以下を取得していた。それに対し，パートタイム教員のうち博士号か第一専門職学位を取得しているのはわずか25％で，修士号が50％超，学士号以下が21％だった。
○ 週当たりの平均労働時間が，パートタイム教員の場合，すべての仕事を合わせて40.4時間，常勤の場合が53.4時間だった。
○ 職場での労働時間のうち，パートタイム教員は，常勤より教えることに時間を割いていた（パートタイム90％に対し常勤61.7％）。常勤教員は授業より研究や管理業務に時間を割くことが多いようである。
○ 常勤教員は，過去2年間で査読付き論文が平均で2.1本，発表回数が5.3回なのに対し，パートタイム教員は論文が0.5本，発表が4回と少ない。
○ 常勤教員は平均収入を80,700ドルと報告されているのに対し，パートタイム教員は52,800ドルだった。

非常勤教員に対する認識および態度

「自国にいる異邦人」「愉快な旅人」「ジプシー学者」「変則的な学者」「食べるために教える」「教員」はすべて，非常勤教員について書かれた本の題名や記事に出てきた言葉である。さらに，彼らに対して「頻繁に飛行機を利用する人」「旅する学者」といった侮蔑的な言葉が使われている。こうした

表現は非常勤教員に対する軽視を反映しており，非常勤教員と教育機関及び常勤の同僚との意思疎通を阻んでいる。低い賃金，手当のないこと，長期契約の欠如，管理運営に参加できないこと，オフィス空間が不十分または存在しないこと，学部（department）の活動からの排除といった雇用に関する方針と慣行により，非常勤教員は自らの評価が低く，価値が認められていないと感じている。

　非常勤教員による学士課程教育の割合が高くなるにつれ，高等教育の質に対する非常勤教員の影響が懸念されるようになってきた。非常勤教員は授業の質が劣ると想定されることが多いが，ウォーリン（Wallin, 2007）によると，ほとんどの研究結果では，非常勤教員に教えられた場合と常勤教員に教えられた場合とでは，学習成果は変わらず在籍継続率も変わらないようである。専門の問題と学生による授業評価を平均すると，パートタイムと常勤との間に差はない（Wallin, 2007）。同様に，レズリーとガッパ（Leslie and Gappa, 2002）によると，常勤とパートタイムのどちらの場合も，学生のディスカッションや試験が授業時間の約3分の2を占め，主な教授法としての講義の時間はどちらもほぼ同じだった。ただ，授業を詳しく調べると違いがいくつか発見された。それらは本章の後の方で述べる。

　ガッパとレズリー（Gappa and Leslie, 1993, 1997）は，その独創的な研究において，非常勤教員は適切に活用されれば，高い品質と価値を持つ人的資源になり，教育の質を低下させる最大の要因は非常勤教員の教育能力の質ではなく，首尾一貫しない無計画な雇用慣行と組織による支援の欠如から生まれると主張している。非常勤教員を人的資産として考え，無視したり価値を貶めたりするよりも，彼らに投資する方が，教育の質の向上と組織への貢献を高めることになる（Leslie & Gappa, 2002）。

　給与などFD担当者の力の及ばない問題は多くあるが，非常勤教員を専門性開発のプログラムに招いたり，イベントで歓迎したり，教授法の問題について同僚と協力できる機会を提供したりすることで，彼らを大学のコミュニティになじませるよう支援できる。また，FD担当者は，非常勤教員を表彰や報奨の機会に招くよう支援し，非常勤教員を対象とした資源を学部やスクールに提供し，学内で不当に扱われたとき彼らの代弁をすることで，彼らを擁護することができる。

専門性開発プログラムの計画化

　非常勤教員のための専門性開発プログラムの計画立案は，非常勤教員に関する責任がある学内部署から始めるべきである。教育機関の中には，大学本部が募集，採用，オリエンテーション，評価，継続的な専門性開発を担当するところがある。採用と評価は学部が，オリエンテーションは学部，スクールならびに教育機関が，そして継続的な専門性開発は中央組織と学部が行うというようにプロセスが分散化している教育機関もある。教育機関のタイプもこうした分担関係に影響を与える。コミュニティカレッジは，非常勤教員が占める割合が比較的高く，他の教育機関より大学全体でのプログラムを多く持ち，雇用プロセスとオリエンテーションとの連携が密接に取れているようである（Chap. 19「コミュニティカレッジにおけるファカルティ・ディベロップメント」参照〔本書では未訳〕）。

　非常勤教員に関する責任が集中または分散しているかどうかにかかわらず，文献の多くには，プログラムが分断され関連づけられていない場合より，体系的で包括的である場合の方が効果的に機能するとの示唆がある（Lyons, 2007a; Murray, 2002; Smith & Wright, 2000）。そのため，責任が分散されている状態では，主要な関係者間のコミュニケーションと協力関係を良好に保ちつつ，専門職開発プログラム作成に対し協調的手法を取ることが重要である。例えば，マレー（Murray, 2002）は，効果的な FD プログラムについて以下の特徴を挙げた。

○ FD に対する管理運営者からの支援
○ 正式で，きちんとした構成を持ち，目標志向型のプログラム
○ FD と報奨体系との連携
○ 教員の当事者意識
○ 専門分野から教育への支援

　リチャード・ライアン（Richard Lyons）の著書 *Best Practices for Supporting Adjunct Faculty*（2007a）は，さまざまなタイプの教育機関におけ

る効果的な専門性開発プログラムに焦点を当てている。ライアンはプログラムを比較し，非常勤教員という観点からうまくいくFD活動の特徴を以下のように4点指摘した。

1．計画作成の初期段階で，プログラムの使命と計測可能な成果を明確にしていた。
2．大学本部の執行部，学科長，教授団から支援を引き出すため，協調して取り組んでいた。
3．プログラムは少なめの予算からスタートしていた。
4．プログラムでは参加者から意見を引き出して，プログラムの改善のため継続的に提案をフィードバックしていた（Lyons, 2007b, p. 7）。

FDプログラムの設計を行うとき，ライアンの4つの主要な要素を念頭に置くとうまくいく可能性が高まるだろう。

専門職開発の内容についての留意点

日程を決めること：非常勤教員の多くは他に仕事を持っているので，夕方か週末にプログラムを設けるのが一般的である。オンラインでの個人指導を提供したり基本的で詳しい情報をウェブ上で提供したりすると，参加が楽になる。最良の対処法は，非常勤教員の多様なスケジュールに合ったFD活動を提供するために，複数の機会を用意し複数の方法を利用することである。

包括すること：非常勤教員用に特別に作成されたプログラムを提供するか，常勤教員用の機会に彼らを含めるかどうかは，配慮すべきもう1つの点である。非常勤教員に関する懸念事項は，彼らが十分に大学のコミュニティに溶け込んでいないことと，学内の同僚との関係がまだ確立していないことである。教育に関する共通の問題点を話し合う集まりがあると，非常勤教員はパートタイム・常勤双方の同僚と知り合い，彼らから学ぶよい機会が得られる。

非常勤教員と常勤教員を同じプログラムに含めた場合，プログラム提供者は参加者の学内の地位の違いに注意を払わなければならない。例えば，昇進

とテニュアに関するセッションで，常勤教員を対象としたセッションに非常勤教員が参加をすると，挫折感を感じ居心地が悪いだろう。そのため，もし常勤教員だけに関係することがあれば，非常勤教員が参加できる別のセッションを計画するか，参加者すべてが情報を利用できるわけではないと認識できるようセッションを組み立てるか，どちらかにするよう気をつけなければならない。

同時に，非常勤教員だけを対象としたイベントを計画するのも適切だろう。非常勤教員がテニュアトラックの常勤教員と一緒になると，自分たちが「本物」の教員ではないと感じる可能性がある。学習指導の卓越性で有名な教員のコミュニティである，インディアナ大学の「卓越した教育に関する教員コロキウム」(Faculty Colloquium on Excellence in Teaching；FACET) は，テニュアトラックではない教員のための会議を年1回提供している。これは，プログラム内容だけではなく帰属感をはっきりと持つことができるため，非常勤教員に評判がよい。会議における，非常勤教員，テニュアトラックではない常勤教員，FACET の教員の相互作用が，お互いの教授法に関する知識への尊敬を高め，成長の機会を与えてくれる。さらに，会議でコミュニティ形成が生じるとパートタイム教員に豊かさが生まれる。会議に関する教員からのコメントを以下に記す（Combs & Lucke, 2003）。

○「自分に似た人」と会って話すのはすばらしい経験だった。新しい考えを学ぶよい場所だ。
○ 自分も教授団の一部であり教育に関しては重要な位置を占めていると感じられた。
○ こうした会議は非常勤教員にとってネットワークを作り，大学に対する自分たちの重要性を検証するのによい機会である。

対価を用意すること：専門性開発プログラムで費やした時間の対価を非常勤教員に支払うかどうかは，もう1つの考えるべき問題である。パートタイム教員は常勤教員と比べ，ワークショップや会議で費やした時間に対し対価が支払われる可能性ははるかに少ない。非常勤教員が採用された時点でFD活動への参加を期待していると伝えられているかどうかが重要である。教員

が責務の一端として，オリエンテーションやその他の専門性開発プログラムへの参加が期待されると契約書に規定されていれば，対価を支払う必要はないだろう。専門性開発プログラムが数日または終日の参加を求める場合，1時間のワークショップと比べると非常勤教員が費やした時間に対して支払う必要が増すだろう。特定のプログラムへの参加の対価として教員に支払うのではなく，個人的な専門性開発計画を立て，対象となる専門性開発活動への参加によりボーナスの支払いや給与増を行うという戦略もある。こうした支払いは大学によっても大きく異なり，プログラムの性格によっても左右されるが，対価の支払いにより出席率は高くなる。

オンラインという選択肢：オンライン・プログラムは，対面式のセッションに参加することが難しい人には利用しやすい。こうしたプログラムは，基本的な情報を提供するウェブサイト，重要なテーマに関する教員への個人指導，ネットワーク作りの機会を提供するオンライン・ディスカッションの形式で行われる。バレンシア・コミュニティカレッジでは，FDプログラムはすべて対面式とオンラインの2形式で行われる。そのため，非常勤教員は，自分に一番適した形式で，また，スケジュールに合う時間に柔軟に参加できる（Jaschik, 2008）。ミネソタ州立大学機構の教育・学習センター（Center for Teaching and Learning）は，多くのオンライン個人指導を開発している。これは，自主的で段階を追ったモジュールとして提供され，教育に関する知識・技術の開発に焦点を当てている（http://www.ctl.mnscu.edu/programs/educ_opp/tutorials.html）。また，センターは，さまざまな授業でのアクティブラーニング，授業管理戦略，公正な評点などのテーマに沿って，新任教員に対し電子ハンドブックを用意している。

動向調査と対話：非常勤教員に関するマーケティング・プログラムや彼らとの対話には難しさがある。非常勤教員は学内にオフィスを持たず，郵便受けがあっても頻繁に確認しない。電子メールでの連絡は，資料を印刷・郵送するよりも費用もかからず，一般的になってきた。非常勤教員のメーリングリストやウェブサイトを作り，現在提供できる専門性開発の機会についての情報を知らせることができる。最も影響力がある連絡方法は，学科長たちや

コースのコーディネーターからの連絡だろう。彼らがプログラムのことを知り非常勤教員に出席するよう促してくれる場合，単に情報を掲載した電子メールを送るよりも，はるかに効果がある。ちらし，ポスター，パンフレットを他のイベントや，非常勤教員の郵便受け，オフィス，教員の集まる場所の近くで配付するのも情報を広める手段である。繰り返しになるが，非常勤教員と連絡を取る際，複数の手段を取ることが必要だ。

非常勤教員対象の専門性開発のニーズ

非常勤教員はさまざまな経歴や指導経験を経て職に就いているので，個々のニーズはばらつきが大きい。しかしライアン（Lyons, 2007b）によると，非常勤教員の基本的なニーズは以下のようにまとめられる。

- 教育機関とその文化や慣行への徹底したオリエンテーション
- 基本的な教育とクラス運営のスキルに関する十分な訓練
- 教育機関への帰属意識
- 導入的な専門性開発と継続的な専門性開発
- 適切で適当と認められる質の高い仕事に対する評価（Lyons, 2007b, p.6）

オリエンテーション

総合的なオリエンテーションは，新任の非常勤教員がそのポストに対する期待と責任について学び，高等教育機関への結びつきを認識し，同僚に会い，教育者としての準備を行えるように促す支援の中核を成す。一般に非常勤教員の雇用のプロセスは，常勤教員に比べると機関との関わり合いが薄いため，非常勤教員はポストに就く前に最低限の接触しか持っていないことが多い。さらに，教えるときしかキャンパスにいないことが多く，同僚から仕事の非公式な「こつ」を学ぶ機会が少なくなる。こうした要素があるので，オリエンテーションは新任の非常勤教員にとって重要度が増す。

非常勤教員は，大学・学部・コースからの期待に関心を持たなければなら

ない。同時に，駐車許可，コンピューターのアカウント，図書館の使用許可の取り方，緊急事態や授業に間に合わないときの連絡先，その他事務的なことも知る必要がある。そして最も重要なことは，新任の非常勤教員は授業を教える準備ができている必要があり，それには科目管理システムの使い方や教育用テクノロジーが含まれる。非常勤教員専用のハンドブックを冊子またはオンラインで用意している教育機関は多く，基本的な情報を確認できるよう常勤教員とパートタイム教員の両方を対象としたハンドブックを渡すところも多い。

スミスとライト（Smith and Wright, 2000）は，パートタイム教員を対象とした新任教員向けオリエンテーションに盛り込む必要のある要点を下記のとおり明らかにした。

○ 非常勤教員が教育機関の使命，目的，核となる価値を熟知するよう十分な機会を与える。
○ 遵守が必要な指針と手順の「仕組み」を非常勤教員に教える。
○ 非常勤教員が学部内で人間関係を築けるよう支援する。
○ 非常勤教員がメンターを探し出し連携できるような機会を提供する。
○ 非常勤教員と学部の上層部との間に，信頼性が高くわかりやすい連絡手段を確立する。
○ 授業に必要な基本的授業ツールを提供する（pp.55-57）。

教育機関の状況が一様でないように，オリエンテーションの形式と内容はとても多様である。非常勤教員用にオリエンテーションを準備する際，さまざまな機関にいる教員が抱く個々のニーズに敏感になるのは重要である。最大のニーズと感じているものについて，在職中の非常勤教員や大学事務からフィードバックを得ると，プログラム作成に役立つ。常に非常勤教員に関しては，オリエンテーションを複数の方法で実施すると役に立つ。

このコンセプトはセントラルフロリダ大学（UCF）で実施され，イー（Yee, 2007）が文書にまとめている。UCFは1学期につき約300人の非常勤教員を雇用する。イーによると，教育機関における非常勤教員のFDの問題点は，離職率が高いこと，専門分野や経験の多様性，ばらばらに雇用する

ので新任の非常勤教員を特定し連絡を取るのが難しいことの3点である。UCFは「非常勤教員が支援を受け，さまざまな期間と内容を持った訓練に参加できる重層的な機会」を設けることで，この問題に対応した（Yee, 2007, p.15）。新任教員のオリエンテーションとして3つの方法を作った。

　最初の方法は，イーが指摘したように組織の重要な仕組みに関する1時間のワークショップをいくつか組み合わせることである。こうした短いワークショップを学期が始まる直前および始まった直後に提供し，ワークショップのパンフレットから編纂したワークブックを教員に提供した。

　2つめの方法は，各学期の開始時期前後の土曜日に丸1日8時間の集中的なリトリートを実施することである。約3分の1を大学独自の情報と大学の資源，残りの3分の2を教育学的な話題に費やす。非常勤教員は，出席に対して給料が支払われ，教育に関する本が与えられる。出席者に対し，大学の知識と教育上の資源について事前・事後調査が行われ，教育に関する一般的な原則とUCF特有の方針に関する知識について事前・事後テストが行われる。

　第3の方法は，学内の資源と教育に関するオンラインコースである。このコースは自主学習のために作られ，電子的に出題される問題，ディスカッションフォーラム，オンラインで提出しフィードバックを受ける宿題などの利用を通じてモジュールの内容を強化する。また，このコースは，ティーチング・ポートフォリオを形成する機会にもなる。

教育活動への支援

　常勤教員とパートタイム教員の教授法戦略を比較する研究の結果，2つのグループに差がないとしたものと差があるとしたものに分かれた。本章ですでに指摘したように，レズリーとガッパ（Leslie and Gappa, 2002）は，講義，ディスカッション，テストに費やした時間については常勤教員とパートタイム教員では差がないとした。イーガン（Eagan, 2007）は，常勤教員とパートタイム教員が利用した指導方法に関し *2004 National Study of Postsecondary Faculty Report on Faculty and Instructional Staff*（National Center for Education Statistics, 2004）の調査結果を分析して，どちらも中間および学期末に，論文と短文問題を同じように利用していると結論づけている。

実際のところ，常勤教員の方が，学生に学期末レポートとグループ・プロジェクトを行わせることが多いという差はあった。また，特にオンラインの科目で，パートタイム教員は常勤教員に比べ，授業でテクノロジーを使わないこともわかった。

コミュニティカレッジ研究センター（Center for the Study of Community Colleges, Schuetz, 2002）が実施したコミュニティカレッジの教員の調査結果を分析すると，パートタイム教員は常勤教員に比べて革新的または協調的な教授方法を使うことが少なく，概して学生，同僚，組織全体と交流を持つことが少ない。また，パートタイム教員はチューター制度やカウンセリングなど学内サービスの利用が少ないこともわかった。調査結果は，非常勤教員は，特に教授技術，協調学習，革新的な教授戦略の利用について，常勤以上とまでは言わないが同等の教育支援を必要としていると示唆している。教育上の戦略における常勤とパートタイムの差がこうした戦略に関する経験の差から生まれている場合は，こうした分野に焦点を絞った専門性開発によって縮めることができるだろう。

新任教員は，オリエンテーションにより授業をする上でよいスタートを切るのに絶対に必要なスキルが得られるが，オリエンテーションで参加者が習得し理解できる範囲には限度がある。教育活動に関する継続した支援は，教育を改善し，革新的な戦略の利用のため，新任だけでなく2年目以降の教員にも必要である。こうした支援は，ワークショップ，シンポジウム，講習会，書籍，論文，ウェブセミナー，オンライン・リソース，教員の学習サークル，学部中心のセミナーなどにより提供される。内容は，シラバス構成，初日の授業，コースの計画，成績評価，教授戦略，学生の多様化，教育用テクノロジー，学生による授業評価など，常勤教員に提供されるものに非常に似ている。

徹底した教育活動の支援とは，教育活動に関するコースを提供することである。インディアンリバー・コミュニティカレッジが行う「効果的な教育を行う教師のためのコース」（Instructor Effectiveness Training）がその例である（Harber & Lyons, 2007）。秋と春の各学期が始まる1〜2週間前に始まり，土曜日の午前中に3時間半のセッションが4回実施される。コースの計画，コースの効果的な運営方法，効果的な授業を行うための戦略，学生の

達成状況と教育の効果の評価などを中心とする。

非常勤教員に役立つ教育コースのその他の例としては，インディアナ州エバンズビルにあるアイビー・テック・コミュニティカレッジ・サウスウェスト校が実施している「学習カレッジの授業」(Teaching in the Learning College)[1] がある (Silliman, 2007)。このコースは，コースの内容を6週間オンラインで提供し，同期間中，対面のミーティングを2回行うというハイブリッド式である。

表彰と報奨

卓越した教育活動が大学の目標である場合，そうした活動を認め報いる方法を見つけるのは不可欠である。学部や大学のレベルで，とりわけパートタイム教員に教育賞を授与するのは，非常勤教員による教育への貢献の価値を広める方法である。パートタイム教員にとって常勤教員と1対1で競うのは不利だが，常勤教員とパートタイム教員の両方を対象とした一般的な賞を用意することも1つのやり方である。レズリーとガッパ (Leslie and Gappa, 2002) によると，パートタイム教員が傑出した教育活動に対する賞を受けたケースは常勤教員に比べてかなり少ない。

卓越した教育活動を表彰する別の方法は，そうした教育活動に基づいた昇給や昇進の機会を提供することである。教育機関の中には，非常勤教員のランクを複数設けているところがあり，その場合昇進が可能である。例えば，ベルモント・カレッジ (Belmont College) は非常勤教員に，インストラクタープロフェッサー，アシスタントプロフェッサー，アソシエイト，プロフェッサーの4ランクを設定している (Lohi-Pasey & Bennett, 2006)。

教育活動に関するワークショップへの非常勤教員の招待，専門性開発プログラムの修了証の授与，専門家会議への旅費の一部を負担する財政的支援は，非常勤教員を表彰する別の方法である。パートタイム教員は，常勤教員とは

訳注 [1] アメリカで1990年代半ばに学生の学習を中心とする教育という概念が広がったのを受け，コミュニティカレッジの連盟である League for Innovation in the Community College の代表テリー・オーブライアン氏がカレッジにおいてもこの概念を取り入れるよう主張した。1997年に発表した *A Learning College for the 21st Century* において，学生の学習を中心としたカレッジを学習カレッジ (learning college) と表現し，この概念を定義した (Reynolds, J. and Werner, S. (1998) A Transition for Community Colleges: Teaching Institutions to Learning Institutions. *Inquiry*, 3 : 1, 9-18.)。

異なり，こうしたタイプの専門性開発の資金援助を受けられることはまずない。

終わりに

　非常勤教員はほとんどの高等教育機関で重要な役割を果たしている。他方，教育開発者は，非常勤教員が十分なオリエンテーション，大学のコミュニティに溶け込む機会，学生に最良の学習経験をもたらすのに必要な継続的支援などが確実に得られるよう手配することで，彼らの専門職としての成長に貢献する役割を果たす。こうした活動に従事する者にとって，教員と学生の両方に目に見える結果を生み出す経験は充実感を与えてくれる。

第14章 キャリアの各段階における教員への支援

アン・E・オースティン

　大学教員は，所属する組織のタイプによって比重は異なるが，みな，教育，研究，サービスに携わっているように考えられている。しかし，教員のキャリアにおける経験はその個人がどのようなキャリアステージにいるのかによって大きく異なる。さまざまなキャリアステージの特徴は，個々の関心事，課題そしてニーズによって表される。そのため，効果的な FD を計画するためには，大学教員のキャリアがどのように変容し，それぞれのキャリアステージにおいてどのような FD が効果的なのか理解する必要がある。よく設計された FD プログラムとは，すべての教員に関係するプログラムやサービスとともに，キャリアステージに合わせて設計されたプログラムも提供する。

　本章の目的は，(1) 教員のキャリアを概念化する際に利用する一般的なキャリアステージ，(2) 各キャリアステージの特徴，課題や関心事，(3) それぞれのキャリアステージにいる教員のニーズにあった FD 戦略やプログラムを編成するための関連事項を説明することである。本章では，まず，3つのキャリアステージの説明をし，人口の分布がそれぞれのキャリアステージにいる大学教員の分布にどのような影響をおよぼしているのかについて簡単に考察する。次に，初期，中期，後期キャリアそれぞれについて3つの節に分けて述べる。各節では，それぞれのキャリアステージの主要な特徴と有効なFD 戦略について取り上げる。情報をどこで手に入れれば良いかは各節で紹介する。

キャリアステージの概説

　初期キャリアの教員は「新任教員」（new faculty）や「若手教員」（junior

faculty）と呼ばれることがある。ただし「若手教員」という名称については，大学教員になる年齢がばらばらになってきたため，近年使われなくなっている。例えば，大学教員としては初期キャリアや新任教員かもしれないが，教員になる前に，ビジネス，法律，医学，行政などで長年のキャリアがある場合もある。一般に，キャリア初期の教員とは，教員としての任用から7年以内の教員や，テニュアを得ていない教員と定義されている。年配の大学教員の退職増加につれ，初期キャリアの大学教員が占める割合は増えている。さらに，伝統的学生と年長の学生双方が増え続けているため，高等教育機関が雇用しなければならない大学教員数は増加するだろうと予測されている。また，退職の年齢に達していないにもかかわらず離職する教員がいるため，新任教員の雇用が増えている教育機関もある。高等教育研究所（Higher Education Research Institute）による最近の調査によると，回答者の少なくとも3分の1は大学教員を辞めることを考えたことがあると答えている（Lindholm, Szelenyi, Hurtado, & Korn, 2005）。こうした理由により，多くの教育機関でキャリア初期の教員の割合が増えている。アメリカでは，常勤教員もしくはパートタイム教員の41.3%が7年以下の教員歴である（U. S. Department of Education, 2004）。

また，初期キャリアの教員については，ジェンダー，人種・民族，雇用形態についても注目すべきである（Gappa, Austin, & Rice, 2007）。教員に女性が占める割合が増え，教員歴6年以内の新任常勤教員のうち女性は1969年には20%だったのが，現在は44%である。約25%の新任教員が少数民族の出身で，教員歴が7年以上の教員になると約17%に下がる（U. S. Department of Education, 2004）。初期キャリアにいる女性や有色人種特有の問題や課題を把握し，彼らがキャリアを確立する支援を行うことは，教育機関の質や将来に対する投資となる。

教員採用における変化は，非テニュア・トラックやパートタイムの教員ポストに現れている。初期キャリア教員のうち（教員歴が7年以下），46.1%が非テニュア・トラックのポストについている。教員歴が8年以上の教員の場合，非テニュア・トラックのポストにいる割合は25.1%である（U. S. Department of Education, 2004）。特に注目すべきなのは，1960年代以降パートタイム教員の割合が増えていることである。2004年，常勤ポストの教員は

わずか54％で，46％がパートタイムである（U. S. Department of Education, 2004）。FDは長年勤務する可能性のあるテニュアトラックの教員だけを対象にするという方針をとる教育機関もある。しかし，非テニュアトラックの教員も重要な役割と責任を果たすのだから，彼らの仕事の質を支援するFDの機会が与えられるべきだとする教育機関もある。非テニュアトラックの教員を支援する方法を考えることは，こうした教員の割合が増えている現状を踏まえると，特に重要である（Capt. 19「コミュニティカレッジにおけるファカルティ・ディベロップメント」〔本書では未訳〕，第13章「非常勤教員との協働」参照）。

　一般に，キャリア中期の教員とは，テニュア制度を持っている機関において，試用期間（多くの機関では約7年）を終え，テニュアが与えられ安定した雇用が約束されている教員を指す。キャリア中期がいつまでを指すのか，ということは明確ではないが，キャリア中期というカテゴリーに入る教員はこれから長い年月を教員として過ごしていくことになる。1980年代から90年代にかけ雇用環境が厳しかったため，高等教育機関の多くは，教員のキャリア年数による分布が2つのピークを持ち，キャリア初期と後期の教員数が多く，中期が比較的少ない。キャリア中期の教員は，大学運営への参加の重い責任を担い，さまざまなリーダーシップを発揮するよう求められることが多い。教育，研究，サービスなどの責任について「こつ」を知っているが，依然として課題は多く，キャリア中期特有の専門職上の懸念事項を抱えている。

　シニア教員（キャリア後期の教員）は一般に，退職が視野に入ってきた教員をさす。キャリア後期がいつからなのかという正式な定義はないが，退職までの期間が10年から12年程度の教員を想定している。アメリカにおいて2005年時点で，テニュアを得ている教員の50.5％が55歳以上だった（U. S. Department of Education, 2004）。1989年の時点で，55歳以上の常勤教員は24％だったが，現在は3分の1以上を占める（Lindholm et al., 2005）。シニア教員の割合は過去15年間上昇しているため，退職者数は今後10年間一定のペースを維持するとみられる。このグループは，シニア教員特有の課題や問題，懸念事項を持っており，FDプログラムは彼らの生活や仕事の質を豊かにするような支援を提供することが期待される。

　次の節では，各キャリアステージにおける教員の経験や懸念事項，課題を

さらに詳しく検討する。各セクションでは，教員キャリアの性質が生涯を通して変化することを考慮した上で，教育機関が提供できる具体的な戦略とプログラムについて提案する。

キャリア初期

先行研究によると，キャリア初期の教員の経験は極めて首尾一貫している。新任教員は，教育，研究，専門職としての態度，習慣などに関するさまざまな知識と技能，対人スキル，高等教育に関する専門知識を有する必要がある（Austin & McDaniels, 2006; Austin, Sorcinelli, & McDaniels, 2007）。教育に関し，科目設計，学習科学，学習プロセスを向上させるためのテクノロジーの使い方，学生が学習に主体的に取り組むよう促す方法，学生の成長と学習に関する評価方法などについて理解する必要がある。また，研究アイデアの開発，実行，報告の方法についても理解しなければならない。誠実さ，倫理基準の遵守，専門家としてのネットワークを形成するスキル，生涯にわたって学ぶ意思を持つ必要がある。また，高等教育の歴史，教育機関のタイプの多さとその使命，採用の種類による性格と責任の違い，学者としてのアイデンティティを形成する意味についてある程度は理解しなければならない。このように新任教員が持つと期待されている知識とスキルは幅広いが，研究結果によると，通常，彼らは大学院において，新任教員に求められる知識とスキルを体系的な方法で体験していない（第12章「大学院生および専門職大学院の学生の能力開発プログラム」参照）。

実際，研究によると，大学教授職を希望する博士課程の学生の多くは，授業，学生への助言，研究費の調達，教育機関の一員としての運営への参画などの準備が十分できていないと感じている（Golde, 1998; National Association of Graduate-Professional Students, 2001）。大学教員としてのキャリアを追求することを選んだ学生の多くにとって，博士課程の教育は，職を得る可能性のある教育機関のタイプの多様性，多様性による使命の違い，大学教授職への教育機関の違いがもたらす影響などを理解するためにはほとんど役立たない。つまり，新任教員は通常，これから自分たちがやることについて学ばなければならないことが多いのである。文献が指摘するように，博士課

程の学生は概して，研究活動も含めて一連の教員としての仕事に対処するには，ほとんど準備していないのが常である（Austin 2002a, 2002b; Austin & McDaniels, 2006; Golde & Dore, 2001; Nerad, Aanerud, & Cerny, 2004; Nyquist et al., 1999; Wulff, Austin, Nyquist, & Sprague, 2004）。

新任教員は，熱意，学問への情熱，未熟な学習者と自分たちの培ってきた専門性を共有することに打ち込む姿勢を持ちつつ新しいポストに就く。彼らのモチベーションは，知的挑戦への期待，学生との刺激ある交流の見込み，柔軟性のある仕事を経験することへの期待，やりがいのある仕事に携わる機会などである（Austin et al., 2007; Rice, Austin, & Sorcinelli, 2000）。しかし，研究によると，そうした熱意，情熱，努力にもかかわらず，キャリア初期にある者は，本節で取り上げる具体的な問題や心配事を繰り返し訴える（Gappa et al., 2007）。具体的な問題とは，テニュアのプロセス，同僚との関係とコミュニティへの関与，専門職としての責任と個人としての責任とのバランスと時間に関するものである。

テニュアのプロセス

驚くべきことではないが，キャリア初期の教員にとって最も気がかりなことは，キャリアの構築であり，テニュアのある教育機関ではテニュアを獲得するプロセスに関することが含まれる（Austin & Rice, 1998; Austin et al., 2007; Boice, 1992; Menges, 1999; Olsen & Sorcinelli, 1992; Rice & Sorcinelli, 2002; Trower, 2005）。キャリア初期の教員は，応えなければならない期待に戸惑いを感じている。仕事上重点を置くべきことに関して，不透明で時には矛盾するメッセージを受け取ると述べることが多い。また，所属する機関の重点事項が変わり，期待値が常に上昇しているようだとも訴えている。さらに，期待に応えようとする過程で受け取った反応が，散漫であまり役に立たないと感じることも多い。大学院を出たての教員が取り組む新しい分野のことを，先輩の同僚が理解するかどうかも心配事の1つである。

期待や反応に関する懸念以上に，キャリア初期の教員が気にするのは，再任とテニュアの決定の検討プロセスに関する手続きである。学科長が交代し，教員に対する期待や基準に変更があると，キャリア初期の教員は不利だと感じることがある。同様に，審査委員会のメンバーが交代制でレビューの過程

に透明性が不足すると,キャリア初期の教員にとっては不安が増す。また,テニュア・レビューの予定表が懸念対象になる教員もいる。学術誌の発行の遅れが研究業績の提示を妨げることがある。設備の調達が研究に不可欠である自然科学と工学において,実験室における設備設置の遅れがあると問題である。まとめると,キャリア初期の教員は,テニュアをとるプロセスの不確実性,透明性の欠如などが原因でストレスを感じるため,テニュアをとるプロセス全体が,FDによってガイダンス,情報,支援を提供する領域となる。

同僚性とコミュニティ

キャリア初期の教員が訴えることの多い懸念事項のうち2番目に多いのは,同僚との関係とコミュニティに関するものである(Austin et al., 2007; Boice, 1992; Gappa et al., 2007; Rice et al., 2000; Tierney & Bensimon, 1996; Trower, 2005)。新任教員はキャリアを始めるに当たり支援してくれるメンターや友人を見つけようとする。特に,自分たちがどういう状況下で働いていて,どういう資源を利用できるかについて,経験豊富な同僚が理解の手助けをしてくれるのを望んでいる。ところが,孤立と競争に直面していると訴えるキャリア初期の教員が多い。

大学という職場の特徴により,コミュニティという感覚や,新しい同僚のメンター役を務める時間が確保されない傾向にある。「共働きの世帯」とは,数十年前は当たり前に行われていたような教員が集まる社交的なイベントを計画する者が家庭にいないという意味である。コンピューターの利用が広まったことにより,教員は集まって話をするのではなく,オフィスに籠ったり,在宅勤務をしたりするようになった。こうした変化は,新任教員と先輩教員とが非公式な交流を持ったり,コミュニティを作ったりすることができなくなっている状況を意味する。新任教員が同僚性やコミュニティの構築を経験できるよう支援する方法を見つけることが,FD活動にとって注目に値する分野になるだろう。

バランスと時間

研究によると,博士課程の学生は大学院での経験を積むにつれ,大学教員という仕事について心配するようになる(Austin, 2002a, 2002b; Rice et al.,

2000; Wulff et al., 2004)。自身のメンターを観察すれば，彼らが忙しく，時にはてんてこ舞いの生活を送っていることがわかる。そのため，初めて大学教員のポストに就いたとき，普通持つ疑問は，職業上の複数の役割に関し，どうやって優先順位を付けバランスを取るかということである（Austin et al., 2007; Boice, 1992; Gappa et al., 2007; Menges, 1999; Rice et al., 2000; Solem & Foote, 2004; Sorcinelli et al., 2001; Trower, Austin, & Sorcinelli, 2001; Whitt, 1991）。新任教員は，教育，研究，学生への助言，委員会，社会貢献などを，どのようにしてすべてやり遂げるのか，また，果たすべき業務に教育機関の報酬体系がどの程度対応しているか，について案じている。例えば，新任教員にとって授業とそれに必要な準備は時間がかかることが多いが，報酬体系は研究の生産性に重点を置いている。こうした不調和が起きた場合，どう対応するかでストレスを感じるキャリア初期の教員もいる。興味深いことに，時間が経過し教育に慣れてきても，研究の生産性に対する期待に応えようとしたり，間近に迫ったテニュアの決定に関する懸念が大きくなったりすると，時間とバランスに関するストレスは増える（Olsen & Sorcinelli, 1992）。

　キャリア初期の教員は，複数の，時には相反する専門的責任を果たす方法を見つけ，これに加えて，専門職としての役割への個人的な関与のバランスをどう取り，それによって生じるストレスにどう対応するかに苦慮する（Austin et al., 2007; Gappa et al., 2007; Gappa & MacDermid, 1997）。共働きの夫婦が一般的になり，男女とも家庭生活や個人的な趣味に取り組む時間を確保したライフスタイルを追求するようになると，キャリア初期の教員は，公私のバランスをとるための効果的な手段に強い興味を示す。キャリア初期の教員の多くは，スケジュール設定と，時には雇用形態にさえ柔軟性を求める。つまり，常勤とパートタイムとを選択できるようにすることに興味がある者もいる（Gappa et al., 2007）。

　コミュニティを見出すこと，時間の管理，複数の責任を扱うことなどは，特にキャリア初期の女性教員と少数民族出身の教員にとっては困難が伴う（Rice et al., 2000; Tierney & Bensimon, 1996）。キャリア初期の男女は家庭を持ち始めることが多いが，女性教員の場合，キャリア上，他者より秀でようと懸命な時に出産というもう1つの身体的なストレスを抱える。Chap. 14

「少数派教員との協働」〔本書では未訳〕で取り上げたように，少数派の教員は特に孤立感を感じるが，委員となり，個々の学生のニーズに応えたいという希望を述べる。これは，彼らが少数グループの声を代弁するよう求められることが多いからである（Moody, 2001; Rice et al., 2000）。

キャリア初期の教員を支援する FD 戦略

多くの研究者は，キャリア初期の教員に必要な FD として，地位の確立，期待とテニュア，報酬体系についての理解，仲間を見つけること，複数の責任を果たすこと，公私の適切なバランスの追求などに関するニーズに向き合うことを支援する活動を取り上げてきた（Austin et al., 2007; Boice, 1992; Gappa et al., 2007; Menges, 1999; Rice et al., 2000; Sorcinelli, 2000; Sorcinelli & Austin, 1992, 2006; Sorcinelli, Austin, Eddy, & Beach, 2006; Tierney & Bensimon, 1996）。

責任に関する情報資源：キャリア初期の教員を支援する重要な方法は，彼らの教育，研究，サービス活動，テニュア・プロセス，個人的・仕事上の責任を果たすことに関する教育機関の情報資源について確実に知らせることである。雇用時に実施される最初のオリエンテーション，また最初の学期または最初の1年のうちに提供されるオリエンテーションのどちらのプログラムも，有用な情報を提供する。主要な情報資源へのリンクを1カ所にまとめた CD やサイトを提供する教育機関もある。学科長は新任教員が頼る第1の情報資源としての役割を真剣に果たすよう促されるべきである。セミナーとワークショップは，キャリア初期の教員が教師としてまた研究者として自己を確立しようとする際，役に立つ支援を提供することで FD プログラムの柱となることが多い。特に再任とテニュア・プロセスに関する不確実さと不透明性を低減することを目指すセミナーは重要である。再任，テニュア，評価に関する基本的な情報を新任教員に提供し，その後，2～3年キャリアを積んだ教員用に企画した内容の濃いワークショップを実施する教育機関もある。

同僚との関係育成を目指す支援・奨励戦略：1回限りのワークショップは，有益な情報だけでなく，所属する学部やスクールを超えた仲間と会う機会を

キャリア初期の教員に提供する。キャリア初期の教員による仲間作りやコミュニティの形成を支援するのに，より効果的なのは，長期プログラムである。新任教員の関心とニーズに特に的を絞り，年間を通じ予定を組んだ一連のワークショップがその一例である。別の例は，多くの大学で行われているティーチング・フェロー・プログラムで，キャリア初期の教員のグループが毎年選ばれ定期的に集まり，教育の問題について話し合い，教育機関について学び，教授と学習法に関連するプロジェクトに参加する。また，月に一度会合を開き，教員が同僚との関係を築くのを支援する教育機関もある。

メンター戦略：また，メンター・プログラムは，新任教員が疑問に答えを見つけたり，同僚との関係を築いたりする手助けをする（Austin et al, 2007; Sorcinelli & Jung, 2006）。メンターに関するグループセッションを行ったり，同期，同期に近い者（数年の差で先輩になる同僚），シニア教員，学科長など階層を無視してメンバーを構成するなど，メンターに関する革新的な手法で実験的取り組みを行っている機関もある（Sorcinelli & Jung, 2006）。うまくいくメンター・プログラムは，一般に，目標，定期会合，相互主義という性格を有する関係を確立していることが多い。

バランス向上戦略：キャリア初期の教員が複数の業務の管理，公私のバランスの取り方について抱く懸念に関し，教育機関が提供する支援として最も望ましいのは，関連する方針やプログラムについての全情報が簡単に手に入ることである（Gappa et al., 2007）。休暇に関する方針，テニュアプロセスの期限延長オプション，医療，子育て，病児支援，職務変更のオプションなどに焦点を当てたウェブサイトやワークショップは，教育機関の重要な戦略である。また，日常生活に関する義務を管理するさまざまな方法に特に焦点を当てたワークショップは，キャリア初期の教員には役に立つ。

キャリア中期

キャリア中期の教員の経験は，キャリア初期ほど研究されていない。前述のとおり，キャリア中期はその定義さえ難しい。中期は一般にはテニュア取

得以前の期間の終了時から始まるが，中期の終了時とシニア期の始まりの境はあいまいである。キャリア中期における前半がテニュア取得後5年以内で，キャリア中期における後半はテニュア取得後5〜20年ほどの期間だと理解している研究者もいる（Baldwin, DeZure, Shaw, & Moretto, 2008）。この時期に教授の地位を得る教員もいれば，准教授としてキャリアを継続させる教員もいる。キャリア中期の性格を決定づける課題や問題の多くは，退職の時期が迫るキャリア後期へと継続される。

　ボールドウィンら（Baldwin et al., 2008）による最近の研究は，キャリア中期の教員が抱える主要な問題に関するデータを示している。一般に，キャリア中期は中年期と重なり，中年期とは多くの成人にとってキャリアに関わる分野での優先事項と目標の再評価を行う時期である。テニュア取得後にキャリアの達成度を測る指標がほとんどないため，キャリア中期の大学教員は，新たに目標設定し業績を評価する必要性にせまられ，不安を抱える。テニュアを得てキャリア遂行にストレスを感じなくなったという教員もいれば，テニュアをとるために短期的に設定された目標を達成していくのではなく，長期的なプロジェクトを設計する能力が必要となるためストレスが増大したという者もいる。テニュア取得後の評価制度を設けることで，自己評価や同僚による評価の機会をつくる教育機関もある。こうしたプロセスは，教員にとって支援となり刺激ともなるが，同時に不安を引き起こす。

　キャリア中期の教員に共通の課題は，リーダーシップをもっと発揮し，管理・業務に関する責任をもっと負うよう求める同僚からの期待にこたえることである。キャリア初期の教員は，学科長や先輩教員によって，委員会や大学の業務を担うよう求める期待から守られていることが多い。それとは対照的に，キャリア中期の教員は，委員会や学科の長への就任，学科への助成金の確保などをこなしつつ，テニュア取得前の同僚のために時間を確保しようとして，自らがパンク寸前になっていることが多い。そのため，キャリア初期では時間管理が課題だったのに対し，キャリア中期では時間的制約が増大している。また，ワーク・ライフ・バランスの問題は，特に育ち盛りの子どもを育てるというニーズと増大するキャリアの機会と責任がもたらす期待とを両立させようとしている男女教員にとって，さらに難しいものになっている。テニュアが得られるまで出産を延期する女性教員もいる。このような場

合，キャリア中期前半は，女性が子どもを持ちたいという大きな要求を持つ時期と重なる。

　キャリア中期の一部の教員にとってもう１つの大きな課題は，仕事に対する活力と熱意の維持である（Baldwin et al., 2008）。教員は何年も同じコースを教え，もはや興味をかき立てられない研究課題に取り組んでいたりする。また，自分と学生の年齢の差がどんどん大きくなり，学生との関係構築が課題となる場合もある。活力を維持するためには，自らの専門分野における最新研究成果について知っておかなければならないが，新しい知の創造のスピードやテクノロジーの革新による知の扱われ方の変化などにより，新たな課題に直面している（Gappa et al., 2007; Sorcinelli & Austin, 2006; Sorcinelli et al., 2006）。

　また，近年の学生の性質の変化とテクノロジー開発の速さにより，キャリア後期の教員だけでなくキャリア中期の教員にとっても課題が生じている（Gappa et al., 2007; Shih & Sorcinelli, 2007; Sorcinelli & Austin, 2006; Sorcinelli et al., 2006）。例えば，学生の多様化は，地位を確立した教員に対し，年齢と経歴が多様化した学生の学習ニーズなど，さまざまな学習スタイルの土台になる新しい教育手法を学ぶ必要を生じさせる。学習者に重点を置いた教育方法に対する関心が広まると，教員は，教育の専門性を高める新しい機会に接するという興奮と，これまで専門性をもって実施してきた手法を変えなければいけないという課題に直面する。テクノロジーの普及により，教員は，テクノロジーを利用した学習方法を教育活動に取り入れたり，テクノロジーを活用した新しい研究方法やデータ収集の手法を学んだりしなければいけなくなった。電子メールやその他のコミュニケーション・ツールにより，学生は，教員に即座にまた頻繁に連絡がつくと期待するようになるが，これは，キャリア中期およびシニア教員に今までの労働習慣を変えるよう求めることである。学生，学習プロセス，テクノロジーなどに関するこうした変化は，教員すべて，特にキャリア中期・後期の教員に機会と課題をもたらしている。

キャリア中期の教員を支援するための FD 戦略

　どのような専門性開発戦略が，キャリア中期の教員を特に支援できるだろ

うか（キャリア後期の教員も同様である）。教員のキャリア・ステージに関する研究者からの提言がある（Baldwin et al., 2008; Gappa et al., 2007; Sorcinelli & Austin, 2006; Sorcinelli et al., 2006）。この節では，キャリア中期の教員を支援する学科長の役割，ならびに助成金や報奨金，メンター活動，リーダーシップ開発などを含む戦略に焦点を当てる。

学科長の重要な役割：学科長には，キャリア中期の教員の活力が衰えないように，育成，奨励，喚起を行うという重要な役割がある。キャリア中期の教員が抱える問題に耳を傾け，教育機関が彼ら熟達教員に対し敬意を払っていることを示し，キャリア中期の教員が教育活動に活力を保ち，新しい分野を切り開けるよう財政支援とその他の資源を提供することで，上記の役割を果たす。また，学科長は，学部の優先事項を念頭に置きながら，教員それぞれの目標と計画を扱い，個々の専門性の成長を目指す3年から5年の計画を，経験豊富な教員とともに開発する。伝統的なサバティカル休暇も教員を活性化できる。サバティカルに関する課題には，今日，共働きの家庭が一般的になり，キャリア中期の教員は子どもが学校に通う年齢になることが多く，サバティカルの取得が経済的また実際上，非常に難しくなっていることが挙げられる。革新的な戦略のひとつは，中期および後期の教員が，柔軟性のある複数年の計画で，教育と研究の重要度を変えることができるオプションを認めることである（Gappa et al., 2007）。

助成金と報奨金：教育機関は，学科長に専門性開発を提供する「第一線の提供者」（first-line providers）と認識するよう促すだけでなく，キャリア中期の教員に対し，FDの機会および資源を提供すべきである（Baldwin et al., 2008; Gappa et al., 2007）。その資源とは，キャリア中期の教員が新しい研究の方向性を探究する手助けをし，さまざまな分野または機関から仲間を集めた共同研究を支援する「萌芽的研究への助成金」などである。そうした報奨は研究活動を促進させるだけでなく，新しい同僚間の関係も育てる。教育活動に関する賞の目的は，特に，熟練した大学教員の業績を認め促進することである。

メンター・メンティの関係：前述のとおり，新しいメンタリングの手法を実験的に取り入れている教育機関もある。メンター制度は，キャリア中期の教員およびシニア教員による生産的な関わり合いを利用することで成立し，新任教員は彼らの経験を共有することができる。そうした関係は新任教員に支援を提供するとともに，キャリアの確立した教員を活性化できる。メンタリングの新しいバリエーションとして，キャリア中期の教員がメンタリングを受ける側になることがある（Baldwin et al., 2008）。

リーダーシップの開発：キャリア中期の教員に対するリーダーシップ開発の重要性を認識している教育機関は少ない（Baldwin et al., 2008; Gappa et al., 2007）。リーダーシップ開発は，以前から多くの教育機関で学科長に対して行われてきた。最近のリーダーシップ開発は，キャリア中期前半の教員が，プロジェクトの運営，人的資源，葛藤マネジメントのスキルなど，委員会やタスク・フォースでリーダーシップを発揮する際に役立つスキルの開発を行う。

キャリア後期

　10～12年後に退職する教員は，キャリア後期またはシニアステージだと考えられる。特に，長年活力を維持する重要性，リーダーシップ開発への関心，変化する学生のニーズへの対応やテクノロジー利用能力の取得への期待など，前節で検討したキャリア中期の教員の問題は，キャリア後期の教員にも同じように当てはまる（Gappa et al., 2007）。

　また，前述のFD戦略は，シニア教員への支援としても役に立つ。しかし，特に注目すべきなのは，メンターとしての機会であり，キャリア後期の教員だけでなく最近退職した元教員の関心を引くだろうということである。こうした経験豊かな教員は生産的でありたいと思う者が多く，新任教員を指導するような経験をしてきた。同時に，メンターとしての活動は，シニア教員にとって新しい視点や考え方をもたらすとも言える。例えば，シニア教員が，新任教員に対して学部内の政治を切り抜けられるよう支援をしたり，論文原稿に意見を述べたりするのに対し，新任教員は最近の研究動向や教育におけ

る効果的なテクノロジーの活用方法についてのこつを教えることができる。

　シニア教員が特に関心を持つのは退職計画に関することである。教員が雇用形態と仕事の割合を徐々に変え，最後には完全退職に至るという段階的退職を提供する教育機関がある。FDプログラムにより，退職までの計画を立てる際，キャリア後期の教員は，セミナーやウェブサイトを通じ提供され，役立つ政策や選択肢について，十分な情報を簡単に入手することができる。また，シニア教員は，信頼できる学科長，FDディレクターや他のリーダーと，満足かつ豊かなキャリアを全うすることに関する課題と影響と，彼らがかかわる退職の決定プロセスについて話し合う機会を持つことを歓迎している。

終わりに

　どのキャリアステージにいる教員も，教育機関にとって重要な資産である。カレッジや大学は，教員が直面するキャリアステージごとの問題を認識することによって，人材の賢い使い方ができるようになる。効果的な専門性開発プログラムは，キャリアステージを通じてどの教員にも関係する内容だけでなく，各ステージに応じたプログラムも提供するのである。

第15章　組織開発

ケイ・J・ガレスピー

　PODネットワークが1974年に設立されて以来，組織開発の重要性は，その名称に反映されているだけでなく，綱領にも明確に掲げられてきた。現在のPOD綱領は以下のように述べている。「PODネットワークは，教員および組織の開発を通じて教育・学習活動の継続的な向上を目指す努力を奨励し，この目的を果たすため，教育開発担当者の活動を支援するとともに，学問的営みに対する教育開発担当者の重要性を認識する」（POD Network, 2003）。さらに，組織開発については，PODの「重視すべき価値観」においても重要な用語として言及されており，そこでは，「人間味のある，協調的な組織および管理運営」の開発に向けて特段の取り組みを行うとされている（POD Network, 2003）。こうした組織開発の使命や一連の価値観は，POD会員の間に浸透しており，そのことはアメリカとカナダの会員を対象とした最近の調査からもうかがい知ることができる。同調査からは，教育機関のタイプを問わず，教育開発担当者が，自らの所属するカレッジや大学が変化に対応できるようにする仲介者であり，教育機関内の主要な当事者であると考えていることがわかる（Sorcinelli, Austin, Eddy, & Beach, 2006, p.142）。

　PODネットワークの活動において組織開発が継続的に重視されるようになってきたことは，POD年次大会のセッションテーマでも確認することができる。例えば，1977年の第2回年次大会では，プログラムに次のようなセッション名が記載されている。

「学科長のためのリーダーシップ開発に関するワークショップ」
「学内業務——学科組織や管理組織との協議」
「学部への介入のケーススタディ」

「大学アドミニストレーター養成のアプローチ」

2008年の第33回POD年次大会でも，組織関連のテーマを扱った次のようなセッションが開催されている。

「組織の市民性文化を醸成するための学科長の能力開発」
「組織開発と学生の学習の促進に向けた施設計画の活用」
「専門性開発を支援するためのキャンパス事務室間の協力体制の構築」
「談話カフェを活用して組織改革に影響を与える」
「組織改革の担い手となることの負担と報奨」

POD大会の内容から判断する限り，組織開発に対する関心が当初からあったことは明らかであり，それは現在も続いている。

本章では，こうした歴史的な基盤を踏まえつつ，とりわけ教育開発の文脈における組織開発の定義と理解について概説するほか，組織開発に資する教育開発活動のための実践的な提言を行い，実践事例を示す。こうした議論の中で，教育開発担当者が，機関レベルにおける教育活動の全体像をいかに概念化し，関係者の協力関係を構築することの重要性に配慮し，いかに「組織的に」考えるかだけではなく，実際に行動するのかについても触れることとしたい。

本書では，これまでの各章で教育開発活動に関する膨大な量の情報や指針を提供し，実践的な提言を行ってきた。本書においても，FD（faculty development），教育開発（educational development），専門性開発（professional development）などの異なる用語が使われるなど揺れが見られるが，このことは，この分野がなお流動的で形成期にあることを示している。各章の著者は，教授法・教員・大学院生の開発に関する詳細な事項について解説を加えてきたが，本章では，組織開発について考察することを通してこれまでのトピックを包括し，常に変化し続ける存在として教育機関全体を考察することにしたい。

本書の読者は，教育開発分野に入ったばかりの人や経験豊富な人，教員や職員など，多岐にわたると考えられるため，ここで一言，特に新たな教育開

発事業を始めたばかりの人や，そうした活動に抜擢された人に注意を促しておきたい。端的に言えば，本書のこれまでの章で言及され議論されたすべての事項，あるいは，本章で取り上げるすべての事項を熟知し，実行できる人はいない。また，いかなるプログラムも本書の提言のすべてを実行することはできないし，そうすべきでもない。人の知識や経験は，教育開発分野で活動を始め，それを続け，プログラムが成熟していく過程で蓄積されていくものである。実際，経験豊かな教育開発担当者は，この分野に関する理解を一層発展させる努力をやめてしまってはならないと考えるものだ。それは，既存の学問分野や人間の他の営みについて言えることと同じである。本書の読者は，組織開発のテーマが，おそらく教育開発分野の中ではより発展的な段階に位置づくテーマであり，この仕事の初期段階には不向きであるとの思いを抱くだろう。しかし，組織の問題は，教育開発で起こるすべてのことに関わる枠組みを提供し，組織開発の取り組みの重要性を理解することは，この分野の初心者にとっても有意義なことなのである。

定義と概念化

　教育開発分野における組織開発は，以下のように理解されている。すなわち，「ある教育機関とその部局における組織的な構造と手続きの開発であり，組織開発の取り組みは，教員，職員，学生，その他のスタッフを支援することを目的に，組織が効果的かつ効率的に機能するようになることを目指すものである。学科長に対してリーダーシップ訓練を施すことや，集団プロセスの効果的な利用，教育機関の使命の見直し・改定，組織改革の実行，機関ガバナンスの問題などが組織開発分野に該当する代表的なトピックである」（Gillespie, 2002, p.v.）。筆者は，この分野においては「関係性」（relationship）と「文脈」（context）という2つの基本的な概念が重要であると考えている。

関係性

　組織開発とは「関係性」に関わるものであり，すなわち個人や集団，機関内の部局や下位組織の関係が含まれる。それゆえ，組織開発とは，テニュ

ア・昇進に関わる方針・手続きの見直しと改定，教員の役割と報酬体系に関する議論，部局レベルでの話し合いと集団プロセスの促進，適切で秩序ある調査研究の実施，コンフリクトの管理と解決手順など，人事の問題を包摂するものだと見なされている。また，部局の報告系統や，教育プログラムと学部との整合的調整といった機関内における関係性に関する考察も含まれる。要するに，教育開発担当者は，教育機関内の人間的・構造的な相互作用，ならびにそうした相互作用が個人，教育機関，その内部組織の機能に与える影響の両方を考えなければならない。そうすることで，こうした相互作用をより効果的かつ人間味のあるものにする方法を探すことができるようになる。

文脈

　組織開発は，学習が生じる幅広い文脈下で機能し，こうした文脈の詳細は教育機関の間で大きく異なることを理解しなければならない。組織という観点からみると，組織の枠組みと機能にとって基本的な意思決定がいかに重要であり，方針や実践の改革がいかに組織という織物にしっかりと織り込まれたものなのかを認識する必要がある。例えば，この織物には，コースの形態と提供方法に関する決定や変更，物理的スペースの設計や配置，教員によるガバナンス構造が含まれ，さらに，おそらく我々はあまり注意を向けていないが，教育機関の理事会の任務と特定の利益までもが含まれる。こうした相互作用がすべて，当該組織のすべての人々の仕事，教育環境，組織開発の文脈などに影響を与える。そして組織開発は，教育機関全体の機能だけでなく，教育機関の下位組織間の関係にも注目しなければならない。バロン（Baron, 2006）はこうした関係について，「大学組織は世間から隔絶して存在しているのではないし，また，自分のためだけの孤島にもなれない。そのため，FDの機能は機関全体の文脈に基づいて見直される必要がある。FDの効果，時にその本当の意味での生き残りは，自らの領域外の組織開発に影響を与え，関与しうるかどうかに大きくかかっている（p.29）」と簡潔に述べている。

　また，本書の他の章でも重要性が強調されているように，文脈には，機関文化の考察も含まれる（Chap. 5「聴け，学べ，導け――ファカルティ・ディベロップメントを始める」，Chap. 7「プログラムの促進と組織内での定着」参照〔本書では未訳〕）。これは，重要なので再度触れておきたい。機関

文化は，明示的であれ暗黙的であれ，組織が重んじる価値の反映であり，組織開発は良くも悪くもその文化の枠内で行われるものである。文化は変化がもたらされると進化を遂げる。あるいは，それとは逆に，文化が進化すると変化が起こるということもあるが，革命はめったに起きるものではない。つまり，建設的な変化はゆっくり進捗することが多いという事実を認め受け入れなければならない。変えるとは時にまったくもって厄介な作業なのである。
　FD分野の先駆者であるウィリアム・H・バークィスト（Bergquist, 1992）は，*The Four Cultures of the Academy* という著書の中で，大学世界における文化の概念について思慮に満ちた考察を披露し，組織開発を考えるのにふさわしい土台を提示してくれている。彼はまず，組織文化全体の形成に共に貢献する4つの文化を概念化している。彼によれば，4つの文化とは次の通りである。

　1．専門領域に根差した「同僚的文化」
　2．明白な教育目標に焦点化した「管理的文化」
　3．コミュニティの全構成員の成長に重点を置いた「開発的文化」
　4．機関資源の公平で平等な分配に重点を置いた「交渉的文化」

　個別機関における枠組みの中でこうした概念を理解することは，組織の観点から考察しようとする際に役立つ。バークィストは「組織の変化およびイノベーションの促進」を議論するにあたって，「我々は，現状をいかに改善するかについてただ学ぶよりも，自らのカレッジや大学が抱える課題に対応するほうがより多くのことをなすことができる（1992, p.187）」と述べている。この指摘は，教育開発担当者が組織という観点から考え行動するのを後押しするものだと思う（なお，同書の最新版では，上述の4つの文化概念に「目に見える文化」と「目に見えない文化」の2つの概念が加えられている（Bergquist & Pawlak, 2008））。

組織開発──実用性と行動

　教育開発担当者として活動してみると，その立場の特質上，学内における

改革の担い手としての役割を担うことになるとすぐ気づくことだろう。教育開発担当者の多くはそれが刺激的な仕事であると心から感じているだろうし，教育開発担当者は自らを改革の推進者であり先導者であると見なしているものである（Diamond, 2005）。このように理解することで，当該組織内における教育開発活動の実用的な側面を検討すること，すなわち組織的思考を行動に転換することが可能になる。こうしたあらゆる活動の背景には，高等教育環境における内的・外的な課題や複雑さがあり，教育開発担当者が組織的に思考するようになると関わることになる支持者や関係者が存在する。

高等教育の環境がもたらす課題と複雑さ

　さまざまな方面から改革要求が出され，変化が求められ，財政・予算の逼迫に直面し，アカウンタビリティを求められるなど，日ごろ我々を取り巻き，あるいは苦しめるあらゆる問題に対応するなかで，高等教育環境の課題はこれまでになく複雑さを増している。こうした環境下では，先行対応型であるよりも応答型であるほうが圧倒的に楽である。実際には，教育開発担当者として我々はこれら2つの方法を同時に使って行動することが多いが，その結果として生じる緊張に対処していかなければならない。

　何十年にもわたって改革要求が多方面から出され，大学も集合的にあるいは機関ごとにさまざまな対応を見せてきた。政府によって報告書や勧告が出される，民間財団が彼らのアイデアを普及させてイノベーションを促進する，評価機関が基準や要望事項を修正する，学生や親が希望や時には要求すらする，議会が法律を制定する，裁判所が判決を下す，国家システムが改革を命じる，教育機関が戦略計画を策定し改定する等々。このように一覧表は延々と続く。

　うんざりするほど長い政府提言が記載された報告書を読んでは学内で討論することがあり，ごく最近でいえば，スペリング委員会（Spelling Comission, About the Cominission, 2008）として一般に知られた委員会の提出した所見について論議が起きた。他方，学問の本質について高等教育全体に論議を巻き起こしたボイヤーの独創的な業績（Boyer, 1990）のように，提示された見解や提言が積極的に採用されることもある。また，ボイヤーの著作に対する反応は，教育と学習に関する学究的活動（SoTL）（Hutchings &

Shulman, 2007) のような適応をもたらしたという点で，民間財団が我々の活動に与える重大な影響力を示した実例でもある。1960年代に例えば学生による授業評価を実施するようになったように，外部社会の要求に対応するとともに，ごく最近のようにアカウンタビリティに対する要求にも対応していかなければならない。さらに，決定を下し行動を評価するにあたっては，こうした外部の要求に対応し，そのことによって生じるプラスの結果に加え，そしてしばしば厄介な結果にも対処しなければならない。全国的な団体が教育開発を擁護することもある。アメリカ高等教育学会（American Association of Higher Education）は1970年代から2000年にかけてさまざまな分野で改革を主導し，例えば教員の役割や報奨というあいまいな分野にも対応してきた。同学会が財政的理由から活動をやめざるをえなかったのは残念である。議員立法によってアファーマティブ・アクションに関する法令が制定され，このテーマをめぐって，法廷，大学，時には市民団体までも加わってしばしば白熱した議論が展開されてきた。教育機関が新しいプログラムを整備しても，その後予算削減が実施されれば，現在の実施状況や実施可能性について再考と修正を求められることになる。ここでも再び，諸変化への対応と，そうした対応がもたらす改革の一覧表は次々と続いていくことになる。

　それぞれの一覧表に何が含まれていたとしても，我々が高度に複雑化した環境の下で働いていることは間違いない。教育開発担当者として，自らの機関における教育・学習活動や教育開発活動のあらゆる側面での向上を真剣に進めようとするなら，こうした環境を理解し十分な情報を得ようとすることが我々の責務である。教員，アドミニストレーター，職員が働く大きな組織体系やユニットを形成し，そうした関係者の行動に影響を与えているものこそ環境だからである。

　組織の観点に立って考えるようになれば，組織構造の重要性を理解し，我々の価値と使命に沿った方法で構造を変革しようと努力するようになる。また，教員，大学院生，教育方法，組織に対する開発など教育開発が対象とする多様な領域には明確な区分ができないことも認識する必要がある。各活動領域は互いに影響し合う。ハッチングスとシュルマン（Hutchings and Shulman, 2007）は，自らの思考の中で各領域をつなぐことが重要であると指摘し，教員の能力開発活動や組織開発をまとめて次のように述べている。

「各教員が教育に関する学究的活動（scholarship of teaching）の事例を発展させているのを見ることはいい励みになる。というのも，それが次の活動への促進剤となるからである（それはちょうど，そうした取り組みが教育方法の研究に収斂した多様な伝統に由来する仕事の上に成り立っているのと同じだ）。しかし，同時に必要となるのは，そうした取り組みを活性化させる文化やインフラである」（傍点は引用者）（26行目）。

環境がもたらす課題や複雑さ，そしてその影響力を理解するには，以下の諸点に注意を払わなければならない。

知識：何にもまして，高等教育全般の重大事，データ，動向，イノベーションなどについて絶えず情報を得るように努力しなければならない。こうした知識は，会議への出席，*Chronicle of Higher Education* 誌や *Change* 誌などの一般的な高等教育の出版物，他の教育開発担当者とのネットワークなどを通して獲得し深めることができる。同時に，本書掲載の他の章でも強調されているように，自らが所属する教育機関の方針と手続きについて熟知しておかなければならない。重要な方針，手続き，情報マニュアルはどの教育開発室にも，目につく場所に置いておく必要がある。

組織への関与：我々は，内外の環境の複雑さを把握して解明しようとする組織的営みや，求められている改革を推進しようとする組織的営みに関与し，積極的に貢献していくことが大切である。こうした行動は，所属機関または部局内の将来構想委員会や戦略計画委員会等の仕事に関わることで推進されることが多い。

現実：さらに，我々は課題や障壁に直面することがあることも認識しておかなければならない。課題や障壁となりうるのは，一緒に仕事をする同僚の特徴や性格であり，自機関を取りまく環境が有する構造や文化であり，我々が当該機関内で担う使命から生じる実際上・認識上の障壁であり，もしかしたらこの種の活動に関わることへの我々自身の躊躇や懸念ということもあるかもしれない。

関係者と関係性

　Creating the Future of Faculty Development（Sorcinelli et al., 2006）によれば，教育開発担当者がこの分野の将来に向けて描くビジョンは，組織の開発と改革にもっと重点を置くことを求めている。この中で回答者は，教育開発担当者が特に学科長や学部長など学内リーダーと協働すること，ガバナンスに参画すること，センターやプログラムを所属機関の優先事項と適合させることを通して機関内で強いリーダーシップを発揮するべきだと述べている。そうすることで，教育開発担当者が協働や関係にいかに取り組めばよいかに目を向けるきっかけとなる。

　学科長や他のアドミニストレーターとの協働：学部（department）は教育機関にとって重要な組織単位であり，ルーカスによる一連の研究（Lucas 1994, 2002; Lucas & Associates, 2000など）によって学科長との協働の重要性に注目が集まった。「過去10年間の学科長との仕事を通して，学部を効果的に機能させる上でリーダーやFD担当者の役割が重要であると考えるようになった」（1994, p.xvi）。「学部が学部を変革する主体であろうとするなら，学科長はリーダーシップ，知識，スキルを発揮して，教員に質の高い学部をつくりあげるよう動機づけなければならない」と彼女は述べている（2002, p.157）。さらに，学科長との協働を組織開発に結びつけることで，「学部との協働はFD担当者に相乗効果をもたらし，FD担当者がその教育活動に影響を与えうる教員の数は大幅に増える。学科長との協働は教育機関全体に影響を与えることから，組織開発戦略と見なすことができる」とも述べている（2002, p.159）。

　このように理解すれば，学科長は教育開発における我々の協力者だということになる。また，学科長は学部内での教員の能力開発や教授法開発に対する影響力が大きいことから，学科長との関係を発展させ育てることに注意を払うことが重要である。新しく教育開発の長になった人は，会合のために具体的な議題を準備して，時間をかけて学科長全員と会うように努めるべきである。学科長は学部の教員につながるチャンネルそのものであり，その影響力——あるいは，影響力の欠如——は，教員の能力開発や教育方法の開発活

動，プログラム策定に対する教員の関心を大きく左右することになる。学科長の集まる会議が設置されていれば，そのグループとの面会を求め，できれば特別な議題を提示することに加え，可能な場合には活動についても提示してもよいだろう。

　高度な教育開発の機会や高いレベルのスタッフを備えた教育機関では，教育開発担当者が学科長のリーダーシップを高める一連のワークショップやセミナーに関与したり着手したりすることがある。この職位にある者にとって関心があり重要であるテーマにはきりがない。そうしたシリーズは，学科長ポストに就こうと考えている者にとっての開発機会と見なされることもある。中間管理職のポストにある者は，効果的リーダーシップに必要となる重要な技能や知識への準備が足りないか欠けていることが少なくない。学科長のポストに焦点を絞ると，リーダーシップシリーズには人事の運営及び手続き，予算策定，コンフリクトマネジメント，対人スキル，苦情処理手続き，重要な法的問題，その他幅広い重要な問題が含まれることになる。ワシントン大学の組織改革センター（Center for Institutional Change）は，ワークショップの開催を通じて1つの機関内で計画的なリーダーシップ訓練を提供している例である。このプログラムの焦点は，「リーダーシップ開発にある。1年に4回開催される半日のADVANCEリーダーシップ養成ワークショップでは，学科長，学部長，その他の教員に，より有能なリーダーになるための専門性開発ワークショップが提供される。学科長は，他の教員も大学におけるリーダーシップの問題に触れられるように，各ワークショップに将来のリーダー人材を招待することが推奨されている」（UW ADVANCE，刊行年不詳，第1パラグラフ）。

　もう少し地味な手段も存在し，それは，学科長の能力開発や，特に彼ら自身のリーダーシップ開発など，学科長を教育開発の追求と結びつけ，促すために行われる取り組みである。例えば，バンダービルト大学の教育センター（Center for Teaching）は，ウェブサイトに特定のページを設置して学科長に役立つウェブリソース，センター図書室で入手可能な関連の印刷資料，学部内で生じる問題に焦点を当てたケーススタディ等を提供している（http://www.vanderbilt.edu/cft/resources/teaching_resources/specific_audiences/chairs.htm．参照）。

また，教学系であれ非教学系であれ，アドミニストレーターも我々の仕事には重要なので，彼らとの関係を開拓していくべきである。そうした活動の成果は，教育開発事業の推進や向上となって現れる。つながりが公式なものか否かを問わず，副学部長や学部長補佐を含む学部長職にある人々との関係も育てていくべきである。例えば，教育開発活動が掲げる使命と一致しているのであれば，特別委員会や臨時の委員会の委員就任を買って出たり，学部長が特に関心を寄せる改革計画を積極的に支援したりするとよい。学部長会議を置く機関があるが，そうした組織との会合は，学部長らに教育開発活動について情報を提供するとともに，彼らの抱える関心や懸念について情報を得る機会となるので有益である。ミシガン州立大学の教育・組織開発室（Office of Faculty and Organizational Development）の活動は，アドミニストレーターおよびリーダーの能力開発のための広範なプログラムを提供するという点で，意図的な学内リーダーシップ開発活動の実践例だといえる。この取り組みには，新人アドミニストレーターや学部長を対象としたオリエンテーション・ウェブサイト，上級リーダーシップ・アカデミー（Executive Leadership Academy），リーダーシップ・アドミニストレーター（LEadership and ADministrator: LEAD）といった一連のセミナーが含まれている（Office of Faculty and Organizational Development, 発行年不詳）。

　新人および経験豊かなアドミニストレーターを対象とする，機関の枠を越えて提供される開発プログラムや開発機会の種類についても知っておくべきだろう。研究を踏まえた優良事例についての情報が管理職に十分に提供され，彼らがそうした研究や優良事例について学び，的確に遂行するのに必要なスキルを開発できる機会が必要である。そうした情報を常に把握していれば，それを他者と共有する絶好の機会にも恵まれるだろう。情報源としてふさわしいのは *Chronicle of Higher Education* であり，教育開発担当者であれば毎週の読書リストに入れておいて損はない。

　教員が担うマネジメント組織がどう呼ばれているにせよ（例えば，教授会（faculty senate）や教授審議会（faculty council）），当該組織のリーダーたちのことを忘れてはいけない。同組織はきわめて重要な組織構造であり，公式非公式を問わずそのリーダーと関わることは，組織開発の機会をもたらし，我々の仕事全体に影響を与える。また，組合が組織された機関では，教育開

発上の重要な仕事仲間になる可能性のある組合のリーダーと知り合いになっておくのは有益である（第5章「重要なスキルと知識」参照）。PODネットワークは，全国レベルの教員組合であるアメリカ教育協会（National Education Association）と長年にわたって効果的な共同出版活動を行っており，同組合の会員誌に教育・学習活動の効果に関するコラムを連載している。

　我々はまた，報告ラインにある組織や部門の中でも，組織的に考えようとすべきである。例えば，ファカルティ・ディベロップメントの長が，個人としてであれセンター長としてであれ，学務担当管理職に報告する立場にあるのであれば，同オフィスのスタッフと知り合いになる。組織運営上の課題を認識し，その課題解決を支援すべく積極的かつ感応的に対応できるように準備をしておくことは有意義である。

　学部や全学レベルの組織との協働：本書において強調されているように，教育開発の仕事は機関内の他の同僚や部門との協力を通して遂行されることがきわめて多い。学科長との人間関係ができてくると，それによって当該組織への出入りが認められるようになる。さらには当該組織を越え，教育開発活動に他者を意図的に巻き込むことで多様な可能性が生じる。例えば，予算策定手続きについてのワークショップを行うことで，予算担当管理職が学科長のリーダーシップ養成シリーズに関わるようになるかもしれない。教育開発プログラムのメカニズムを通して，学生担当職員が，学生や教員の行動に影響を与える方針や手続きに関する基本情報を広めるのを手伝ってくれるかもしれない。内科医は，全学的な教育開発の構造やプログラムを用いて，あらゆる人に役立つ健康情報を提供してくれるかもしれない。多様性や多文化を扱う部門と協働することで，多様性をめぐる課題に対する所属機関の関与にも大きな影響を与えることができるだろう。

　学部や学科の関心事や改革事項を常に意識するようにしていると，その取り組みに対する支援の方法をうまく探し出し，アドバイザー・推進役・参加者としてその取り組みに関わることができることもある。リー，ハイマンとルジンブール（Lee, Hyman and Luginbuhl, 2007）による学士課程教育の重要な変化に関する記述は，学部レベルにおけるグループ作業の格好の事例であり，学部内における改革に対する「レディネス」の概念を扱っている。

教員以外で構成されるガバナンス組織との面談を申し出て，教育開発のプログラムや活動について説明し，場合によっては具体的な議題や行動計画の提案をしてもよいし，同組織の関心事や特定課題について情報を得ておくようにするのもよい。要するに教育開発担当者は，あらゆる職種のスタッフが所属機関の使命に対して行う貢献の重要性に敬意を払わねばならない。我々は常に，他者を支援することを心がけ，必要に応じて教育開発の仕事に彼らをいかに巻き込むかを探し出そうという態度で臨まなければならない。図書館職員や多様性の問題に関わる部門で働く職員には特段の注意を払うとよい。
　こうしたパートナーシップを通して，我々がさまざまな方法で組織開発に貢献しうる位置を占められることを認識するのは重要なことである。

　委員会業務と教員によるガバナンス：委員会業務は，組織開発に関わっていくのに適したメカニズムを生むことが多い。教育開発担当者はそうした委員会に関与し，組織開発の課題に影響を及ぼし，改革主体へのつなぎ役を担うようにすべきである。こうした関与は，教育開発の仕事にとって重要な広報活動となりうるからである。
　重要な委員会業務の格好の事例として，所属機関の方向性を定め，教育学習環境に直接影響を及ぼす活動すべてに関わる戦略計画委員会がある。他の事例としては施設委員会がある。新しい講義棟が計画されているのなら，最初から設計に関わることが非常に重要であり，教育開発担当者は教育学習上のニーズを教育学習環境に反映させるように助言を行うことができる。他にも，教育開発担当者の仕事を促進する可能性が高く，我々の参加を歓迎してくれる委員会として，学士課程教育，一般教育，女性やマイノリティの地位，教員の役割と報酬，その他の教育問題を審議するタスクフォースや委員会がある。そうした重要な委員会活動に加わると，間違いなく組織に関わっていくことができる。そうすることで，全学レベルやカレッジ・スクールレベル，さらには教育開発部門に対して報告義務を負う部署の委員会組織に精通していく。もし教育開発担当者が学部に正規教員としてのポジションを有していれば，学部の委員会に関与する機会があるだろう。いかなる委員会であれ，準備を怠ることなく，委員会の任務や関連の方針・手続きを熟知しておくことが必要である。

しかし，他に注意すべき点としては，いかなる種類の，そしてどの程度の関与が適切なのかについて思慮深く決定しなければならないことである。例えば，戦略計画委員会，施設委員会，カリキュラム開発委員会などは興味深く重要であり，教育開発の点からも有益だろうが，それと同時に多大な時間が必要となる。たいていの場合，体育委員会（あるいは駐車場委員会）の委員になるのは適切ではない。当然，委員の決定方法にも注意を払う必要がある。教育開発担当者の任用条件によって制限がかかる可能性もある。正式な委員になることができない場合であっても，投票権のない委員もしくは助言者として非公式に参加できることもある。

　コミュニティと集団過程：いかなる高等教育機関でも，多くの重要なテーマをめぐってあらゆる種類の議論が常に生じているのは当然である。変化は往々にして漸進的ではあるが常に起きており，組織開発もさまざまな形で常に生じている。組織は，意図的であるか否かにかかわらず，確かに「学習する組織」なのである（第3章「教育開発プログラムの開始」と比較）。センゲ（Senge, 1990）によると，学習する組織とは「本当に望む結果を創出するための能力を絶えず拡大させる場所，新しく拡張的な思考方法が育成される場所，集合的な野心が解放される場所，そして学習方法を共に学び続ける場所」のことである（p.3）。センゲの観点から見て，我々の高等教育機関は意図的な学習する組織と言えるだろうか。教育開発担当者としての我々の仕事は，所属機関の意図的な学びを向上させることに貢献できているだろうか。意図的な学習する組織，つまりはこうした種々の願望を掲げた学習コミュニティの構築に貢献できているだろうか。こうした問いに対する教育開発担当者の答えは明確に「イエス」となるべきであり，そこにこそ理想主義の精神，前向きな動機，そして野心的な意志が反映されるのである。他方，我々の思いがいつも完全に実現するわけではないことも認識していなければならない。

　ともかく，高等教育における理想主義と日常業務の間には明らかに緊張関係があり，この緊張感は教育開発担当者に興奮と欲求不満をもたらす。ごく簡単に言うと，取り組みの内容・時期・程度を決定するジレンマに直面する。大学界全体，さらには部分を見据えた機関全体の観点に立つと，相互対話の

促進と発展,葛藤の解決といった組織の過程に関与する方法を見いだすことができ,それによって機関とその部局が機関の使命の実行に向けて共有されたビジョンを明確にするように支援できる。このような対応は葛藤を肯定的なものと見なす考え方に基づいている（Algert & Stanley, 2007; Stanley & Algert, 2007を参照のこと）。

　我々は教育と学習を丁寧に研究する文化を培い,その結果を意図的に教育開発プログラムに組み入れようと努めなければならない。きめ細かな研究を行い,葛藤を前向きに解決しようとすることはコミュニティの構築に役立つ。ネバダ大学ラスベガス校の教育・学習センター（Teaching Learning Center）は学内の学習支援センター（Academic Success Center）と共同で,大学が主導で行う活動の一環として「談話カフェ」プログラムを提供しており,これはまさに前向きな研究精神を反映したものである。この取り組みにおける談話の目的は,同大学1年生の経験について理解を共有させることにある。1時間の「カフェ」が5回計画され,参加者は討論に際して2つの問いを与えられる。問いは各カフェで異なるものが提示される（Teaching Learning Center, 刊行年不詳）。こうした取り組みは明らかに機関内におけるコミュニティ構築に役立っている。

　教育開発担当者は,大学・学部・学科レベルで行われる学習評価の過程に関与することが重要である。評価に積極的に臨み,収集されたデータを前向きに眺めることで,例えば部局の連携,教員間での葛藤の解決,カリキュラムやプログラムの再検討等の組織変革につなげられることが多い（ウェールバーグによる Chap. 11「学生の学習に関する評価の実践」を参照のこと〔本書では未訳〕。ウェールバーグは,評価を「変革的」（transformative）であると概念化している）。

　アクレディテーションや再度のアクレディテーションの過程は,集団過程への関わりを通して,組織的な思考・行動を実践するうえで新たな機会を提供してくれる。最近,アクレディテーションの基準が変更されたが,組織開発への効果が高まり,品質向上計画（Quality Enhancement Plan: QEP）の導入にもつながった。「QEPには,学生の学習の向上をめぐって,明確に定義され焦点化されたテーマや課題に対応した行動指針が入念に設計され,記述されている。QEPは機関全体にわたる統合的な計画や評価過程の一部を

なしていなければならない」(The Quality Enhancement Plan, 2008, Para.I. "Overview")。こうした計画の開発や実施に向けた取り組みは，重要な組織変革につながる可能性が高い (Southern Association of Colleges and Schools, 2008)。

また，行動面では，同僚性という大学的価値を育成し強化しようと努めることが重要である。あらゆる側面で，組織風土がもたらす潜在的なマイナス面に対抗すべく選択的に取り組んでいくことが必要である。教育開発分野で著名で影響力をもつパーカー・パルマー (Parker Palmer) は，大学世界における恐怖の要素にたびたび言及している。それによれば，恐怖が蔓延してしまうと，確固として熟達した方法でコミュニティを構築すること，つまり集団で前向きに取り組みや議論を進めようとする動きが弱体化するという。パルマーは，大学内に存在する恐怖の文化について次のように述べて戒めている。「我々は，自らに挑み変化を促そうとするものに耳を傾けることを恐れる。……我々はそうした声を聴きたがらない。我々に挑み，破壊し，開こうとするあらゆる存在を組織的に軽視することで，自分を守る壁を入念に築こうとする」(Palmer, 1998, p.B12)。したがって，教育開発プログラムには，教員・アドミニストレーター・職員を対象に，コミュニティを構築し維持するための技能，つまり改革を促進させ，耳を傾け，積極的な研究や葛藤の解消を進めるのに役立つワークショップも含まれていなければならない。

ウェルズリー・カレッジの前学長であるウォルシュ (Walsh, 2006) は *Trustworthy Leadership* と題する著書の中で，高等教育の中心に位置づくリーダーシップが果たす責任とは，「意味と希望のあるコミュニティ，つまりすべての構成員が学び成長し，貢献し，自分が何者で何をもたらすことができるかを理解し認識してもらえる機会を提供するコミュニティを設計し維持すること」だと明確に述べている (p.29)。我々は，教育開発担当者として，こうした困難な課題に積極的に貢献することが可能なのである。

自組織の開発：教育開発において何ができるかを決定するのは，特定の機関文脈内において行われる取り組みに対する使命や責任であり，当該機関の特性や類型であり，我々が働く組織的背景や文化がもたらす多くの要素・特質・制約である。個人としては，機関全体よりも教育開発部門のほうが影

力を発揮しやすい。我々自身が所属する部局も組織開発の場なのであり，機関全体を相手にするよりも組織的な行動を容易に素早く行うことができる。我々は，教育開発活動に関する戦略的計画を実行し監視するとともに，それを部局レベルの内部のプログラム評価，機関の課題，戦略的計画，使命に関連づける必要がある。我々は手段を講じて，部局内の文化を調べ，潜在的な課題群に注意を払い，必要な場合には改革を行うように準備しておくことが重要である。

　とりわけ，同僚の意見に耳を傾け，他者を育成していかなければならないし，著者からは「人間味のある，協働的な組織および運営体制」の推進及び開発という，PODが掲げる価値に沿って努力するよう提言したい。この価値は，組織開発活動に関して我々が関与するすべてのことの羅針盤となる（Gillespie, 2000）。バークィスト（Bergquist, 1992）は組織の価値について，次のように述べている。「組織の価値を検討する場合，『暗黙知』に目を向けるようお勧めする。我々は，こうした価値が存在し，我々の生活と，現在働いている組織に対する態度に大きな影響を与えていることは知っているが，直接には気づかないことが多い。言い換えれば，『意識に上らない』ことが多い。それらは暗黙のうちに設定されたテンプレートとして機能しており，組織内における行為が『正しい』か『正しくない』かを見分け，組織内でどの程度変化が起きているかを測定するのに使われている」(p.353)。

終わりに——読者へのメッセージ

　本章の目的は，教育開発分野で活動し関心を持つ人々に対して，組織的な思考と行動を促し，そのための枠組みに関する考え方を示すとともに，各自の状況に応じて可能な範囲で組織開発活動を遂行するための実践的な提言を行うことにあった。組織開発の枠組みとしては，関係性と文脈という2つの概念軸があることを示した。この2つの概念は，各機関の複雑な文化に根差したものである。

　上記を基礎にして，組織開発に対するアプローチは，教員・大学院生・教授法開発の各領域で何が行われているかも取り入れつつ構築される。教育開発の試みが新しかろうと再創造されるものであろうと，あるいはその取り組

みがかなり小規模にとどまるものであろうと，教育開発担当者は，組織的に思考していないのであれば多くを達成することはできないかもしれない。しかし，組織的に思考することは組織的に行動することにつながる。その行動は，すべての学科長との会合を設けて学科の関心や懸念を把握するといった簡単な範囲にとどまるかもしれないし，あるいは関係者と協力して機関内で広範なリーダーシップ連続講座を提案し計画するといったより複雑な行動に及ぶかもしれない。学部内で問題となっていることに関する議論が進むように推進役を買って出たり，機関内の長期戦略計画委員会への参加を目指そうとしたりすることもあるだろう。行動の選択肢は多く，広範囲に及ぶ。組織開発を意図的に教育開発の一部に含めることもできるだろう。そうした行動への第一歩となるのが「組織的に思考する」ことであり，教育開発活動に関する考え方を機関全体及びその使命に浸透させることである。まさにそれが「行動」である。

　以上，本章及び本書は，組織開発についての基本的な考え方を示すことで終わりとしたい。組織開発はある意味，教育開発をメタに認知することである。すなわち，自らの思考そのものを認識し，現在の行動，目標とする行動，さらには，まだ実現できない行動を把握することである。組織開発の思考と行動に取り組むことは，高等教育や所属機関の目標達成において必要となる教育開発のあらゆる側面に関わることを意味する。なんとも刺激的な機会ではないか。

あとがき

ウィリアム・H・バークィスト

　FD 分野における卓越した人々が執筆した本書で，これらをまとめたあとがきを依頼されることは光栄であるが，私が，著者諸氏ほど高等教育に対して貢献——もはや愛情といってもよい——しているか，疑問のあるところである。私は，本書と結びつくとはあまり言えないもう1つの愛，それはブロードウェイのミュージカルに対する愛を胸に，このあとがきを執筆し始めている。このあとがきの執筆に当たり，『サンセット大通り』のミュージカルと，このミュージカルの元になった同名の名作映画の思い出に浸っていたのである。このミュージカルでは，往年のハリウッドスターであるノーマ・デズモンドが，長年ひたむきに仕事をしたパラマウント・スタジオに戻ってくる。彼女には，変わってしまったものと変わらないものについて言いたいことがたくさんあり，そして彼女が取り組んだ仕事は，「夢を見る新しい方法を世界に教えてきた」と歌に乗せて語るのである。

　私はこのノーマ・デズモンドと少し似た立場にいる。私は，20世紀の最後の30年間を過ごした分野に何年ぶりかで戻ってきた。豊かで洞察に満ち，有益な各章を読みながら，過去20年の間に変わったものと変わらないものがあることに気付いた。さらに，この分野が高等教育の世界に「夢を見る新しい方法」を伝え続けていることに感銘を受けている。

　この分野に戻ってあとがきを書くに当たり，テーマを2つに絞ることで大きな価値を果たすと考える。第1に，考察の基本として，本書の全23章について，変わらないものと変わったものについて検討する。混沌として複雑な新興の分野や学際分野のコンセプトをいくつか利用し，大学に存在するサブカルチャーに対する私の分析も紹介する。第2に，本書の各章は，特別なイノベーションを高等教育コミュニティへ普及する上で考えるべき基盤を与えており，その方法を提案する。エベレット・ロジャーズの言葉を借り，クーレンシュミットが執筆した「テクノロジーとファカルティ・ディベロップメントに関する問題」（第9章）が提案する別の言葉と比喩を利用することに

する。

すべては同じで異なる

　何年も前に，イングランドのタビストック研究所（Tavistock Institute）は，組織というものは基盤となる組織か，それに近似した組織に存在する特定の活動的なパターンを反復する傾向があると示唆した。この法則は，「サブシステムのミラーリング」と呼ばれることが多く，組織の各サブシステムは，組織全体にある活動的パターンの中からいくつかを反映するか，複製するという意味である。この法則は，20世紀中は関心を持たれなかったが，混沌として複雑なシステムに関する最近の研究により再注目されるようになった。システムが稼働する初期の状況と，そのシステムの歴史を通じて，そうした状況が継続する状態が果たす強力な役割についての理解が進んだ。この動きをグラフィック的に最も説得力を持って説明するには，フラクタルが適切で，特にマンデルブロー（Mandelbrot）と同僚が作った美しいデザインが最適である。フラクタルは，全体もしくはそのサブシステムのほとんどを自らのように複製するシステムである。例えば，松の木の枝は木全体の構造を複製する傾向があり，松の葉も同様である。

　FDが初めて実施されたときの基本的な問題点と緊張関係の多くは存続しており，本書の多くの章で明らかにされている。しかし，この幾分刺激的な表現は和らげる必要がある。第1に，FD分野についてここでコメントする場合，私は，この分野における1968年から1998年にわたる個人的な経験というレンズを通して，また，主にアメリカとカナダの教育機関で働いた実践者としての観点から判断している。オウレットの第1章（「ファカルティ・ディベロップメントについての概観」）で指摘されているように，この分野における活動の多くは，1968年よりずっと前から行われており，私はそのいくつかを示すつもりだ。チズム，ゴスリング，ソルチネッリ（Sorcinelli）の章「ファカルティ・ディベロップメントの国際展開」（第8章）で記されているように，多くのすばらしいFD活動が北米以外で始まっている。

　第2に，自分の分析が私の偏見を明らかにしていることは十分承知している。これは，（よくも悪くも）私が初期の問題の多くに取り組んできた立場による部分が多い。FD分野に今もある緊張感のいくつかについて，それを

生み出し，持続するのを手助けさえした。私は物語の一部であり，客観的な観察者にはなれない。しかし，会話や行動を実際に目撃しているので，FDという当時は新興の分野において「早い時期から」起こっていたことについて，正確にかつ率直に語ることができると思う。

ファカルティ・ディベロップメントは手段か目的か

Facilitating Faculty Development（Friedman, 1973）というタイトルの初めの図書は，Jossey-Bass 社から出た New Directions シリーズの最初の論文集であり，FD 分野の発展に大きく貢献した。この本は，FD を正当な事業として初めて主張しただけでなく，この問題について FD 分野における初期の緊張に関する証拠も提示している。FD はそれ自体重要なのだろうか，それとももっと大きくて重要な目的のための手段なのだろうか。この本は，ブラウンとシュクラフト（Brown and Shukraft 1971）が実施した，サンフランシスコ州立大学の教員に対する大規模なインタビューに基づいて，特に教員に焦点をあてていた。このインタビューは，彼らが，カリフォルニア州バークレーにあるライト大学院（Wright Institute）のネビット・サンフォード（Nevitt Sanford）との共同学術論文のために行ったものである。ジャック・ヌーナン（Jack Noonan）の初期の研究や，スティーブン・フィリップス（Steven Phillips）と私との共同研究は，ブラウンとシュクラフトによるこの著書と研究を土台としている。彼らは，教員が働く大学の独特な環境に敬意を払う態度を身につけていく方法を明確にした。

この分野は，*Faculty Development in a Time of Retrenchment*（Astin et al., 1974）の出版によって大いに盛んになった。私は，いくつかの理由でこの著書に注目している。第 1 に，再び緊縮財政の時期が訪れているから，2009 年にこれに似たタイトルの本を書こうと思えばたやすかっただろうということである。FD が緊縮財政という新しい課題にどのように関連づけられるのだろうか。

この重要な書籍の著者たちは，FD 分野だけでなく高等教育全般の指導者だった。ネビット・サンフォードは，同書と *Facilitating Faculty Development*（Friedman, 1973）出版の影の立役者である。オースティンとサンフォードは，ともに初期段階の FD 分野の概念的で研究主体の基盤を構築す

るのに，重要な役割を果たした。彼らは，1960年代後半や1970年代前半のような豊かな財政はもう望めないという高等教育コミュニティの課題に対し，FDは重要な役割を果たすと主張するのに尽力した。

　第3に，*Change*誌が出版したこの小さな書物は，FD活動を長年にわたり推進し，この分野における初期の長く続く緊張を強化することになった。FD自体は正当なものと認められるだろうか。*Retrenchment*（Astin et al., 1974）の著者たちは，経済状況がよくないときに教育機関の活動の質を高めるための手段として，FDをあげた。一方，初期のFDプロジェクトに携わる者の多くは，彼ら自身が専門職開発の機会を教員に提供するという課題に関心があった。率直に言って，私自身も含め初期の実践者の多くは，大人の熟練した同僚の「教育」の方が，18から20歳の未成熟な学生の「教育」より興味があったことを認めるだろう。特にネビット・サンフォードは生涯にわたる専門職の発達に関心があった。彼の著書*Learning After College*（1980）でも明らかだ。

教授法開発および組織開発の役割

　北米のいくつかのリベラルアーツ・カレッジにFDプログラムが実施され，マサチューセッツ大学などの大学で教育改善センター（teaching improvement center）が設置されたことで，次の大きな段階が訪れた。次の段階とは，ウィスコンシン州のウィングスプレッド会議センター（Wingspread Conference Center）で開かれた2日間にわたる会議の開催である。この会議は，アメリカ高等教育学会（AAHE）と私立大学審議会（Council of Independent Colleges: CIC）の共催だった。また，この2団体の指導者，ダイク・バーミリィ（Dyke Vermillye）とゲリー・クエル（Gary Quehl）は，2人とも初期のFD活動の強力な支援者である。このイベントのために，FD活動の初期のリーダー，また関連分野からボブ・ダイアモンド（Bob Diamond）など教授法開発分野のリーダー，ジャック・リンドクィストなど組織開発のリーダーが集まった。この会議の主要な成果は，FD分野に特化した新しい協会の設立を決めたことだった。

　新しい協会の設立総会の出席率を上げるため，CICによるFD研修イベントが同時に行われた。正式な会合の前に，チームを作るための訓練として2

日間のTグループ[1]のセッションが計画された。これは，酵母菌が追加されて発酵が進んだようなものだった。Tグループはこの分野の有力な実践者であるチャールズ・シーショア（Charles Seashore）が設営し，後にPODネットワークを設立することになる14名が参加した。このTグループは，シンシナティの近くの女子カレッジの小さい部屋で行われ，新しい協会にとって非常に幸先のよいスタートとなった。ボブ・ダイアモンドは床の上にあぐらをかき（椅子はなかった），私はグループ・ダイナミックスの驚きと感情の自由な表出に触れたことをはっきりと覚えている。その2日間で私はボブに対する認識を大いに深め，また，教員が専門職としての技能を向上させるための協会に教授法開発分野を確保し，文化の違いを超えようとする彼の意志に感嘆した。

　正式な会合が召集されると，私が新しい協会の事務局長に選出され，1時間その役を務めた。すぐにジョアン・ノース（Joan North）がこの重要なリーダー役としてずっとふさわしいとグループは判断した。新しい組織名についての話し合いにより，この分野のもう1つの緊張が明らかになった。この分野にはFD（専門職開発）だけでなく，組織開発，教授法開発も含まれるべきだろうか。ジャック・リンドクィストは「組織」という言葉を協会名に入れるよう熱心に，またしつこく主張した。教育開発分野のこの側面は2次的である（ようにみえる）ことが多かったが，初期段階でのリンドクィストの主張は，FDと組織開発との間の相互作用に関する今も続く論議を形作った。

　もっと幅広い観点から，大学の計画と開発がFDプログラムの影響の維持と拡大に果たす役割について討論が起きた。確かに，エド・ニールとアイオラ・ピード-ニールの章（原書Cap. 7〔本書では未訳〕），キャスリン・M・プランクとアラン・カリッシュの第6章，ケイ・J・ガレスピーの第15章は，FDと組織開発，戦略的計画，大学開発の相互作用についての論議がいまだに続いているとの分析を述べている。しかし，私は，組織開発にはいまだに2次的な役割しかないと考えざるを得ない。結局のところ，本書でもこの問題に直接取り組んだ章（第15章）は1章しかない。リンドクィストの

訳注　1)　トレーナーのもとで自由に自己表現を行い，人間関係を円滑にするスキルを身につける心理的訓練グループ。

早すぎる死は，組織開発に対する擁護者の喪失を意味したのだろうか。緊張はこの分野にまだ存在しているのだろうか。この最初の論議，この40年間，何度も繰り返されたのだろうか。それは，フラクタルなのか。

　教授法開発とFDとの間のギャップを埋めようとしたボブ・ダイアモンドの取り組みはどうだろう。ボブが心理的訓練グループのセッション中，あぐらを組んで参加していた価値があっただろうか。読者は，教授法開発の頭文字IがPOD（Professional and Organizational Development Network）の中に含まれていないことに気付いたであろう。もし含まれていたら，PIODかPOIDになっていただろう。本書のいくつかの章に注目すれば，ボブの努力はつまるところ報われたようにみえる。彼の名前は何度も引用され，教授法開発とFDを教育機関の中心に据えるべきだという彼の主張はさまざまな裏付けにより何度も強化されている。ロバートソンが第3章で指摘した情報テクノロジーと教育開発との相違点は注目に値するものだが，教授法に今以上に重点が置かれるようになれば，状況は改善するだろう。

　本書を読むと，以前よりさらに大まかではあるが，多くのFD開発者は，FD活動を各教育機関の教育的優先事項に，非常に賢明に適応させているように思われる。教育開発という言葉は本書で頻繁に使われている。これは，FDが教授法開発，カリキュラム開発，そして組織開発にまで浸透していることを意味する。確かに，教育開発という言葉が，FDを目的というよりは手段として区分するように仕向けているようだ。それとも，教育開発というのは，ただの言葉のあやでしかないのだろうか。多分，現在進行している教員の専門職開発の底には，こうした関心事が横たわっている。方法か手段かという緊張関係は，現代のFD分野ではフラクタルなのだろうか。

サブカルチャーとファカルティ・ディベロップメント

　シンシナティでのPODの設立後，アメリカとカナダの高等教育のあらゆる部門で，FDプログラムはその数と規模においてめざましい成長を遂げた。本書の第3部では，さまざまな種類の高等教育機関において，FD活動が取り組まれている興味深い事実が紹介されている。こうした普及については，このあとがきで掘り下げて検討するが，犠牲も伴うことにもなった。つまり，FDは状況が変わると別物にみえたし，今もそうだということである。状況

が変わると別物に見えるとは，プロセスが一様でないことを表している。また，全く異なる想定が独特なFD戦略の利用を特徴づけたのである。

1970年代から1990年代までさまざまなタイプの教育機関で働くうちに，私は，こうした多様な観点と内在する想定に興味を持つようになった。私の興味は好奇心だけではなく，生存本能によるものだった。私自身の言葉がクライアントに歪められ，FDの概念・戦略が受け入れられるよう別の参照枠を採用しなければならないとき，何が起きているのかを知る必要があった。ガレスピーの章「組織開発」（第15章）で述べられたように，私は，1990年代初期の大学における4つのサブカルチャー（同僚，経営，交渉，開発）について本を書いた（Bergquist, 1992）。私は最近，共著者のケン・ポーラック（Ken Pawlak）の助けを借りて同書を改訂した（Bergquist & Pawlak, 2008）。文化の名前を1つ変え（交渉を擁護に），他に2つ（可視的と仮想的）の文化を加えた。

20世紀の最後の30年間，同僚文化が首位を占め，経営文化が僅差で続いた。FD活動の多くが，同僚文化の中心地と言えるリベラルアーツカレッジと主要大学で行われていたからだ。本書の数章，特に研究大学と小規模カレッジに関する章を読んで，私は，これらの教育機関と同僚文化はいまだにFDにおいて重要な役割を果たしているという結論に至った。ただ，FDをそれ自体目的としてとらえる同僚文化は，21世紀には廃れるのではないかと思われる。また，経営文化の中心であるコミュニティカレッジには，FDプログラムを教授法開発およびカリキュラム開発の枠に当てはめ提供してきた長い歴史がある。本書には，FDが経営文化と密接に結びついている事例が多く述べられている。確かに，ザカライセックによる人材・財務経営への注目（第5章），プランクとカリッシュによるFDプログラムにおけるデータの統合と説明責任・財務運営の重視への注目（第6章）は，経営文化がいまだ健在であることを示している。

残念ながら，20世紀の最後の30年間，FDは交渉（擁護）文化とあまり密接な連携をとらなかった。本書の第2部，特に多様性の問題を扱う章の著者が指摘するように，この期間，白人の教員へのサービスだけに焦点が合っていた。少数派（非主流）教員のための専門職開発に対しても，すべての教員が多様な観点への認識を高めるプログラムの価値に対しても，ほとんど注意

が払われなかった。私は，別な本で（Bergquist, 1995），教育に多様な観点が提供されなければ，現代の学生にとって最高の質と最高の価値を持ちえないとで述べた。一方，こうした多様性は，自らのキャリア，知識の基盤，そして人生の目標を前進させようとする場合，多くの不利益を味わい，さまざまな経験を経てこれから大学に入って来る能力ある学生と教員に対して，高等教育にアクセスすることを拡大することで達成されるのである。その意味で，質とアクセスの関係について取り組んだ章には喜びを感ずる。特に，スタンレーによる，FD開発者が多文化に対する行動に取り組むなら，「所属する教育機関の教育資源を豊かにするだけでなく，大学界すべてを豊かにできる」との主張は満足すべきものである（原書 Cap. 13〔本書では未訳〕）。トゥーイットが包括的卓越性得点カード（Inclusive Excellence Scorecard）[2]，を明確にしたことは，オウレットの大学組織における権力と権威への注目と同様，元気づけてくれる（原書 Cap. 12〔本書では未訳〕）。クリスティン・スタンレー，フランクリン・トゥーイット，マシュー・オウレットのようなFD開発者が現れることが望まれているのである。擁護者兼指導者を務めるこうした人々がいれば，擁護文化は今後10年間，FD分野に強力な地盤を築くだろう。

Four Cultures（1992）を上梓した際に，私が注目した交渉（擁護）文化にはもう１つの側面がある。この面とは，高等教育における団体交渉が果たす役割に関係しており，そこで「交渉」という名前がついている。団体交渉は，ザカライセックによる簡単な記述（第５章）はあるが，本書のどの章でも主要なテーマになっていないのは興味深い。1970年でも，団体交渉の組織がFD活動の推進に果たす役割についてはかなり混乱があった。FDは教員組合が交渉して得る利益なのか，それとも，組合が守るべき大学の自由と自治に対する管理側の強制事項の１つなのか。確かに，団体交渉の精神と全教員の公平な扱いに対する幅広い懸念は，少数グループの教員に関する章（原書 Cap. 14〔本書では未訳〕）で扱われている。また，擁護に関する視点は，

訳注　[2]　アメリカ大学・カレッジ協会（AAC&U）が提示しているアクセス，学生の成功，学習の質を実現する上の指導原則であり，大学とカレッジが多様性や平等，教育の質についての努力を機関の使命や運営に活かすことを支援するために設計されている。原書Chapter 14参照。

非常勤教員に関する第13章で明確になっている。しかし，擁護文化はまだFD分野では二流の市民権しか得ていないのだろうか。本当に何も変わっていないのだろうか。等質性というフラクタルは損なわれないままだろうか。スタンレーが唱えた「生産的な葛藤マネジメント」（productive conflict management）を積極的に受け入れる姿勢はあるだろうか。

　4番目の文化である開発はどうだろうか。大学に所属する者からは，学生の学習と専門職の成長の両方を育成することに重点を置いているので，この文化はFD分野では目立つと思われているかもしれない。ジオールとフランクリンが第7章で形成的評価（総括的評価は経営文化とさらに密接な関係がある）を強調し，コルブ，ペリー，クロス，ボイヤーのような開発に関する著名な理論家，研究者，擁護者に対する関心を示したように，開発文化が本書の多くの寄稿論文で触れられているのは十分明らかである。同様に，ウェールバーグが述べた知識変革型評価（transformative assessment）の推進は，方向性においては開発的である（原書 Cap. 11〔本書では未訳〕）。私は，開発志向の仕事をした際，彼女の「航跡を見ているだけでは船の舵を取ることはできない」という言葉を知っていればよかったと思っていた。現代の発達主義者，特に視野のある人々の前向きな戦略を比喩した説得力のある言葉である。

　こうした論文があるにもかかわらず，開発文化は現代のFDにおいては二次的な役割しか果たしていないと思われる。本書の数章で展開されている強力な経営志向を読み取り，こうした結論を得た。投資に対する収益は数値化可能であり，プログラムを運営する人々に対する経営側からの強力な支援があり，FD活動の推進は教育機関の中心またはその周辺へ位置づけられていることから，FDの受容と制度化が進んでいるのは明らかである。学生，教員など大学コミュニティのメンバー全体にとっての「開発」を数値化するのははっきり言って難しく，「収益」が不定形な時，投資に対する収益を表示するのは難しい。開発志向のプログラムへの支援には，同僚主体の支援が必要になることが多いため，経営側の支援を「取り付ける」のは難しいことが多い。さらに，「開発」は教育機関の至る所で起きる（そして「開発志向」の組織風土を形成し，組織全体での開発文化さえもたらされる）という前提に立つと，開発戦略にはサービスの分権化が必要である。こうしたことによ

り，開発志向のプログラムを教育機関の中心に位置づけようとすると難しい課題が生まれる。

　開発文化が21世紀のFDで機能しないという意味ではない。本書の多くの章で，開発理論に関する高度で説得力のある分析や関連づけが展開されている。確かに，ウェールバーグによる，FDはアクレディテーションプロセスに密接に同調しなければならないとの提案（Chap. 11）や，開発者は変化を起こす主体であるととらえる彼女の見方は，開発文化が政治的手腕を身につけてきたことの証だろう。さらに，オースティンの「キャリアの各段階における教員への支援」（第14章）では，研究とプログラム設計の強力な組み合わせが取り上げられ，多様化に関する章では，人生経験が異なると開発に関する問題やスタイルに違いが生じる点が明らかになった。加えて，FD活動を学生の関与を促す活動にリンクさせる方法は印象的だった。学生の関与が開発文化の必須部分であるのは明らかであるからだ。

　本書を読み，私はノーマ・デズモンドのように，FD分野の依然として変わらない論点をいくつか発見することになった。この分野には，サブシステムの反映とフラクタルは確かに存在していると言える。ノーマは，「さよならはまだしない」[3]という言い方をしたが，もし本物のノーマが今映画スタジオを訪れたら，多くの変化を目撃しただろう。本書の内容を前提として，私もFDセンターを今訪れたら，ノーマと同様，豊かな技術，大学運営の多大な支援，評価に対する関心の増大，多様性の重視など多くの変化を目撃するだろうと思う。FD分野における継続と変化は，活力の証である。

イノベーションとしてのファカルティ・ディベロップメントの普及

　1960年代から，エベレット・ロジャーズ（Rogers 1962, 2003）が提案するイノベーション普及モデルが，あらゆる種類の改革活動に携わる者（「フラット化する世界」での，水浄化システムから避妊具の普及と使用，デジタル技術の導入に至るまで）の思考方法とものの見方の指針となった。人気は

訳注　[3]　ビリー・ワイルダーの名画「サンセット大通り」（1950）で，サイレント映画の大女優だったノーマ・デズモンドが，過去の栄光にすがってもう一度脚光を浴びるという妄想を込めて歌った名曲。

あったが，このイノベーションモデルと関連する研究は，皮肉にもマルコム・グラッドウェル（Malcolm Gladwell）の *Tipping Point*（2000）が出版されるまでは，それ自体あまり普及しなかった。*Tipping Point* は，ロジャーズの普及モデルを幾分圧縮し，ある人によれば歪めたものだった。私はロジャーズのモデルの普及を少し試みてみようと思う。それも本来のモデルをゆがめることなく，本書で示された洞察や，FD 誕生の目撃者としての経験に暫定的に適用してみよう。この分析に当たり，彼とは別にクーレンシュミットが第9章で使用した用語を借りることにする。

革新者／探究者

　革新者や探究者は，誰も行ったことのないところに大胆にも出かける人々のことである（「スタートレック」の導入部分を借りるなら）。FD の歴史の初め，ある種の革新者／探究者が重大な局面で先駆けるか，関与してきた。こうした革新者の中には，ジョン・デューイ（John Dewey），クルト・レビン（Kurt Lewin），ウィルバー・マッキーチ，ネビット・サンフォード（Nevitt Sanford），アーサー・チッカーリング（Arthur Chickering），アーネスト・ボイヤー（Ernest Boyer），パーカー・パルマーなど，その時代の主要な思想的指導者がいた。デューイは教育的土台を，レビンは改革戦略を提供した。マッキーチは学問的信頼性を与え，教育に関する研究を行った。また，サンフォードは成人発達の研究を行い，著名な心理学者として信頼性のあるものにした。チッカーリングは学生発達に必要な事項を詳細に分析した革新者で，ボイヤーは大学の職場に関する批判的な分析と職場でのリーダーシップの役割との間の隔たりを埋めた。パルマーは哲学，宗教，人文学，教育学の隔たりを埋めた。デューイとレビンは，間接的に高等教育に影響を与えたが，マッキーチ，サンフォード，チッカーリング，ボイヤー，パルマーは20世紀の最後の30年間，アメリカの高等教育における現役の研究者として直接影響を及ぼした。

　革新者には第2の階層がある。彼らは，実践上の指導者で，新しい考えだけではなくむしろ新しいプログラムや変革のための新しい戦略によりイノベーションを起こした。教師教育プログラムにマイクロティーチングを初めて取り入れたドワイト・アレン（Dwight Allen）からこのリストを始めよ

う。ウォルター・サイクス（Walter Sykes）とトニー・グラシャ（Tony Grasha）は高等教育に組織開発戦略を初めて採用したグループに属し，「組織開発」に関する第15章で触れたように，ドン・ショーン（Don Schön）はクリス・アージリス（Chris Argyris）やピーター・センゲとともに，反省的探求と思考について思考するメタ認知のためのツールを提供した。クロスとアンジェロが導入した授業評価ツールと同様，ブラウン（Brown）とシュクラフト（Shukraft）のインタビュー技術は革新的だった。他にもこのリストに加わるべき者がいるが，重要なのは，FDは教師教育（Allen）や組織コンサルタント（Sykes, Grasha, Schön）など最初は他分野で使われていた実践方法，またはブラウンやシュクラフトの博士課程の研究など他の目的に使われていた実践方法を取り入れることで発展してきた面があるという点である。

初期採用者／先駆者

クーレンシュミットの用語が示唆するように，先駆者は探究者が地図を作成した後，勇敢にも進んで「西へ向かう」者である。他の分野で革新者だったことが多いため，新しい考えを採用するか，少なくとも試すことにためらいがない。過去の経験があるため，先駆者は周りの者を説得する必要があまりない。彼らは，新しい考えや手順を試し，欠陥を発見し，その改良を助け，世界に対して大きな可能性があると告知するのだ。

多くの場合，彼らは「運命を左右する」人物である。もし彼らが新しい考えを支援したり試したりしてみなかったら，「西へ向かう」幌馬車に誰も乗り込まないだろう。FD分野の開拓者には数種類いると言える。第1には，幌馬車に出資する（また，幌馬車の所有者・推進者に出資することも多い）資金提供者である。すぐに頭に浮かぶのは，リリー財団（Lilly Endowment）とケロッグ財団（Kellogg Foundation）の2つの有力私的財団である。ダンフォース財団（Danforth Foundation）とリリー財団で別々の時期に働いたローラ・ボーンホルト（Laura Bornholdt）は，FD実践にとりわけ支援を惜しまず，またFDを熟知していることでずば抜けている。また，オウレットは第1章でブッシュ財団とフォード財団について触れている。公的な基金としては，中等後教育改善基金（Fund for the Improvement of Postsecondary Education: FIPSE）と「教育機関の開発」のための Title III プログラムを指摘したい。FIPSE の資金は Title III より小規模だが，効率的に利用された。FIPSE の10万ドルの助成は，革新的なプログラムの始動には，大きな違いが生じる。

　重要なのは，助成機関のほとんどが，FD 活動支援それ自体には興味がないということである。彼らは，学生の学習の改善，教育へのアクセスの向上，市民リーダーの育成などをもたらす場合にのみ，FD 活動に資金を提供する。どの機関にも明確な優先順位があり，賢明な FD 担当者は，FD が背景に退き，資金提供団体の優先事項が前面に出るように助成金給付の申請書を作成する方法を身につけていた。このように，目標としての FD と目標を達成するための手段としての FD との間で，また緊張が生まれるのである。

　FD 活動の初期段階では資金源が非常に重要であったが，一方，FD 活動のイノベーションを早く進める上で重要な働きをする人々からなる第2階層があった。それは FD の後援者である。ジャック・アームストロング（Jack Armstrong）との共著で（Bergquist & Armstrong, 1986），私は，学長が果たす主要な役割は，新しいプログラムを主唱する人間ではなく擁護する人間であることを明らかにした。同様に，チッカーリングとジャック・リンドクィストは，アメリカのカレッジにおけるイノベーションの成功例に関する広範囲にわたる研究（Lindquist, 1978）の中で，必要なのは，組織のトップで活動する強力で熟練した擁護する人だと述べている。私は，FD の擁護者としてすでにダイク・バーミリィとゲリィ・クエルの2名をあげたが，他にも多くの名前を追加できると確信している。しかし，こうした後援は広く知られないことが多く，人々は彼らの貴重な貢献を不運にも忘れていることが多い。本書は，FD 活動を支援した内外の団体を多く紹介しているが，各団体の内部で活動の実現に尽力した個々の人々はあまり知られていない。

　第2階層に密接に関係するのは，FD の推進を積極的に行った人々である。これら推進者とは，FD に早くから取り組むことに役だった，資金（提供者）でもなく教育機関の権限のある者（後援者）でもない。ジョニー・アップルシードのように国中にリンゴの種を植えて歩いた者である。ハロルド・"バド"・ホッジキンス（Harold "Bud" Hodgkinson）は，こうした初期の FD 推進者の一人で，ホッジキンスの同僚であるパトリシア・クロス（Patricia Cross）もそうである。ホッジキンスは通常，よく使われるオーバーヘッド用スライドの形で種になるものを持ち歩いたが，クロスは訪問した各教育機関にすでに存在するイノベーションの種を見つけ出し，それを他の教育機関に運んだ。彼女は組織を超えた授粉者で，キャンパスにこの種を植えるよう指導者に促した。アメリカの高等教育のコミュニティカレッジ集団では，私は，キャロル・ジオン（Carol Zion）およびランス・ブール（Lance Buhl）が行った初期段階のすばらしい推進活動を，大学では，私の同僚であるデビッド・ハリバートン（David Halliburton）の名前をあげたい。

　イノベーションの早期な広がりを支援する第3の階層は，そのイノベーションに秩序をもたらし最上の運営方法を見つけ出す人々である。彼らは，しばしば非組織的である革新者にとって代わる初期のマネージャーである。セイモア・サラソン（Seymour Sarason）は，新たな状況の誕生を描写しつつ，これらマネージャーが果たす重要な役割について説明した。私は，FDの場合，PODの初代代表であるジョアン・ノース（Joan North）を真っ先にあげる。ピーター・フレデリック（Peter Frederick）は，本書のレダーの章（第11章）にあるように，特にリベラルアーツカレッジで提供されるFDプログラムの効果的な運営に関し，長年にわたり多くのアイデアを生み出してきた。ムーニィ（第4章），コーエン（Cohen，原著 Chap. 5〔本書では未訳〕），ニールとピードーニール（原著 Chap. 7〔本書では未訳〕），エリスとオルトクイスト-アーレンス（Ellis and Ortquist-Ahrens，原著 Chap. 8〔本書では未訳〕），クックとマリンコビッチ（第10章），レダー（第11章），バーンスタッドとホス（Burnstad and Hoss，原著 Chap. 19〔本書では未訳〕）が執筆した章など本書における多くの章は，この点に関し指針を示している。

初期多数採用者／定住者

　初期多数採用者は定住者と呼ばれ，初期採用者よりは選択的である。関与する前に何らかの証明を欲しがり，「この製品が機能するとどうしてわかるのか。このサービスが効果的で私の役に立つと保証できるのか。この製品もしくはサービスが市場投入費用に見合う価値があるという根拠があるのか」といった質問をする。西部に居住する際，定住者は何か落ち着くものが見つ

かるまで待つ。先駆者からの報告を待ち，その報告が正確かどうかチェックする。彼らはレビスとクラーク[4]が「真の」西部について，信用できる説明をしてくれるのを期待するのである。

　イノベーションが「尊重されるもの」になる要素とは何だろうか。どのようにしてFDは尊重されるようになったのか，それともまだ大学界の末端にあるのだろうか。本書の著者の多くは，FDが大学のキャンパスで重視され，受け入れられるのに必要な主要要素を明らかにしている。(1) 研究の根拠データと学際的学術の基盤の構築，(2) 強固な大学運営の支援の構築，(3) 大学の新しい規範と価値を構築，(4) FD分野のさらなる発展を導く専門職の確立，という4つの要素があがっている。それぞれについて簡単にコメントする。

　第1に，ロジャーズ（Rogers, 2003）が指摘するように，信頼できる研究に基づく，質・量ともに説得力のあるデータをそろえなければならない。プランクとカリッシュの章（第6章）で，有力大学の研究者が行った内容の濃いプロジェクトについての説明がある。その研究者のうち，チズム，ゴスリング，ソルチネッリ（第8章），オースティン（第14章）など数名が本書を一部担当した。この研究は，いくつかの分野に基盤を置く確実な研究により補強されなければならない。逆に，こうした研究は理論的に健全で実践的でなければならない。私は，成人発達（Sanfrod）や学生発達（Chickering, Perry）などの，FD分野への学問的貢献についていくつか言及している。批判的思考法（Brookfield, Mezirow），組織の風土と文化（Birnbaum）などの学術的成果をリストに加えよう。オースティンは担当した章で，FDプログラムの効果を考慮して計画し，かつその効果を評価するための指針を提供するために，研究と学術を結びつける方法について優れた実例を示している。

　第2に，イノベーションというものは前期採用者が取り入れる可能性が高く，上手に運営されれば維持できる可能性が高くなるものである。ムーニィは第4章で，FDプログラムにとって適切な運営構造の確立に関し，貴重な助言を行っている。ロバートソン（第3章）は，FDが大学でプログラムとして確立するには，財源の安定性と予算がいかに重要か述べている。同程度

訳注　4)　トマス・ジェファーソン第3代合衆国大統領が派遣した探検隊のリーダーで，はじめてアメリカ人として太平洋まで大陸を横断した。

に重要な要素が他にある。そのサービスが教員のさまざまな関心と必要性に対応して提供されるよう，プログラムは注意深く体系的に作らなければならない。大学院生，非常勤教員，教員のキャリアに関する章（第12章，13章，14章）で論じたように，プログラムの内容は，キャリアパスのどの段階にいる教員にも，常勤・パートタイムどちらの教員にも適合するようにしなければならない。プログラムの内容は，評価に関する章で触れたように，教育機関の評価・給与体系にリンクし，かつ，教育機関のタイプに関する章で触れたように，設置され運営されている，その大学の個々の組織的特徴に合わせなければならない。

　第3に，新しい製品やサービスが受け入れられるかどうかは，このイノベーションと新たに発生する組織の規範や価値との関係に一部左右されることが多い。例えば，トーマス・フリードマン（Thomas Friedman）の *Hot, Flat, and Crowded*（2008）で展開されるグローバル化は，その受容が進んでいるため，新しいデジタル技術は採用される可能性が高い。世界のどこにいても友人，同僚と話をする場合，Skype，Adobe Connect など安価なインターネットベースのコミュニケーション・ツールが必要となる。また，世界中から意見を集約する場合，SurveyMonkey や Zoomerang に投資する必要がある。少なくとも，世界全体が1つの相互に参照するコミュニティになってしまえば，第2，第3の言語を学ぶ必要があるだろう。国際的な FD に関する章（Chism et al., 第8章）では，21世紀の教員間でのこうしたグローバルなものの見方への転換，また，ポーラックと筆者が発見した，21世紀の高等教育における「バーチャル」なサブカルチャーの出現（Bergquist & Pawlak, 2008）が明確に記されている。第8章でチズム，ゴスリング，ソルチネッリが指摘しているように，FD は大学の国際化と起きつつあるグローバル化と歩調を合わせなければならない。また筆者が指摘するようにそれらからエネルギーを得ることができる。同様に，クックとマリンコビッチ（第10章）は，あらゆる信条を持つ教員の間に，教授技術に対する関心が高まり，FD プログラムに教員が参加することになるだろうと示唆している。

　規範と価値に関するその他の主要な変化は，本書で明らかになっている。特に，同僚の授業観察や授業ベースの研究が新たに受け入れられるようになったことと FD との関係について，この新しい連携に関する記述は本書の

至る所で見出すことができる。この分野に初めて取り組んだときは、こうした活動は教員の自律性を侵すとして授業観察には抵抗が大きかった。第4章で示された、授業指導を仲間内で観察することに関するムーニィの提案を考えると、教員の自律性に関する規範は変わりつつあるか、少なくとも疑問が呈されている。ただ、第5章でザカライセックが指摘するように、授業観察はいまだに教員の抵抗が強い。専門的な仕事が他人に観察されることの不愉快さが分かるとは別に、規範の変化は助けにならないけれど、初期採用者によるFD活動の支援は増えることになるだろう。小集団討議（Small Group Instructional Diagnosis：SGID）や、アンジェロとクロス（Angelo and Cross1993）が最初に提供した授業評価技術は、FDプログラムの作成を補足してくれる貴重な技術であるのは確かである。

　第4に、前期追随者は、特に新しいタイプの対人サービスの受け入れを検討する場合、専門職の確立を期待することが多い。かなり前、ブレッドステイン（Bledstein, 1976）はアメリカ社会、特にアメリカの高等教育は専門職文化にどっぷりつかっていると指摘した。それが次第に拡大し、他の西洋社会も、社会階層化の定義として、専門資格が社会経済的な階層構造に取って代わる文化へと移行しつつある。この社会的力学は、特に医学、法学、歯科、聖職のような特定の専門職に就く男女を教育し資格を与える多くの大学機関の使命を考えると、FDのような新興分野に関しては、とりわけ辛辣である。FDが専門的職業になる基盤を提供するに当たり、PODが果たした役割は、注目すべきである。PODは会議やワークショップだけでなく、出版物、多くの情報を載せたウェブサイトを提供し、倫理基準の策定も行っている。PODは非公式に、専門職間の継続的な人間関係の構築を目指してソーシャルネットワークを提供している。これは重要なので、このあとがきの最後で再度触れることにする。

後期多数採用者／堅実な市民

　クーレンシュミットは、この普及した概念に名前をつけていない。おそらく、町や都市が正式にできあがってから移り住んでくる人々を表す分かりやすい名前がないからであろう。ヨーロッパでは、市民（Burgher）という言葉は正式な公認都市に住む人を指して使われていた。このヨーロッパの言葉

がロジャーズの言う後期多数採用者の本質を伝えていると思うので，使うことにする。これらの人々は，革新的な考えについては，それが正当な考えであり，正当な仕事だと十分に証明され世間に受け入れられてから採用する。アメリカ西部では，こうした人々は，町が「十分にできあがり」，必要な学校，舗装された道路，雑貨屋，教会がそろわないと引っ越してこない。グラッドウェル（Gladwell, 2000）は転換点（tipping point）という言葉を，正当と認められた考えが幅広く受け入れられた状態を指すのに使った。また，後期多数採用者による製品やサービスの受け入れは，その製品やサービスを利用する人々の大幅な増加を意味するという点で，楽隊車（bandwagon）[5]という言葉もふさわしい。

「楽隊車」現象は，新しい製品・サービスが受け入れられるように何年も活動している者にとっては，最初は満足のいくものであるが，後期多数採用者は一般的に，イノベーションを十分に理解せず誤用することも多いので，大きな問題を生むこともある。「惨事」につながることさえある。例えば，ジョギングが「流行る」かもしれないが，後期多数採用者は，この新しい形式の運動に対して準備が適切でないので怪我をしがちになる。また，楽隊車は失敗したり怒ったりすることがある。「どうしてこれは役に立たないのか」。反対に，後期多数採用者が無批判に新しい製品やサービスを受け入れると，放置され非効率につながることがある。例えば，新たに購入したデスクトップ・コンピューターは，使われないまま机の上に放置されるか，見かけが立派なタイプライター，もしくは，高価なプレイステーションとしてしか使われない。

ファカルティ・ディベロップメントの場合，堅実な市民は安定した資金源がある場合に参加することがよくある。これは，鶏が先か卵が先かという問題だ。参加する教員が増えると提供される資金が増え，資金が増えると教員（後期多数採用者）が増える。多くの高等教育機関で見られる財政的な不安定さを考えると，ファカルティ・ディベロップメント資金の減少とそれに続く参加教員数の減少が予想される。「堅実な市民」教員は，財政的基盤が安定した場所（自治都市）に戻ることを選ぶかもしれない。こうした潜在的な

訳注　5)　ある選択が流行し，主流になるということがわかると支持が拡大することを指し，楽隊車とは列の最前で音楽を流す車のことである。バンドワゴン効果ともいう。

財政の課題（経費削減時のファカルティ・ディベロップメント）があるにもかかわらず，本書はこの分野で働く者にとって後期多数採用者が注目の的になっているときに書かれている。機会と課題はすべてこのグループを取り込むことと関係しているからである。

いくつかの章では，後期採用者に関する戦略に直接取り組んでいる。ニールとピード-ニール（原著 Chap. 7〔本書では未訳〕）やクーレンシュミット（第 9 章）は，このグループを引き込む可能性を有するマーケティング原理を明らかにしている。ニールとピード-ニールは，調査，フォーカスグループ，助言委員会の利用を提案している。この場合，こうした活動から集めたデータの利用はあまり重要でなく，むしろ研究ツールがマーケティング・ツールとして働く。調査，フォーカスグループ，助言委員会の参加者は，自分たちが単独だと感じてはおらず，他者も関わっていると知っている。さらに，意見を求められている以上は，この活動は正式で主流に属し，もし正式でなければ，意見は求められないだろう，と感じている。人は価値を見出さないことに参加するとき，認知的不協和が生まれるとの助言を心理学者から受けて久しい。人はいったん参加に同意すると，認知的均衡を保つために，少なくとも最低限その活動を支援してしまうのである。また，ニールとピード-ニールは，効果的な FD プログラムはいくつかのグループを対象とし，それぞれ異なったコミュニケーション戦略を取るべきだとも述べている。こうしたグループの 1 つが後期採用者で，認知的不協和に基づくマーケティングは，このグループに対して有効な影響力を持つ。クーレンシュミットは，教員（後期採用者を含む）を FD イベントにもっと集める技術をいくつか使うよう進言している。彼女は，書評，教育機関の方針，イベントやリソースに関する時宜を得た情報などを教員とリンクする FD ウェブサイトを勧めている。これらすべては，後期採用者の多くにとって魅力的だからである。

後期採用者によってすでに幅広く受け入れられ，彼らの尊敬を集めている他の伝統，価値観，活動と連携するなら，もっと基本的なレベルで，FD は受け入れられる実践になるだろう。このイノベーションを，定評ある製品やサービスにリンクさせた人々が，FD 史の初期段階で重要な役割を果たした。今，FD 分野はこうした初期の活動を活用すべきである。組織開発や教授法開発と FD をリンクさせたジャック・リンドクエストとボブ・ダイアモンド

についてはすでに言及した。そして，ジェリー・ガフ（Jerry Gaff）をリストに追加したい。彼は，FDとカリキュラム開発との組み合わせというすばらしい業績を残した。また，コミュニティカレッジに関する章（原著 Chap. 19〔本書では未訳〕）で取り上げた「Great Teachers」シリーズを行った人々への称賛も忘れてはいけない。長い目で見れば，FDの枠組みを広げ後期採用者によるFDの受け入れに道を開いた点で，ジーン・ライス（Gene Rice）ほど効果的な業績を上げている者は多分いないだろう。これは，ポーラックと筆者が明らかにした第6のサブカルチャー（目に見える文化）（Bergquist & Pawlak, 2008）に通じるものがある。本書の至る所に見られるライスの業績に関する説明と言及を見れば，その影響は明白である。ジーン・ライスは，AAHEプログラム，および，教員の役割と報酬に関する発表と論文を通じ，FDの関心を直接教育機関の計画立案と管理組織の中心に取り込んだ。彼は教員の役割と責任について口頭や文書で述べ，いかにFDが教員の伝統や価値観に深く埋め込まれているかを示した。ジーン・ライスは，同僚のデビッド・ハリバートンとともに，特に先輩教員との学際的対話への幅広い興味に焦点を当て，こうした対話がFDプログラムへとつながり，また同プログラムに組み込まれる方法を提案した。関連する助言は，クックとマリンコビッチによる第10章に書かれている。

非追随者／守旧者

　自宅でじっとしている者についてはどうだろうか。彼らはいかなる状況でも西部に向かわない。説得，賄賂，おだても効果がない。それどころか，イノベーションの幅広い採用を阻止しようとする取り組みに熱心に関わることが多い。最初は黙っているが，イノベーションが順調に動き出し初期採用者が受け入れに動くと，遠慮なく意見を述べ始める。
　非追随者が反対し，しばしば誤解するのは，イノベーションに対する見方の違いによる。大学に存在するサブカルチャーのモデルを使うと，非追随者は高等教育以外のサブカルチャーから生まれることが多いと言える。彼らは，FDを自らの好みと相容れないサブカルチャーの代表とみなしている。大学運営の「流行」に関するバーンバウム（1988）の見解は，説明に役立つ。彼は，運営上の「向上」と「改善」を推進する者からは非追随者だと思われて

いる。同様に，ウェールバーグが取り上げた，業績評価の取り組みを「冷血な役人が行う詐欺」と称する教員および管理者も同様に，同僚文化のバイアスが強くかかった非追随者だと呼ぶことができるだろう（原著 Chap. 11〔本書では未訳〕）。上述のとおり，擁護文化に同調する教員の中には，ファカルティ・ディベロップメントを教員の業績に対する管理側の批判だとみなす傾向があり，同僚文化に同調する教員は，ファカルティ・ディベロップメントを不必要で大学の自由に対する侵略だとみなす傾向がある。このような異なる観点は貴重で，21世紀の大学組織の活力を保つためにはこうした観点がすべて必要であると認識した上で，反対意見の源に対し前向きに対処することが最良である。価値向上探求法（Appreciative Inquiry: AI）という生成的対話ツールは，両極性を管理するツールとして適当である。

　非追随者が新しい製品やサービスに反対するのには他にも理由がある。多くの場合，イノベーションの欠点やイノベーションから感じる脅威からは反対は生じない。要するに，ある新しい考えが無分別だとか過大な評価を受けていると考えるとき，誰でもその考えについて非追随者になるようである。多くの真の非追随者にとって問題はかなり個人的である。彼らはかつて自らが革新者で，そのイノベーションに関しうまくいかなかったか，燃え尽きてしまったかの経験がある。または，主要なカリキュラム改善委員会の議長を務めたが，その改善案は成立しなかった。新しい教育技術の利用を擁護したが，同僚たちはその技術をただの小道具として不用意にはねつけただけだった。新しい一般教育プログラムの設計に何時間も費やしたが，教育機関での提供が始まってわずか4年で終わってしまった。もしFD活動がうまくいったら，非追随者自身の教育改革者としての過去の失敗はどうなるのか。他のことはともかく，非追随者によるしつこい反対から学ぶべき重要な教訓がある。それは，改革者を孤立させたり拒絶したりすると，その人の考えや潜在的なリーダーシップを失うだけでなく，この先何年もイノベーションに反対する頑固な敵となる非追随者を生み出してしまうということだ。

　こうした非常に個人的な（かつ決して明かされない）理由でイノベーションに反対する非追随者について，どう対処するべきか。彼らを孤立させることはできるが，効果があることはまれである。そうではなく，歴史を知るアドバイザーとして取り込み，「かつて起きたことについて，あなたから学べ

ることはなんでしょう。何を教えていただけるでしょうか。新しいFDプログラムの制定に向けて計画を立てるとしたら，何をしますか」と質問することだ。これは反対者吸収戦略である。もしこの依頼が正当なものでなく，我々が彼らの助言を真剣に受け止めず，彼らの話に我慢強く耳を傾けないなら，非追随者はすぐに見抜いてしまうだろう。前述のとおり，大学機関の大部分には繰り返される一定のパターンがある。たまたま非追随者になっている同僚の助けを借りてこうしたパターンを特定し，我々および大学全体の利益になるようこうしたパターンを効果的に利用することができる。

結びの言葉

　あとがきの中で最後に問いたいことがある。それは，筆者が30年にわたりこれほどの長い時間をFDに費やしてきたのはなぜだと思うか，また，さらに重要な問いだが，本書の各章を担当した筆者の同僚がFDという困難な仕事に取り組んでいるのはなぜか，の2つである。各章の執筆者たちの代弁をすることはできないが，自分の動機について少し明かすことはできる。こうした動機は根底では，21世紀のこの世界で「ソーシャルネットワーク」と呼ばれるものに結びついている。社会神経生物学という新しい分野の研究者によると，脳内の結合化学物質であるオキシトシンがあるために，ホモ・サピエンスの中で最も社会的な動物が生まれたとのことである。我々は他の動物より，自分のそばに誰かがいてほしい動物のようである。FD実践者は特にオキシトシン中毒で，ソーシャルネットワーキングをするよう生まれついているのかもしれない。本書の著者のうち幾人かは，FDは観察によると「ネットワークの時代」(Sorcinelli et al., 2006) に入ったことに同意するだろう。おそらく，これこそがFDを続けている理由であろう。

　FD開発者にとってモチベーションの原動力となるよう，活動中のソーシャルネットワーキングの実例を示してペンを措こうと思う。数年前，私立カレッジ審議会の後援の下，48人の新人FD実践者に対し1週間にわたる研修プログラムを実施した。このワークショップのために，既述の後援者の一人から調達した資金を利用し，FD開発に携わる大学改革の「専門家」5人に依頼した。この5人の専門家はすでにこのあとがきに登場しているが，ワークショップの内容を考えて名前は伏せることにする。ワークショップの

中盤頃，調査結果を使って変化の理論に取り組んでいた。ワークショップの参加者は全員調査を終え，変化に関する仮説を共有していた。その時，参加者の一人が5人の専門家に調査の点数を尋ねた。5人の専門家は，ためらったが参加者にかなり催促され，それぞれの点数を公開した。

各ケースの最高得点は，これらの専門家は，よい方向への変化はめったに起きないと思っていることを意味した。参加者の間に少し反感が生まれたのは無理もない。「よい方向への変化がめったに起きないなら，われわれはどうしてこのプログラムに参加しているのか」。5人の専門家は，この種のワークショップで筆者が聞いた中で最も率直で洞察力のあるコメントをした。まず，5人は全員，大学に対し改善努力をしないという選択肢は受け入れがたいから，この仕事をしていると明かした。この5人は全員，持続可能な変化が起きる可能性について現実的だったが，変化をあきらめることは拒んでいた。彼らは困難な目標に打ち込んでいた。すると，別のレベルのことが示された。彼らは全員，FD実践者の間に培われた友情のためにこの仕事をしていると述べたのだ。部屋にいた4人の専門家は，深い尊敬の念を払われている仲間だった。5人それぞれは友人とともに活動できることの恩恵と名誉を感じていた。5人の「専門家」の一人が筆者である。2009年現在，FDに関するすばらしいこの書物の著者たちとともに活動できる機会に恵まれ，私はいま一度誇りに感じていると述べたい。ミュージカルのノーマ・デズモンドのように，私は，いつまでも共にいるように感じている。

エピローグ

　私たち編者及び執筆者は，読者が教育開発への関わりはさまざまであろうが，本書を読むことで，この分野の歴史の意義，有益な情報，実践的なアイデア，教育開発を進める上での刺激を受けることを願っている。また，疑問やコメントを歓迎するし，執筆者紹介に示した執筆者や編集者の電子メールアドレスに送って頂きたい。

　読者の便宜を図り，さらに深く掘り下げるために，本書の参考文献のリストはPODの"Publication"のアドレス（http://podnetwork.org/publications.htm）[1]から入手することができる。

訳注　[1]　2013年10月時点で同HPにリストは掲載されていない。

訳書あとがき

　本書は，北米最大の高等教育における専門性開発団体 POD（The Professional and Organizational Development Network in Higher Education）の *A Guide to Faculty Development*（Kay J. Gillespie, Douglas L. Robertson and Associates, 2010, 2 nd edition, Jossey-Bass, 437 pages）の翻訳である。ただし，完訳ではなく，全23章のうち，日本の高等教育の文脈にかかわりがあり，読者の関心が高いと思われる15章を選択して訳した。例えば原書 Chapter 19, Faculty Development in the Context of the Community College は，アメリカ高等教育の特徴であるコミュニティカレッジの理解には相応しいが，日本の高等教育関係者には位置づけにくい。しかし，地域に根差す高等教育機関を目指す短大等の関係者には有益であるし，バークィストのあとがきでたびたび引用されているように，訳出しなかった章も有益なものである。読者はぜひ原書も取り寄せてお読みいただきたい。監訳者がもっともお勧めしたいのは，バークィストのあとがきである。ここにはアメリカのFDの歴史が当事者によって描かれ，あれこれ生み出される処方箋を，多様な関係者の織りなす文脈において理解する源泉がある。日本も同様であることは論をまたない。
　監訳者が本書に関心を持ったのは，2005年から2008年にかけての「国際連携を活かした高等教育システムの構築」プロジェクト（文部科学省特別教育研究経費）において，スタンフォード大学との連携事業を進めている中であった。ガレスピーの編集による初版（全24章，290ページ）は，教育開発担当者が専門性開発活動を進める上で不可欠の事項——概念，実践の手引き，各種のプログラムの定義と内容，運営方法など——が記載され，日本でこの種の活動を進めていく上で好適の手引きと思ったのである。中島夏子氏（現東北工業大学講師）の協力を得て翻訳の準備を始めたのだが，改訂版を執筆中という情報を得て，あえなく挫折してしまった。待ち望んでいた本書は2010年4月に出版され，ページ数も大幅にボリュームアップしたが，内容的にも充実しており，ちょうどその年にスタートした教育関係共同利用拠点事

業としてもぜひ翻訳すべきと考え，スタッフがそろった2011年から準備を始めた。

予定では，2012年5月までに脱稿し，夏には出版と考えていた。言い訳ではないが，2011年3月11日の東日本大震災により，高等教育開発推進センターが入っていた合同研究棟が一部崩壊して危険建物になり，訳者たちは，この2年半で4回の移転を経験するなど思わぬ負荷もあり，1年半近い遅延を招いてしまった。辛抱強く待っていただいた玉川大学出版部，成田隆昌氏，森貴志氏にはお詫びと感謝を申し上げたい。また索引作りなど地道な作業を手伝っていただいた高等教育開発推進センターの和田由里恵さんに感謝したい。

なぜ，本書の翻訳と出版にこだわってきたか，補足しておきたい。いわゆるFD活動が日本の大学になじみになって久しいが，効果的効率的にこの活動を進めるためのテキストや実践事例はほとんど共有されてこなかった。FDハンドブックと題されたもののほとんどは，シラバスの書き方など教員個人が教育能力を向上させるもので，教育担当副学長，FDセンター長，FD委員会メンバー，教育開発の実務担当者など組織する側にとって指針になるような出版物は，皆無に近い。唯一の例外は，国立教育政策研究所『FD実質化の提案〜「FDマップ」「基準枠組」の活用による教育改善〜』（2009年）ではなかろうか。

監訳者は，2006年4月に，広島大学高等教育研究開発センターから東北大学高等教育開発推進センターに転勤し，同センターの役割の1つであるいわゆるFD活動に従事することになった。しかし，自身のキャリアにとって初体験ではなく，最初の就職先である福島大学教育学部において，80年代から各種の教育開発活動に関わっていた。時々，若い研究者が，98年大学審議会答申をもって「FD元年」と書いたり，一般教育学会による欧米のFD紹介をFDの起源と書いたりするような記述を目にするが，間違いだと言いたい。大学の授業改善は，共通一次試験の選択方式とそれがもたらした偏差値輪切りショックに対応して80年代に始まっていた（もっともキリスト紀元以前にもギリシャ・ローマ文明はあったのだから，80年代のディベロッパーは，古代文明人とでもいうべきかもしれない）。

また，当時の教員養成学部は，リベラルアーツを教員養成の中核とする戦

後の主潮流から脱却し，教科教育学や教育学による専門性を中核とする模索を始めていた。その焦点は，中学校教科専門に従属しがちな小学校課程の専門性の核を何に求め，カリキュラム改革をどうするかという点にあった。よちよち歩きの教員であった監訳者は，若手教員集団の一人として，80年代の教育学部で，学生の学習状況調査，カリキュラム改革，授業アンケートの利活用，新たな授業開発，学生参加の教育研究集会などに参加し，ある場面ではそれを担った。FDという用語を使わずとも，現在のFD活動のアイテムはほとんど存在していたのである。教育開発は外来のものではなく，日本の大学人が自生的に取り組んでいたという事実は，是非とも書き留めておきたい。

　高等教育研究に専念する広島大学でも，新任教員研修の企画・運営や大学院生向け大学教員準備科目の実施などに取り組み，そこを離れて，東北大学で教育開発が主な仕事の舞台に立った驚きは，新しい用語や活動の量的広がりにもかかわらず，その内容が30年前とあまり変わらず，ぶつかる困難・葛藤も同質のものであったということである。

　もうひとつの驚きは，この「業界」には過剰なまでのローカリズムの主張があり，さまざまな実践の共通項を探り，定式化することを妨げていると思われることである。

　高等教育機関は独自な文化と個性を備え，学習者と教員は，それぞれの価値観や生活歴，課題意識にも対応して個別的である。だが，個別的ということと普遍的ということは対立・矛盾するものではない。例えば，医療においても普遍的な病理メカニズムから演繹される治療の手順は個別的なものである。

　また，教育が組織としての大学の営みである以上，能力開発は主体である大学教員の責任であるとともに，大学の責任でもある。能力と素質ある教員を雇用し，相応しい待遇を与えるところからすべては始まるのだから。80年代の福島大学での自生的な教育改革の取り組みが，外部環境の変化と多忙化によって行き詰まり，2000年代の広島大学での実践が大学執行部の理解をあまり得られず広がらなかったという苦い経験からすれば，FD論議によくありがちな「ボトムアップかトップダウンか」という対立項は終わりにしたい。「悪いボトムアップ」よりも「良いトップダウン」が良いに決まっているし，

その逆も真である。現代は限りなき組織の時代であり，教育開発に携わる人間は，組織を使いこなす能力を自ら開発しなければならない。それに，上から組織されたFDがどのようなものであるにせよ，研究と教育の主体は大学教員であり，究極的にその主体的力量と参加なしに物事が進まないのは分かり切ったことである。

　いずれにせよ，大学の良いところは，どんな激論と意見の対立も，事実の検証によって自分の意見を変えていくところにある（監訳者は，このことを広島大学において，工学部・医学部・理学部など理系の教員たちと一緒に法人化や評価制度設計の議論に参加することで学んだ）。それゆえに，FDを進める上でのよい実践だけでなく，運営の課題やファカルティとの間に生じる葛藤まで視野に入れた方策を提示する本書は，各大学で先行事例やモデルもなく苦闘している多くの教育開発担当者に励ましを与え，アメリカのハンドブックを参照するだけでなく，日本の大学人の手によって実践の共有化を進める意欲をかき立ててくれると思う。なぜなら，本書に書かれていることの多くは，監訳者が経験してきたことであり，今も日々経験し，その悩みに示唆を与えるものだからである。本書を手に取る多くの教育開発担当者も共感を持って読んで頂けると確信している。

　　　　　　　　　　　　　　訳者を代表して　　羽田貴史

参考文献

はじめに
Gillespie, K. H. (Ed.). (2002). *A guide to faculty development: Practical advice, examples, and resources*. Bolton, MA: Anker.
Wadsworth, E. C., Hilsen, L., & Shea, M. A. (Eds.). (1988). *A handbook for new practitioners*. Stillwater, OK: New Forums.

第1章 ファカルティ・ディベロップメントについての概観――歴史と選択
Astin, A. W., Comstock, C., Epperson, D., Greeley, A., Katz, J., & Kaufman, R. (1974). *Faculty development in a time of retrenchment*. Washington, DC: Group for Human Development in Higher Education and Change.
Baron, L. (2006). The advantages of a reciprocal relationship between faculty development and organizational development in higher education. In S. Chadwick-Blossey & D. R. Robertson (Eds.), *To improve the academy: Vol. 24. Resources for faculty, instructional, and organizational development* (pp. 29-43). Bolton, MA: Anker.
Barr, R. B., & Tagg, J. (1995). From teaching to learning: A new paradigm for undergraduate education. *Change, 27* (6), 13-25.
Bergquist, W. H. (1992). *The four cultures of the academy: Insights and strategies for improving leadership in collegiate organizations*. San Francisco: Jossey-Bass.
Brookfield, S. (1995). *Becoming a critically reflective teacher*. San Francisco: Jossey-Bass.
Chickering, A., & Ehrmann, S. (1996, October). Implementing the seven principles: Technology as lever. *AAHE Bulletin*, 3-6.
Chism, N. V. N. (1998). The role of educational developers in institutional change: From the basement office to the front office. In M. Kaplan & D. Lieberman (Eds.), *To improve the academy: Vol. 17. Resources for faculty, instructional, and organizational development* (pp. 141-153). Bolton, MA: Anker.
Chism, N. V. N. (2006). POD connections: Faculty development theories. *NEFDC Exchange, 17* (1), 8.
Cook, C. E. (2001). The role of a teaching center in curriculum reform. In D. Lieberman & C. Wehlburg (Eds.), *To improve the academy: Vol. 19. Resources for faculty, instructional, and organizational development* (pp. 217-231). Bolton, MA: Anker.

Council of Graduate Schools. (2008). *The preparing future faculty program*. Retrieved November 5, 2008, from http://www.cgsnet.org

Dawkins, P. W., Beach, A. L., & Rozman, S. L. (2006). Perceptions of faculty developers about the present and future of faculty development at Historically Black Colleges and Universities. In S. Chadwick-Blossey & D. R. Robertson (Eds.), *To improve the academy: Vol. 24. Resources for faculty, instructional, and organizational development* (pp. 104-120). Bolton, MA: Anker.

Diamonds, R. M. (1988). Faculty development, instructional development, and organizational development: Options and choices. In E. C. Wadsworth (Ed.), *A handbook for new practitioners* (pp. 9-11). Stillwater, OK: New Forums.

Diamond, R. M. (2002). Faculty, instructional, and organizational development: Options and choices. In K. Gillespie, L. Hilsen, & E. Wadsworth (Eds.), *A guide to faculty development: Practical advice, examples, and resources* (pp. 2-8). Bolton, MA: Anker.

Diamond, R. M. (2005). The institutional change agency: The expanding role of academic support centers. In S. Chadwick-Blossey & D. R. Robertson (Eds.), *To improve the academy: Vol. 23. Resources for faculty, instructional, and organizational development* (pp. 24-37). Bolton, MA: Anker.

Eble, K. E., & McKeachie, W. J. (1985). *Improving undergraduate education through faculty development*. San Francisco: Jossey-Bass.

Eddy, P. L. (2005). Faculty development in community colleges: Surveying the present, preparing for the future. *Journal of Faculty Development, 20* (3), 143-152.

Erickson, G. (1986). A survey of faculty development practices. In M. Svinicki, J. Kurfiss, & J. Stone (Eds.), *To improve the academy: Vol. 5. Resources for faculty, instructional, and organizational development* (pp. 182-196). Stillwater, OK: New Forums.

Felten, P., Kalish, A., Pingree, A., & Plank, K. (2007). Toward a scholarship of teaching and learning in educational development. In D. R. Robertson & L. B. Nilson (Eds.), *To improve the academy: Vol. 25. Resources for faculty, instructional, and organizational development* (pp. 93-108). Bolton, MA: Anker.

Francis, J. B. (1975). How do we get there from here? Program design for faculty development. *Journal of Higher Education, 46* (6), 719-732.

Gaff, J. G., Pruitt-Logan, A. S., Sims, L. B., & Denecke, D. (2003). *Preparing future faculty in the humanities and social sciences: A guide for change*. Washington, DC: American Association of Colleges and Universities, Council of Graduate Schools.

Gaff, J. G., & Simpson, R. D. (1994). Faculty development in the United States. *Innovative Higher Education, 18* (3), 167-176.

Gibbs, J. E., Major, C. H., & Wright, V. H. (2003). Faculty perception of the costs and benefits of instructional technology: Implications for faculty work. *Journal of Faculty Development, 19* (2), 77-88.

Golde, C. M., & Dore, T. M. (2001). *At cross purposes: What the experiences of doctoral students reveal about doctoral education.* A report prepared for The Pew Charitable Trusts. Retrieved December 8, 2008, from http://www.phd-survey.org

Gonzales, D., & Baran, J. (2005). Breaking the silence: Innovative approaches for promoting dialogue about diversity issues within a communication disorders department. In M. L. Ouellett (Ed.), *Teaching inclusively: Resources for course, department & institutional change in higher education* (pp. 225-240). Stillwater, OK: New Forums.

Gosling, D., Sorcinelli, M. D., & Chism, N. V. N. (2008, June). *The future of faculty/educational development: An international perspective.* Presentation at the biennial meeting of the International Consortium for Educational Development, Salt Lake City, UT.

Graf, D. L., Albright, M. J., & Wheeler, D. W. (1992). Faculty development's role in improving undergraduate education. In M. J. Albright & D. L. Graf (Eds.), *New directions for teaching and learning, no. 51. Teaching in the information age: The role of educational technology* (pp. 101-109). San Francisco: Jossey-Bass.

Heiss, A. M. (1970). *Challenges to graduate schools.* San Francisco: Jossey-Bass.

Herbert, F., & Loy, M. (2001). The evolution of a teacher professor: Applying behavior change theory to faculty development. In D. Lieberman & C. Wehlburg (Eds.), *To improve the academy: Vol. 20. Resources for faculty, instructional, and organizational development* (pp. 197-207). Bolton, MA: Anker.

Jackson, B. (2005). The theory and practice of multicultural organization development in education. In M. L. Ouellett (Ed.), *Teaching inclusively: Resources for course, department and institutional change in higher education* (pp. 3-20). Stillwater, OK: New Forums.

Jacobson, W., Borgford-Parnell, J., Frank, K., Peck, M., & Reddick, L. (2001). Operational diversity: Saying what we mean, doing what we say. In D. Lieberman & C. Wehlburg (Eds.), *To improve the academy: Vol. 20. Resources for faculty, instructional, and organizational development* (pp. 128-149). Bolton, MA: Anker.

King, K. P., & Lawler, P. A. (Eds.). (2003). *New directions for adult and continuing education, no. 98. New perspectives on designing and implementing professional development of teachers of adults.* San Francisco: Jossey-Bass.

Kolb, D. (1984). *Experiential learning: Experience as the source of learning and development.* Upper Saddle River, NJ: Prentice-Hall.

Lewis, K. G. (1996). A brief history and overview of faculty development in the

United States. *International Journal for Academic Development, 1* (2), 26-33.
Lieberman, D. (2007). Diversity initiatives, institutional change, and curricular reform in higher education. In D. A. Brunson, B. Jarmon, & L. L. Lampl (Eds.), *Letters from the future: Linking students and teaching with the diversity of everyday life* (pp. 3-25). Sterling, VA: Stylus.
Lindquist, J. (1978). Approaches to collegiate teaching improvement. In J. Lindquist (Ed.), *Designing teaching improvement programs* (pp. 3-22). Berkeley, CA: Pacific Soundings.
Lockhart, M., & Borland Jr., K. (2001). Incorporating diversity in all faculty/staff development programs... Regardless of the content. *Journal of Faculty Development, 18* (2), 57-64.
Lovitts, B. E. (2001). *Leaving the ivory tower: The causes and consequences of departure from doctoral study.* Lanham, MD: Rowman & Littlefield.
Marchesani, L. M., & Jackson, B. W. (2005). Transforming higher education institutions using multicultural organizational development: A case study of a large northeastern university. In M. L. Oullett (Ed.), *Teaching inclusively: Resources for course, department, and institutional change in higher education* (pp. 214-251). Stillwater, OK: New Forums.
McKeachie, W. J. (1991). What theories underlie the practice of faculty development? In K. Zahorski (Ed.), *To improve the academy: Vol. 10. Resources for faculty, instructional, and organizational development* (pp. 3-8). Stillwater, OK: New Forums.
Melnik, M. A., & Sheehan, D. S. (1976). Clinical supervision elements: The clinic to improve university teaching. *Journal of Research and Development in Education, 9* (2), 67-76.
Menges, R., & Rando, W. (1989). What are your assumptions? Improving instruction by examining theories. *College Teaching, 37* (2), 54-60.
Nowlis, V., Clark, K. E., & Rock, M. (1968). *The graduate student as teacher.* Washington, DC: American Council on Education.
Nyquist, J. D., Austin, A. E., Sprague, J., & Wulff, D. H. (2001). *The development of graduate students as teaching scholars: A four-year longitudinal study, final report.* Seattle: University of Washington, Center for Instructional Development and Research.
Nyquist, J. D., & Sprague, J. (1998). Thinking developmentally about TAs. In M. Marincovich, J. Prostko, & F. Stout (Eds.), *The professional development of graduate teaching assistants* (pp. 61-88). Bolton, MA: Anker.
Polich, S. (2008). Assessment of a faculty learning community program: Do faculty members really change? In L. B. Nilson & J. E. Miller (Eds.), *To improve the academy: Vol. 26. Resources for faculty, instructional, and organizational development* (pp. 106-118). San Francisco: Jossey-Bass.

Rice, R. E. (2007). It all started in the sixties: Movements for change across the decades—a personal journey. In D. R. Robertson & L. B. Nilson (Eds.), *To improve the academy: Vol. 25. Resources for faculty, instructional, and organizational development* (pp. 3–17). Bolton, MA: Anker.

Rice, R. E., Sorcinelli, M. D., & Austin, A. E. (2000). *Heeding new voices: Academic careers for a new generation.* New Pathways Working Paper Series, no. 7. Washington, DC: American Association for Higher Education.

Saroyan, A., Amundsen, C., & Li, C. (1997). Incorporating theories of teacher growth and adult education in a faculty development program. In D. DeZure (Ed.), *To improve the academy: Vol. 16. Resources for faculty, instructional, and organizational development* (pp. 93–116). Stillwater, OK: New Forums.

Schön, D. A. (1983). *The reflective practitioner: How professionals think in action.* New York: Basic Books.

Shih, M., & Sorcinelli, M. D. (2000). TEACHnology: Linking teaching and technology in faculty development. In M. Kaplan & D. Lieberman (Eds.), *To improve the academy: Vol. 18. Resources for faculty, instructional, and organizational development* (pp. 151–163). Bolton, MA: Anker.

Smith, K. S. (2000). Faculty development that transforms the undergraduate experience at a research university. In D. Lieberman & C. Wehlburg (Eds.), *To improve the academy: Vol. 19. Resources for faculty, instructional, and organizational development* (pp. 193–204). Bolton, MA: Anker.

Sorcinelli, M. D., & Austin, A. E. (2006). Developing faculty for new roles and changing expectations. *Effective Practices for Academic Leaders, 1* (11), 1–16.

Sorcinelli, M. D., Austin, A. E., Eddy, P. L., & Beach, A. L. (2006). *Creating the future of faculty development: Learning from the past, understanding the present.* Bolton, MA: Anker.

Tiberius, R. G. (2001). A brief history of educational development: Implications for teachers and developers. In D. Lieberman & C. Wehlburg (Eds.), *To improve the academy: Vol. 20. Resources for faculty, instructional, and organizational development* (pp. 20–37). Bolton, MA: Anker.

Trower, C. A. (Ed.). (2000). *Policies on faculty appointment: Standard practices and unusual arrangements.* Bolton, MA: Anker.

Wehlburg, C. (2006). *Meaningful course revision: Enhancing academic engagement using student learning data.* Bolton, MA: Anker.

Wulff, D., & Austin, A. E. (Eds.). (2004). *Pathways to the professoriate: Strategies for enriching the preparation of future faculty.* San Francisco: Jossey-Bass.

Yun, J., & Sorcinelli, M. D. (2007). From mentors to mentoring networks: Mentoring in the new academy. *Change, 39* (6), 58–61.

Yun, J., & Sorcinelli, M. D. (2008). When mentoring is the medium: Lessons learned from a faculty development initiative. In L. B. Nilson & J. E. Miller

(Eds.), *To improve the academy: Vol. 27. Resources for faculty, instructional, and organizational development* (pp. 365-384). San Francisco: Jossey-Bass.

第2章　プログラムの型と原型

Bergquist, W. H. (1992). *The four cultures of the academy: Insights and strategies for improving leadership in collegiate organizations.* San Francisco: Jossey-Bass.

Bergquist, W. H., & Phillips, S. R. (1975). Components of an effective faculty development program. *Journal of Higher Education, 46* (2), 177-212.

Burdick, D. (2007). *An outline of POD's history.* Nederland, CO: POD Network in Higher Education.

Reder, M., Mooney, K. M., Holmgren, R. A., & Kuerbis, P. J. (2009). Starting and sustaining successful faculty development programs at small colleges. *To improve the academy: Vol. 27. Resources for faculty, instructional, and organizational development* (pp. 267-286). San Francisco: Jossey-Bass.

Sorcinelli, M. D., Austin, A. E., Eddy, P. L., & Beach, A. L. (2006). *Creating the future of faculty development: Learning from the past, understanding the present.* Bolton, MA: Anker.

第3章　教育開発プログラムの開始

Mullinix, B. B. (2008). Credibility and effectiveness in context: An exploration of the importance of faculty status for faculty developers. In D. R. Robertson & L. B. Nilson (Eds.), *To improve the academy: Vol. 26. Resources for faculty, instructional, and organizational development* (pp. 173-195). San Francisco: Jossey-Bass.

Professional and Organizational Development Network in Higher Education (n. d.). *Ethical guidelines for educational developers.* Retrieved August 14, 2008, from http://www.podnetwork.org/faculty_development/ethicalguidelines.htm

Robertson, D. R. (2003). *Making time, making change: Avoiding overload in college teaching.* Stillwater, OK: New Forums.

Senge, P. M. (1990). *The fifth discipline: The art and practice of the learning organization.* New York: Doubleday. (=1995, 宇部信之訳, 『最強組織の法則―新時代のチームワークとは何か』徳間書店.)

Sidle, C. C. (2005). *The leadership wheel.* New York: Palgrave Macmillan.

Sorcinelli, M. D., Austin, A. E., Eddy, P. L., & Beach, A. L. (2006). *Creating the future of faculty development: Learning from the past, understanding the present.* Bolton, MA: Anker.

Ambrose, S. (1995). Fitting programs to institutional cultures: The founding and evolution of the university teaching center. In P. Seldin & Associates, *Improv-*

ing college teaching (pp. 77-90). Stillwater, OK: New Forums.

Bergquist, W. H., & Phillips, S. R. (1975). *A handbook for faculty development, Vol. I.* Washington, DC: Council for the Advancement of Small Colleges.

Bergquist, W. H., & Phillips, S. R. (1977). *A handbook for faculty development, Vol. II.* Washington, DC: Council for the Advancement of Small Colleges.

Bowman, M. A. (1993). The new faculty developer and the challenge of change. In D. L. Wright & J. P. Lunde (Eds.), *To improve the academy: Vol. 12. Resources for faculty, instructional, and organizational development* (pp. 247-259). Stillwater, OK: New Forums.

Centra, J. A. (1976). *Faculty development practices in U. S. colleges and universities.* Princeton, NJ: Educational Testing Service.

Chism, N. V. N., Fraser, J. M., & Arnold, R. L. (1996). Teaching academies: Honoring and promoting teaching through a community of expertise. *New Directions for Teaching and Learning, no. 65. Honoring exemplary teaching* (pp. 25-32). San Francisco: Jossey-Bass.

Crawley, A. L. (1995). Faculty development programs at research universities: Implications for senior faculty renewal. In E. Neal & L. Richlin (Eds.), *To improve the academy: Vol. 14. Resources for faculty, instructional, and organizational development* (pp. 65-90). Stillwater, OK: New Forums.

Diamond, R. M. (1984). Instructional support centers and the art of surviving: Some practical suggestions. In L. C. Buhl & L. A. Wilson (Eds.), *To improve the academy: Vol. 3. Resources for faculty, instructional, and organizational development* (pp. 49-57). Stillwater, OK: New Forums.

Diamond, R. M. (2002). Faculty, instructional, and organizational development: Options and choices. In K. H. Gillespie, L. R. Hilsen, & E. C. Wadsworth (Eds.), *A guide to faculty development: Practical advice, examples, and resources* (pp. 2-8). Bolton, MA: Anker.

Eble, K. E., & McKeachie, W. J. (1985). *Improving undergraduate education through faculty development.* San Francisco: Jossey-Bass.

Erickson, G. (1986). A survey of faculty development practices. In M. Svinicki, J. Kurfiss, & J. Stone (Eds.), *To improve the academy: Vol. 5. Resources for faculty, instructional, and organizational development* (pp. 182-196). Stillwater, OK: New Forums.

Fink, L. D. (2002). Establishing an instructional development program: An example. In K. H. Gillespie, L. R. Hilsen, & E. C. Wadsworth (Eds.), *A guide to faculty development: Practical advice, examples, and resources* (pp. 35-44). Bolton, MA: Anker.

Frantz, A. C., Beebe, S. A., Horvath, V. S., Canales, J., & Swee, D. E. (2005). The roles of teaching and learning centers. In S. Chadwick-Blossey & D. R. Robertson (Eds.), *To improve the academy: Vol. 23. Resources for faculty, in-*

structional, and organizational development (pp. 72-90). Bolton, MA: Anker.

Gaff, J. C. (1975). *Toward faculty renewal: Advances in faculty, instructional, and organizational development*. San Francisco: Jossey-Bass.

Gillespie, K. H., Hilsen, L. R., & Wadsworth, E. C. (Eds.). (2002). *A guide to faculty development: Practical advice, examples, and resources*. Bolton, MA: Anker.

Gray, T., & Conway, J. (2007). Build it (right) and they will come: Boost attendance at your teaching center by building community. *Journal of Faculty Development, 21* (3),179-184.

Hellyer, S., & Boschmann, E. (1993). Faculty development programs: A perspective. In D. L. Wright & J. P. Lunde (Eds.), *To improve the academy: Vol. 12. Resources for faculty, instructional, and organizational development* (pp. 217-224). Stillwater, OK: New Forums.

Kalivoda, P., Broder, J., & Jackson, W. K. (2003). Establishing a teaching academy: Cultivation of teaching at a research university campus. In C. M. Wehlburg & S. Chadwick-Blossey (Eds.), *To improve the academy: Vol. 21. Resources for faculty, instructional, and organizational development* (pp. 79-92). Bolton, MA: Anker.

Lang, H. G., & Conner, K. K. (1988). Some low-budget tips for faculty development programming. In E. Wadsworth (Ed.), *A handbook for new practitioners* (pp. 139-143). Stillwater, OK: New Forums.

Lewis, K. G. (1996). Faculty development in the United States: A brief history. *International Journal of Academic Development, 1* (2), 26-33.

Lewis, K., & Lunde, J. P. (Eds.). (2001). *Face to face: A source book of individual consultation techniques for faculty/instructional developers* (rev. ed.). Stillwater, OK: New Forums.

Lieberman, D. A., & Guskin, A. E. (2003). The essential role of faculty development in new higher education models. In C. M. Wehlburg & S. Chadwick-Blossey (Eds.), *To improve the academy: Vol. 21. Resources for faculty, instructional, and organizational development* (pp. 257-272). Bolton, MA: Anker.

Lindquist, J. (Ed.), (1979). *Designing teaching improvement programs*. Washington, DC: Council for the Advancement of Small Colleges.

Lindquist, J. (1981). Professional development. In A. W. Chickering & Associates, *The modern American college: Responding to the new realities of diverse students and a changing society* (pp. 730-747). San Francisco: Jossey-Bass.

Mooney, K. M., & Reder, M. (2008). Faculty development at small and liberal arts colleges. In D. R. Robertson & L. B. Nilson (Eds.), *To improve the academy: Vol. 26. Resources for faculty, instructional, and organizational development* (pp. 158-172). San Francisco: Jossey-Bass.

Mullinix, B. B. (2008). Credibility and effectiveness in context: An exploration of

    the importance of faculty status for faculty developers. In D. R. Robertson & L. B. Nilson (Eds.), *To improve the academy: Vol. 26. Resources for faculty, instructional, and organizational development* (pp. 173-195). San Francisco: Jossey-Bass.
Neal, E., & Peed-Neal, I. (2009). Experiential lessons in the practice of faculty development. In L. B. Nilson & J. Miller (Eds.), *To improve the academy: Vol. 27. Resources for faculty, instructional, and organizational development* (pp. 14-31). San Francisco: Jossey-Bass.
Nelsen, W. C. (1980). Faculty development: Perceived needs for the 1980s. In W. C. Nelsen & M. E. Siegel (Eds.), *Effective approaches to faculty development* (pp. 145-149). Washington, DC: Association of American Colleges.
Nelsen, W. C., & Siegel, M. E. (Eds.). (1980). *Effective approaches to faculty development*. Washington, DC: Association of American Colleges.
Nemko, M., & Simpson, R. D. (1991). Nine keys to enhancing campus wide influence of faculty development centers. In K. J. Zahorski (Ed.), *To improve the academy: Vol. 10. Resources for student, faculty, and institutional development* (pp. 83-87). Stillwater, OK: New Forums.
Nyquist, J. (1986). CIDR: A small service firm within a research university. In M. Svinicki, J. Kurfiss, & J. Stone (Eds.), *To improve the academy: Vol. 5. Resources for student, faculty, and institutional development* (pp. 66-83). Stillwater, OK: New Forums.
O'Banion, T. (1972). *Teachers for tomorrow: Staff development in the community junior college*. Tucson: University of Arizona Press.
Rice, D. R. (1991). What every faculty development professional needs to know about higher education. In K. J. Zahorski (Ed.), *To improve the academy: Vol. 10. Resources for student, faculty, and institutional development* (pp. 89-96). Stillwater, OK: New Forums.
Rice, R. E. (2007). It all started in the sixties: Movements for change across the decades—A personal journey. In D. R. Robertson & L. B. Nilson (Eds.), *To improve the academy: Vol. 25. Resources for faculty, instructional, and organizational development* (pp. 3-17). Bolton, MA: Anker.
Schuster, J. H., Wheeler, D, W., & Associates (1990). *Enhancing faculty careers: Strategies for development and renewal*. San Francisco: Jossey-Bass.
Seldin, P., & Associates. (1990). *How administrators can improve teaching*. San Francisco: Jossey-Bass.
Senge, P. M. (1990). *The fifth discipline: The art and practice of the learning organization*. New York: Doubleday. (=1995, 宇部信之訳, 前掲書.)
Siegel, M. E. (1980). Empirical findings on faculty development programs. In W. C. Nelsen & M. E. Siegel (Eds.), *Effective approaches to faculty development* (pp. 131-144). Washington, DC: Association of American Colleges.

Sorcinelli, M. D. (1988). Encouraging excellence: Long-range planning for faculty development. In E. Wadsworth (Ed.), *A handbook for new practitioners* (pp. 27-34). Stillwater, OK: New Forums.

Sorcinelli, M. D. (2002). Ten principles of good practice in creating and sustaining teaching and learning centers. In K. H. Gillespie, L. R. Hilsen, & E. C. Wadsworth (Eds.), *A guide to faculty development: Practical advice, examples, and resources* (pp. 9-23). Bolton, MA: Anker.

Sorcinelli, M. D., & Aitken, N. (1995). Improving teaching: Academic leaders and faculty developers as partners. In W. A. Wright & Associates (Ed.), *Teaching improvement practices: Successful strategies for higher education* (pp. 311-323). Bolton, MA: Anker.

Sorcinelli, M. D., Austin, A. E., Eddy, P. L., & Beach, A. L. (2006). *Creating the future of faculty development: Learning from the past, understanding the present*. Bolton, MA: Anker.

Tiberius, R. G. (2002). A brief history of educational development: Implications for teachers and developers. In D. Lieberman & C. Wehlburg (Eds.), *To improve the academy: Vol. 20. Resources for faculty, instructional, and organizational development* (pp. 20-37). Bolton, MA: Anker.

Wadsworth, E. C., Hilsen, L., & Shea, M. A. (Eds.). (1988). *A handbook for new practitioners*. Stillwater, OK: New Forums.

Wheeler, D. W., & Schuster, J. H. (1990). Building comprehensive programs to enhance faculty development. In J. H. Schuster, D. W. Wheeler, & Associates, *Enhancing faculty careers: Strategies for development and renewal* (pp. 275-297). San Francisco: Jossey-Bass.

Wilkerson, L. (1984). Starting a faculty development program: Strategies and approaches. In L. C. Buhl & L. A. Wilson (Eds.), *To improve the academy: Vol. 3. Resources for faculty, instructional, and organizational development* (pp. 25-43). Stillwater, OK: New Forums.

Wright, D. L. (2000). Faculty development centers in research universities: A study of resources and programs. In M. Kaplan & D. Lieberman (Eds.), *To improve the academy: Vol. 18. Resources for faculty, instructional, and organizational development* (pp. 291-301). Bolton, MA: Anker.

Wright, D. L. (2002). Program types and prototypes. In K. H. Gillespie, L. R. Hilsen, & E. C. Wadsworth (Eds.), *A guide to faculty development: Practical advice, examples, and resources* (pp. 24-34). Bolton, MA: Anker.

Zahorski, D. (1993). Taking the lead: Faculty development as institutional change agent. In D. L. Wright & J. P. Lunde (Eds.), *To improve the academy: Vol. 12. Resources for faculty, instructional, and organizational development* (pp. 227-245). Stillwater, OK: New Forums.

第4章　ファカルティ・ディベロップメント委員会との協働

Allison, D. H., & Deblois, P. B.（2008）. Top-ten IT issues, 2008. *EDUCAUSE Review, 43*（3）, 36-61.

Brown, D.（2003）.（Ed.）. *Developing faculty to use technology: Programs and strategies to enhance teaching.* Bolton, MA: Anker.

Chism, N. V. N.（2008）. *Peer review of teaching: A sourcebook.* Bolton, MA: Anker.

Lunde, J. P., & Healy, M. M.（2002）. The basics of faculty development committees. In K. H. Gillespie（Ed.）, *A guide to faculty development: Practical advice, examples, and resources*（pp. 251-257）. Bolton, MA: Anker.

Mooney, K. M., & Reder, M.（2008）. Faculty development at small and liberal arts colleges. In D. R. Robertson & L. Nilson（Eds.）, *To improve the academy: Vol. 26. Resources for faculty, instructional, and organizational development*（pp. 158-172）. Bolton, MA: Anker.

Reder, M., Mooney, K. M., Holmgren, R., & Kuerbis, P.（2009）. Starting and sustaining successful faculty development programs at small colleges. In L. Nilson & J. Miller（Eds.）, *To improve the academy: Vol. 27. Resources for faculty, instructional, and organizational development*（pp. 267-286）. San Francisco: Jossey-Bass.

Shulman, L. S.（2004）. *Teaching as community property: Essays on higher education.* San Francisco: Jossey-Bass.

Sorcinelli, M. D., Austin, A. E., Eddy, P. L., & Beach, A. L.（2006）. *Creating the future of faculty development: Learning from the past, understanding the present.* Bolton, MA: Anker.

Svinicki, M.（2002）. Faculty development: An investment for the future. In R. M. Diamond（Ed.）, *Field guide to academic leadership*（pp. 211-222）. San Francisco: Jossey-Bass.

Tierney, W. G.（2002）. Mission and vision statements: An essential first step. In R. M. Diamond（Ed.）, *Field guide to academic leadership*（pp. 49-58）. San Francisco: Jossey-Bass.

第5章　重要なスキルと知識

Banta, T. W., & Associates.（2002）. *Building a scholarship of assessment.* San Francisco: Jossey-Bass.

Boyer, E. L.（1990）. *Scholarship reconsidered: Priorities of the professoriate.* Princeton, NJ: Carnegie Foundation for the Advancement of Teaching.（＝1996, 有本章訳, 『大学教授職の使命——スカラーシップ再考』玉川大学出版部.）

Bransford, J. D., Brown, A. L., & Cocking, R. R.（1999）. *How people learn: Brain, mind, experience, and school.* Washington, DC: National Academy Press.

Hatch, T.（2005）. *Into the classroom: Developing the scholarship of teaching and learning.* San Francisco: Jossey-Bass.

IDEA Center. (2008). Retrieved December 1, 2008, from http://www.theideacenter.org/
Jossey-Bass Publishers. (2007). *Jossey-Bass reader on the brain and learning*. San Francisco: Jossey-Bass.
Jossey-Bass Publishers. (2008). Retrieved December 1, 2008, from http://www.josseybass.com/WileyCDA/
Naylor, S. (2006, March 14). *Scholarship of teaching and learning (SoTL) potential publishing outlets*. Retrieved December 1, 2008, from http://www.ilstu.edu/~sknaylor/sotl.htm
Stewart, D. W., Shamdasani, P. N., & Rook, D. W. (2007). *Focus groups: Theory and practice* (2nd ed.). Thousand Oaks, CA: Sage.
Stylus Publishing. (2008). Retrieved December 1, 2008, from http://www.styluspub.com/Books/Features.aspx
Svinicki, M., & Lewis, K. (2008). *Preparing for peer observation: A guidebook*. Retrieved December 1, 2008, from http://www.utexas.edu/academic/cte/PeerObserve.html

第6章 ファカルティ・ディベロップメントのプログラム評価

AAHE Assessment Forum. (1997). *Learning through assessment: A resource guide for higher education*. L. F. Gardiner, C. Anderson, & B. L. Cambridge (Eds.). Washington, DC: American Association of Higher Education.
Banta, T. W., Lund, J. P., Black, K. E., & Oblander, F. W. (1996). *Assessment in practice: Putting principles to work on college campuses*. San Francisco: Jossey-Bass.
Bothell, T. W., & Henderson, T. (2003). Evaluating the return on investment of faculty development. In C. M. Wehlburg & S. Chadwick-Blossey (Eds.), *To improve the academy : Vol. 22. Resources for faculty, instructional, and organizational development* (pp. 52-70). Bolton, MA: Anker.
Chism, N. V. N., & Szabo, B. (1997). How faculty development programs evaluate their services. *Journal of Staff, Program, and Organizational Development, 15* (2), 55-62.
Milloy, P. M., & Brooke, C. (2003). Beyond bean counting: Making faculty development needs assessment more meaningful. In C. M. Wehlburg & S. Chadwick-Blossey (Eds.), *To improve the academy: Vol. 22. Resources for faculty, instructional, and organizational development* (pp. 71-92). Bolton, MA: Anker.
Plank, K. M., Kalish, A., Rohdieck, S. V., & Harper, K. A. (2005). A vision beyond measurement: Creating an integrated data system for teaching centers. In S. Chadwick-Blossey & D. R. Robertson (Eds.), *To improve the academy: Vol. 23. Resources for faculty, instructional, and organizational development* (pp.

173-190). Bolton, MA: Anker.
Sorcinelli, M. D., Austin, A. E., Eddy, P. L., & Beach, A. L. (2006). *Creating the future of faculty development: Learning from the past, understanding the present.* Bolton, MA: Anker.
Walvoord, B. E. (2004). *Assessment clear and simple: A practical guide for institutions, departments, and general education.* San Francisco: Jossey-Bass.
Walvoord, B. E., & Anderson, V. J. (1998). *Effective grading: A tool for learning and assessment.* San Francisco: Jossey-Bass.

第7章　形成的目的のための教育実践と効果の評価

Angelo, T. A., & Cross, K. P. (1993). *Classroom assessment techniques: A handbook for college teachers* (2nd ed.). San Francisco: Jossey-Bass.
Arreola, R. A. (2007). *Developing a comprehensive faculty evaluation system* (3rd ed.). Bolton, MA: Anker.
Bandura, A. (1977). Self efficacy: Toward a unifying theory of behavioral change. *Psychological Review, 84* (2), 191-215.
Berk, R. A. (2006). *Thirteen strategies to measure college teaching.* Sterling, VA: Stylus.
Boyer, E. L. (1990). *Scholarship reconsidered : Priorities of the professariate.* Princeton, NJ: Carnegie Foundation for the Advancement of Teaching. (= 1996, 有本章訳, 前掲書。)
Brinko, K. T., & Menges, R. J. (1997). *Practically speaking: A sourcebook for instructional consultants in higher education.* Stillwater, OK: New Forums.
Chism, N. V. N. (2007). *Peer review of teaching* (2nd ed.). Bolton, MA: Anker.
Clark, D. J., & Bekey, J. (1979). Use of small groups in instructional evaluation. *Insight into teaching excellence, 7* (1), 2-5. Arlington: University of Texas at Arlington.
Cohen, P. A. (1980). Effectiveness of student-rating feedback for improving college instruction: A meta-analysis. *Research in Higher Education, 13* (4), 321-341.
Cohen, P. A. (1981). Student ratings of instruction and student achievement: A meta-analysis of multisection validity studies. *Review of Educational Research, 51* (3), 281-309.
Cross, K. P., & Steadman, M. H. (1996). *Classroom research: Implementing the scholarship of teaching.* San Francisco: Jossey-Bass.
Feldman, K. A. (1997). Identifying exemplary teachers and teaching: Evidence from student ratings. In R. P. Perry & J. C. Smart (Eds.), *Effective teaching in higher education research and practice.* New York: Agathon Press.
Feldman, K. A. (2007). Identifying exemplary teachers and teaching: Evidence from student ratings. In R. P. Perry & J. C. Smart (Eds.), *The scholarship of*

teaching and learning in higher education: An evidence-based perspective (pp. 93-129). Dordrecht, The Netherlands: Springer.

Franklin, J. L., & Theall, M. (1990). Communicating ratings results to decision makers: Design for good practice. In M. Theall & J. L. Franklin (Eds.), *New directions for teaching and learning, no. 43. Student ratings of instruction: Issues for improving practice* (pp. 75-96). San Francisco: Jossey-Bass.

Grasha, A. F. (1996). *Teaching with style.* Pittsburgh, PA: Alliance.

Kolb, D. A. (1984). *Experiential learning: Experience as the source of learning and development.* Englewood Cliffs, NJ: Prentice-Hall.

Kuh, G., Kinzie, J., Schuh, J. H., Whitt, E. J., & Associates (2005). *Student success in college.* San Francisco: Jossey-Bass.

Lewis, K. G., & Lunde, J. P. (Eds.). (2001). *Face to face: A sourcebook of individual consultation techniques for faculty/instructional developers.* Stillwater, OK: New Forums.

Marsh, H. W. (2007). Student evaluations of university teaching: Dimensionality, reliability, validity, potential biases, and usefulness. In R. P. Perry & J. C. Smart (Eds.), *The scholarship of teaching and learning in higher education: An evidence-based perspective* (pp. 319-384). Dordrecht, The Netherlands: Springer.

McKeachie, W. J., & Svnicki, M. (Eds.). (2006). *Teaching tips. Strategies, research, and theory for college and university teachers* (12th ed.). Boston: Houghton Mifflin.

Menges, R. J., & Brinko, K. T. (1986, April). *Effects of student evaluation feedback: A meta-analysis of higher education research.* Paper presented at the meeting of the American Educational Research Association. San Francisco. (ERIC Document Reproduction Service No. ED 270 408)

Millis, B. J. (2004). A versatile interactive focus group protocol for qualitative assessments. In C. M. Wehlburg & S. Chadwick-Blossey (Eds.), *To improve the academy: Vol. 22. Resources for faculty, instructional, and organizational development* (pp. 125-141). Bolton, MA: Anker.

Murray, H. G. (2007). Research on low-inference behaviors: An update. In R. P. Perry & J. C. Smart (Eds.), *The scholarship of teaching and learning in higher education: An evidence-based perspective* (pp. 184-200). Dordrecht, The Netherlands: Springer.

Nuhfer, E., & Kipp, D. (2003). The knowledge survey: A tool for all reasons. In C. Wehlburg & S. Chadwick-Blossey (Eds.), *To improve the academy: Vol. 21. Resources for faculty, instructional, and organizational development* (pp. 59-74). Bolton, MA: Anker.

Pascarella, E. T., & Terenzini, P. T. (1991). *How college affects students.* San Francisco: Jossey-Bass.

Pascarella, E. T., & Terenzini, P. T. (2005). *How college affects students. Vol. 2: A third decade of research*. San Francisco: Jossey-Bass.

Perry, R. P. (1991). Perceived control in the college classroom. In J. C. Smart (Ed.), *Higher education: Handbook of theory and research* (Vol. 7, pp. 1-56). New York: Agathon.

Perry, R. P., & Smart, J. C. (Eds.). (2007). *The scholarship of teaching and learning in higher education: An evidence-based perspective*. Dordrecht, The Netherlands: Springer.

Seldin, P. (1991). *The teaching portfolio: A practical guide to improved performance and promotion/tenure decisions*. Bolton, MA: Anker. (=2007, 大学評価・学位授与機構監訳,『大学教育を変える教育業績記録—ティーチング・ポートフォリオ作成の手引』玉川大学出版部.)

Shulman, L. S. (1986).Those who understand: Knowledge growth in teaching. *Educational Researcher, 15* (2), 4-14.

Shulman, L. S., & Hutchings, P. (1999). The scholarship of teaching: New elaborations, new developments. *Change, 31* (5), 11-15.

Theall, M. (Ed.). (1999a). *New directions for teaching and learning, no. 78. Motivation from within: Encouraging faculty and students to excel*. San Francisco: Jossey-Bass.

Theall, M. (1999b). What have we learned? A synthesis and some guidelines for effective motivation in higher education. In M. Theall (Ed.), *New directions for teaching and learning, no. 78. Motivation from within: Encouraging faculty and students to excel* (pp. 99-109). San Francisco: Jossey-Bass.

Theall, M. (2001). Thinking about motivation: Some issues for instructional consultants. In K. G. Lewis & J. P. Lunde (Eds.), *Face to face: A sourcebook of individual consultation techniques for faculty/instructional developers* (pp. 77-91). Stillwater, OK: New Forums.

Theall, M., & Feldman, K. A. (2007). Commentary and update on Feldman's (1997) "Identifying exemplary teachers and teaching: Evidence from student ratings." In R. P. Perry & J. C. Smart (Eds.), *The scholarship of teaching and learning in higher education: An evidence-based perspective* (pp. 130-143). Dordrecht, The Netherlands: Springer.

Theall, M., & Franklin, J. L. (Eds.). (1991a). *New directions for teaching and learning, no. 48. Effective practices for improving teaching*. San Francisco: Jossey-Bass.

Theall, M., & Franklin, J. L. (1991b). Using student ratings for teaching improvement. In M. Theall & J. L. Franklin (Eds.), *New directions for teaching and learning, no. 48. Effective practices for improving teaching* (pp. 83-96). San Francisco: Jossey-Bass.

Walvoord, B. E. (2004). *Assessment clear and simple: A practical guide for institu-

tions, departments, and general education. San Francisco: Jossey-Bass.

Wlodkowski, R. J. (1998). *Enhancing adult motivation to learn: A comprehensive guide for teaching all adults.* San Francisco: Jossey-Bass.

Wlodkowski, R. J. (1999). Motivation and diversity: A framework for teaching. In M. Theall (Ed.), *New directions for teaching and learning, no. 78. Motivation from within: Encouraging faculty and students to excel* (pp. 7-16). San Francisco: Jossey-Bass.

Zull, J. E. (2002). *The art of changing the brain.* Sterling, VA: Stylus.

第8章　ファカルティ・ディベロップメントの国際展開
　　　──世界中の仲間たちとの協働を推進する

Angelo, T. A., & Cross, P. K. (1993). *Classroom assessment techniques: A handbook for college teachers.* San Francisco: Jossey-Bass.

Barnett, R. (1997). *Higher education: A critical business.* Buckingham, UK: SRHE/Open University.

Barnett, R. (2000). *Realizing the university in an age of supercomplexity.* Buckingham, UK: SRHE/Open University.

Barr, R. B., & Tagg, J. (1995). From teaching to learning: A new paradigm for undergraduate education. *Change, 27* (6), 13-25.

Biggs, J. (2003). *Teaching for quality learning at university: What the student does* (2nd ed.). Buckingham, UK: SRHE/Open University Press.

Boyer, E. (1990). *Scholarship reconsidered: Priorities of the professoriate.* Princeton, NJ: Carnegie Foundation for the Advancement of Teaching. (=1996, 有本章訳, 前掲書.)

Chism, N. V. N. (2008, April). *A professional priority: Preparing educational developers.* Paper presented at the annual meeting of the American Educational Research Association, New York, NY.

D'Andrea, V-M., & Gosling, D. (2005). *Improving teaching and learning in higher education: A whole institution approach.* London: McGraw-Hill.

Entwistle, N., & Ramsden, P. (1983). *Understanding student learning.* London: Croom Helm.

Gibbs, G. (1992). *Improving the quality of student learning.* Bristol, UK: Technical and Educational Services.

Gosling, D. (2008). *Educational development in the UK.* London: Heads of Educational Development Group.

Gosling, D., McDonald, J., & Stockley, D. (2007). We did it our way! Narratives of pathways to the profession of educational development. *Educational Developments, 8* (4), 1-6.

Huber, M. (2006). Disciplines, pedagogy, and inquiry-based learning about teaching. In C. Kreber (Ed.), *New directions for teaching and learning, no. 107.*

Exploring research-based teaching (pp. 69-78). San Francisco: Jossey-Bass.
Hutchings, P. (Ed.). (2000). *Opening lines: Approaches to the scholarship of teaching and learning*. Palo Alto, CA: Carnegie Foundation for the Advancement of Teaching.
Knight, P., & Trowler, P. R. (2001). *Departmental leadership in higher education*. Buckingham, UK: SRHE/Open University.
Marton, F., & Saljo, R. (1976). On qualitative differences in learning: Outcome and process. *British Journal of Educational Psychology, 46* (1), 4-11.
McKeachie, W. J., & Svinicki, M. D. (2005). *Teaching tips* (12th ed.). New York: Houghton Mifflin.
Newman, F., Couturier, L., & Scurry, J. (2004). *The future of higher education: Rhetoric, reality, and the risks of the market*. San Francisco: Jossey-Bass.
Prosser, M., & Trigwell, K. (1999). *Understanding learning and teaching: The experience in higher education*. Buckingham, UK: SRHE/Open University Press.
Ramsden, P. (2003). *Learning to teach in higher education* (2nd ed.). London: Routledge Falmer.
Rowland, S. (2000). *The enquiring university teacher*. Buckingham, UK: SRHE/Open University Press.
Roxa, T., & Martensson, K. (2008). Strategic educational development: A national Swedish initiative to support change in higher education. *Higher Education Research and Development, 27* (2), 155-68.
Seubka, P., Luksaneeyanawin, S., Tongroach, C., & Thipakorn, B. (2008, June). *Professional development associations around the world: How can they support their members and the global scholarship of practice?* Paper presented at the annual meeting of the International Consortium for Educational Development, Salt Lake City, UT.
Shulman, L. S. (1993). Teaching as community property: Putting an end to pedagogical solitude. *Change, 25* (6), 6-7.
Shulman, L. S. (1999). Taking learning seriously. *Change, 31* (4), 11-17.
Sorcinelli, M. D., Austin, A. E., Eddy, P. L., & Beach, A. L. (2006). *Creating the future of faculty development: Learning from the past, understanding the present*. Bolton, MA: Anker.
Tinto, V. (1993). *Leaving college: Rethinking the causes and cures of student attrition* (2nd ed.). Chicago: University of Chicago Press.

第9章　テクノロジーとファカルティ・ディベロップメントに関する問題

Active Learning with PowerPoint™. (2008). Retrieved June 19, 2008, from University of Minnesota, Center for Teaching and Leaning Web site at http://www1.umn.edu/ohr/teachlearn/tutorials/powerpoint/
Aldrich, C. (2005). *Learning by doing: A comprehensive guide to simulations,*

computer games, and pedagogy in e-learning and other educational experiences. San Francisco: Wiley.

Angelo, T., & Cross, P. (1993). The Teaching Goals Inventory. Retrieved June 19, 2008, from University of Iowa, Center for Teaching Web site at http://fm.iowa.uiowa.edu/fmi/xsl/tgi/data_entry.xsl?-db=tgi_data&-lay=Layout01&-view

Arneil, S., Holmes, M., & the University of Victoria. (2008a). HotPotatoes [Computer software]. Victoria, BC, Canada: Half-baked Software, Inc. Retrieved August 3, 2008, from http://www.halfbakedsoftware.com/

Arneil, S., Holmes, M., & the University of Victoria. (2008b). Quandary [Computer software]. Victoria, BC, Canada: Half-baked Software, Inc. Retrieved September 14, 2008, from http://www.halfbakedsoftware.com/ quandary.php

Atomic Learning, Inc. (2008). *Atomic learning.* Retrieved August 3, 2008, from http://movies.atomiclearning.com/k12/home

Cambridge, B., Kahn, S., Tompkins, D., & Yancey, K. (Eds.). (2001). *Electronic portfolios: Emerging practices in student, faculty, and institutional learning.* Washington, DC: American Association for Higher Education.

Carroll, S., Seymour, E., & Weston, T. (2007). *The student assessment of their learning, gains.* Retrieved June 19, 2008, from University of Wisconsin-Madison, Wisconsin Center tor Educational Research Web site at http://www.salgsite.org/

Center for Teaching. (2008, July 17). *Vanderbilt Center for Teaching Podcast.* Retrieved August 3, 2008, from Vanderbilt University Web site at http://blogs.vanderbilt.edu/cftpodcast/

Chickering, A., & Ehrmann, S. (1996, October). Implementing the seven principles: Technology as lever. *AAHE Bulletin*, 3-6.

del.icio.us: social bookmarking [Computer software]. (n.d.). Retrieved June 19, 2008, from http://del.icio.us/

Doodle [Computer software]. (2008). Retrieved October 8, 2008, from http://www.doodle.ch/main.html

Holmes, T., & Taraban-Gordon, S. (n.d.). *CTAD—Consortium of TA Developers.* Retrieved August 3, 2008, from University of Waterloo Web site at https://lists.uwaterloo.ca/mailman/listinfo/ctad

Kuhlenschmidt, S. (1997). *Learning how to learn computers: General principles for the novice.* Retrieved October 10, 2008, from Western Kentucky University, Faculty Center for Excellence in Teaching Web site at http://www.wku.edu/teaching/tnt/lrncom.htm

Kuhlenschmidt, S. (2007a). *Clicking with clickers: Questioning effectively.* Retrieved June 19, 2008, from Western Kentucky University, Faculty Center for Excellence in Teaching Web site at http://www.wku.edu/teaching/booklets/

clickers.html
Kuhlenschmidt, S. (2007b). *International English-language media for comparison to USA media*. Retrieved June 19, 2008, from Western Kentucky University, Faculty Center for Excellence in Teaching Web site at http://www.wku.edu/teaching/media/reading.html

Kuhlenschmidt, S. (Ed.). (2008). *Quotations for college faculty*. Retrieved June 19, 2008, from Western Kentucky University, Faculty Center for Excellence in Teaching Web site at http://www.wku.edu/teaching/db/quotes/

Linden Research, Inc. (2008). *Second Life*. Retrieved June 19, 2008, from http://secondlife.com/

Maryland Online, Inc. (2006). *Quality Matters*. Retrieved June 29, 2008, from http://www.qualitymatters.org/

MarketTools, Inc. [Computer software]. (1999). Zoomerang. Retrieved January 8, 2009, from Zoomerang Web site at http://www.zoomerang.com/

MERLOT. (2009). *Multimedia Educational Resource for Learning and Online Teaching*. Retrieved June 30, 2009, from MERLOT Web site at www.merlot.org/merlot/

Nielsen, J. (2008). *Useit.com: Jakob Nielsen's Web site*. Retrieved June 19, 2008, from http://www.useit.com/

Plone [Computer software]. (2000). Retrieved August 3, 2008, from http://plone.org/

Pratt, D., & Collins, J. (2001). *Teaching Perspectives Inventory*. Retrieved June 20, 2008, from http://www.teachingperspectives.com/

Professional and Organizational Development Network in Higher Education. (2007a). *POD custom search engine for POD Network faculty development centers*. Retrieved June 19, 2008, from http://www.podnetwork.org/search.htm#faculty

Professional and Organizational Development Network in Higher Education. (2007b). Retrieved June 19, 2008, from http://www.podnetwork.org/

Professional and Organizational Development Network ih Higher Education. (2007c). *POD listserv*. Retrieved June 19, 2008, from http://www.podnetwork.org/listserve.htm

Profeval [Computer software]. (2007). Retrieved August 3, 2008, from http://www.profeval.com/home/chooseschool.asp

Rogers, E. (1962). *Diffusion of innovations* (1st ed.). New York: Free Press.

Rogers, E. (2003). *Diffusion of innovations* (5th ed.). New York: Free Press. (= 2007, 三藤利雄訳, 『イノベーションの普及』翔泳社.)

Sinex, S. (2008). Developers' guide to Excelets. Retrieved August 3, 2008, from http://academic.pgcc.edu/~ssinex/excelets/

Society for Teaching and Learning in Higher Education. (2008). *STLHE-L@*

LISTSERV.UNB.CA: Forum for teaching & learning in higher education. Retrieved June 19, 2008, from University of New Brunswick, New Brunswick, Canada Web site at http://www.lsoft.com/scripts/wl.exe?SL1=STLHE-L&H=LISTSERV.UNB.CA

Sorcinelli M. D., Austin, A. E., Eddy, P. L., & Beach, A. L. (2006). *Creating the future of faculty development: Learning from the past, understanding the present.* Bolton, MA: Anker.

StudyMate Author 2.0 [Computer software]. (2000). Redmond, WA: Respondus, Inc. Retrieved October 8, 2008, from http://www.respondus.com/products/studymate.shtml

SurveyMonkey [Computer software]. (1999). Portland, OR: SurveyMonkey.com. Retrieved October 8, 2008, from http://www.surveymonkey.com/

TeacherTube, LLC. (2008). *TeacherTube: Teach the world.* Retrieved June 19, 2008 , from http://www.teachertube.com/

Teaching Issues Online Workshop Series. (2007). Retrieved June 19, 2008, from Western Kentucky University, Faculty Center for Excellence in Teaching Web site at http://www.wku.edu/teaching/teachingissues/

YouTube, Inc. (2005). *YouTube.* Retrieved October 8, 2008, from http://www.youtube.com/

Zakrajsek, T. (2007). *Interpreting written feedback from student ratings of instruction.* Retrieved August 3, 2008, from http://www.youtube.com/watch?v=OTc0WcE8Ab4&feature=user

第10章 研究大学における効果的実践——研究と教育の生産的な組み合わせ

Albright, M. J. (1988). Cooperation among campus agencies involved in instructional improvement. In E. C. Wadsworth (Ed,), *A handbook for new practitioners* (pp. 3-8). Stillwater, OK: New Forums.

Austin, A. E. (2003). Creating a bridge to the future: Preparing new faculty to face changing expectations in a shifting context. *Review of Higher Education, 26* (2), 119-144.

Baldwin, R. G., & Chang, D. A. (2006). Reinforcing our "keystone" faculty. *Liberal Education, 92* (4), 28-35.

Becher, T., & Trowler, P. R. (2001). *Academic tribes and territories: Intellectual enquiry and the cultures of disciplines* (2nd ed.). Buckingham, UK: Society for Research into Higher Education and Open University Press.

Blackburn, R. T., & Lawrence, J. H. (1995). *Faculty at work.* Baltimore, MD: Johns Hopkins University Press.

Bok, D. (2006). *Our underachieving colleges: A candid look at how much students learn and why they should be learning more.* Princeton, NJ: Princeton University Press.

Cambridge, B. (Ed.). (2004). *Campus progress: Supporting the scholarship of teaching and learning.* Washington, DC: American Association for Higher Education.

Chism, N. V. N. (1998). The role of educational developers in institutional change: From the basement office to the front office. In M. Kaplan (Ed.), *To improve the academy: Vol. 17. Resources for faculty, instructional and organizational development* (pp. 141-153). Stillwater, OK: New Forums.

Chism, N. V. N., & Szabo, B. (1997). Teaching awards: The problem of assessing their impact. In D. DeZure & M. Kaplan (Eds.), *To improve the academy: Vol. 16. Resources for faculty, instructional and organizational development* (pp. 181-199). Stillwater, OK: New Forums.

Cook, C. E. (2001). The role of a teaching center in curricular reform. In D. Lieberman & C. Wehlburg (Eds.), *To improve the academy: Vol. 19, Resources for faculty, instructional and organizational development* (pp. 217-231). Bolton, MA: Anker.

Cook, C. E., Kaplan, M., Nidiffer, J., & Wright, M. (2001, November). Preparing future faculty—faster. *AAHE Bulletin., 54* (3), 3-7.

Cook, C. E., & Sorcinelli, M. D. (2002, June). *The value of a teaching center.* Retrieved November 21, 2008, from http://www.podnetwork.org/faculty_development/values.htm

Cook, C. E., & Sorcinelli, M. D. (2005). Building multiculturalism into teaching development programs. In M. Ouellett (Ed.), *Teaching inclusively: Resources for course, department and institutional change in higher education* (pp. 74-83). Stillwater, OK: New Forums.

Cook, C. E, Wright, M. C., & O'Neal, C. (2007). Action research for instructional improvement: Using data to enhance student learning at your institution. In D. R. Robertson and L. B. Nilson (Eds.), *To improve the academy: Vol. 25. Resources for faculty, instructional and organizational development* (pp. 123-138). Bolton, MA: Anker.

Davidson, C. I., & Ambrose, S. A. (1994). *The new professor's handbook.* Bolton, MA: Anker.

Eble, K. (1972). *Professors as teachers.* San Francisco: Jossey-Bass.

Eble, K., & McKeachie, W. J. (1985). *Improving undergraduate education through faculty development.* San Francisco: Jossey-Bass.

Hativa, N., & Marincovich, M. (Eds.).(1995). Editors' notes. In M. Marincovich & N. Hativa (Eds.), *New directions for teaching and learning, no. 64. Disciplinary differences in teaching and learning: Implications for practice* (pp. 1-4). San Francisco: Jossey-Bass.

Kaplan, M. L., & Miller, A. T. (Eds.). (2007). *New directions for teaching and learning, no. 111. Scholarship of multicultural teaching and learning.* San

Francisco: Jossey-Bass.

Kuhlenschmidt, S. (2009, March). *Who are we? Where are we? Descriptive data about centers*. Paper presented at the Southern Regional Faculty Development Consortium, Louisville, KY.

Marincovich, M. (2007). *Teaching at Stanford: An introductory handbook for faculty, academic staff, and teaching assistants*. Stanford: Stanford University, Center for Teaching and Learning.

Marincovich, M., Prostko, J., & Stout, F. (Eds.). (1998). *The professional development of graduate teaching assistants*. Bolton, MA: Anker.

Menges, R. J. (1996). Awards to individuals. In M. D. Svinicki & R. J. Menges (Eds.), *New directions for teaching and learning: Vol. 65. Honoring exemplary teaching* (pp. 3-10). San Francisco: Jossey-Bass.

National Center for Education Statistics. (1992). *Full-time instructional faculty and staff, in institutions of higher education, by instruction activities and type and control of institution*. Retrieved August 18, 2008, from http://nces.ed.gov/programs/digest/d99/d99t232.asp

O'Neal, C., Cook, C. E., Wright, M., Perorazio, T., & Purkiss, J. (2007). The impact of teaching assistants on student retention in the sciences: Lessons for TA training. *Journal of College Science Teaching, 36* (5), 24-29.

Seldin, P. (1995). *Improving college teaching*. Bolton, MA: Anker.

Seldin, P. (2006). Tailoring faculty development programs to faculty career stages. In S. ChadwickBlossey (Ed.), *To improve the academy: Vol. 24. Resources for faculty, instructional and organizational development* (pp. 137-144). Bolton, MA: Anker.

Showalter, E. (2002). *Teaching literature*. Malden, MA: Blackwell.

Sorcinelli, M. D. (2002). Ten principles of good practice in creating and sustaining teaching and learning centers. In K. H. Gillespie (Ed.), *A guide to faculty development: Practical advice, examples, and resources* (pp. 9-23). Bolton, MA: Anker.

Sorcinelli, M. D., Austin, A. E., Eddy, P. L., & Beach, A. L. (2006). *Creating the future of faculty development: Learning from the past, understanding the present*. Bolton, MA: Anker.

Stanford University Faculty Handbook. (2007). Retrieved August 18, 2008, from http://facultyhandbook.stanford.edu/

St. John, E. P., McKinney, J. S., & Tuttle, T. (2006). Using action inquiry to address critical challenges. In E. P. St. John & M. Wilkerson (Eds.), *Reframing persistence research to improve academic success* (pp. 63-76). San Francisco: Jossey-Bass.

Wheeler, D. W., & Schuster, J. H. (1990). Building comprehensive programs to enhance faculty development. In J. H. Schuster, D. W. Wheeler, & Associates

(Eds.), *Enhancing faculty careers* (pp. 275-297). San Francisco: Jossey-Bass.
Wright, D. L. (2000). Faculty development centers in research universities: A study of resources and programs. In M. Kaplan & D. Lieberman (Eds.), *To improve the academy: Vol. 18. Resources for faculty, instructional and organizational development* (pp. 291-301). Bolton, MA: Anker.
Wright, M. C. (2008). *Always at odds? Creating alignment between faculty and administrative values*. Albany: State University of New York Press.
Wright, M. C., Purkiss, P., O'Neal, C., & Cook, C. E. (2008). International teaching assistants and student retention in the sciences. *Studies in Graduate and Professional Student Development, 11* (1), 109-120.
Zhu, E. (2008). Breaking down barriers to the use of technology for teaching in higher education. In D. R. Robertson & L. B. Nilson (Eds.), *To improve the academy: Vol. 26. Resources for faculty, instructional and organizational development* (pp. 305-318). Bolton, MA: Anker.

第11章　小規模カレッジにおける効果的実践

D'Avanzo, C. (2009, Spring). Supporting faculty through a new teaching and learning center. *Peer Review, 11* (2), 22-25.
Frederick, P. (2007, October). *Sixteen reflections from thirty years of faculty development*. Paper presented at the Professional and Organizational (POD) Network Annual Conference, Pittsburgh, PA. Retrieved March 5, 2008, from http://ctl.conncoll.edu/smallcollege/index.html
Gibson, G. W. (1992). *Good start: A guidebook for new faculty in liberal arts colleges*. Bolton, MA: Anker.
Holmgren, R. A. (2005). Teaching partners: Improving teaching and learning by cultivating a community of practice. In S. Chadwick-Blossey & D. R. Robertson (Eds.), *To improve the academy: Vol. 23. Resources for faculty, instructional, and organizational development* (pp. 211-219). Bolton, MA: Anker.
Love, J. (2008). Meeting the challenges of integrative learning: The Nexia concept. In D. R. Robertson & L. B. Nilson (Eds.), *To improve the academy: Vol. 26. Resources for faculty, instructional, and organizational development* (pp. 263-274). San Francisco: Jossey-Bass.
Marx. J. (2005, September 9). Undergraduate research in the humanities [Letter to the editor]. *The Chronicle of Higher Education*, p. B22.
Mooney, K. M., Fordham, T., & Lehr, V. (2005). A faculty development program to promote engaged classroom dialogue: The oral communication institute. In S. Chadwick-Blossey & D. R. Robertson (Eds.), *To improve the academy: Vol. 23. Resources for faculty, instructional, and organizational development* (pp. 219-235). Bolton, MA: Anker.
Mooney, K. M., & Reder, M. (2008), Faculty development at small and liberal arts

colleges. In D. R. Robertson & L. B. Nilson (Eds.), *To improve the academy: Vol. 26. Resources for faculty, instructional, and organizational development* (pp. 158-172). San Francisco: Jossey-Bass.

Peters. D., Schodt, D., & Walczak, M. (2008). Supporting the scholarship of teaching and learning at liberal arts colleges. In D. R. Robertson & L. B. Nilson (Eds.),*To improve the academy: Vol. 26. Resources for faculty, instructional, and organizational development* (pp. 68-84). San Francisco: Jossey-Bass.

Reder, M. (2007). Does your college really support teaching and learning? *Peer Review, 9* (4), 9-13.

Reder, M. (2009). *Assessing faculty development programming on a shoestring: Practical advice and strategies.* Unpublished manuscript.

Reder, M., & Gallagher, E. V. (2007). Transforming a teaching culture through peer mentoring: Connecticut College's Johnson Teaching Seminar for incoming faculty and the Scholarship of Teaching and Learning. In D. R. Robertson & L. B. Nilson (Eds.), *To improve the academy: Vol. 25. Resources for faculty, instructional, and organizational development* (pp. 327-344). Bolton, MA: Anker.

Reder, M., Mooney, K., Holmgren, R., & Kuerbis, P. (2009). Starting and sustaining successful faculty development programs at small colleges. In D. R. Robertson & L. B. Nilson (Eds.), *To improve the academy: Vol. 27. Resources for faculty, instructional, and organizational development* (pp. 267-286). Bolton, MA: Anker.

Shulman, L. S. (1993). Teaching as community property: Putting an end to pedagogical solitude. *Change, 25* (6), 6-7.

Shulman, L. S. (1999). *Fostering a scholarship of teaching.* [Video]. Stanford, CA: Carnegie Foundation for the Advancement of Teaching.

Sorcinelli, M. D. (2002). Ten principles of good practice in creating and sustaining teaching and learning centers. In K. H. Gillespie (Ed.), *A guide to faculty development: Practical advice, examples, and resources* (pp. 9-23). Bolton, MA: Anker.

Sorcinelli, M. D., Austin, A. E., Eddy, P. L., & Beach, A. L. (2006). *Creating the future of faculty development: Learning from the past, understanding the present.* Bolton, MA: Anker.

Wabash National Study of Liberal Arts Education (n. d.). *Effective practices and experiences from the Wabash National Study.* Retrieved November 13 , 2008, from http://www.wabash.edu/cila/docs/ 11.13.08%20Effective%20Practices%20summary%20with%20data%20web%20final.pdf

Zimmer, M. (2005, August 12). How to find students' inner geek. *The Chronicle of Higher Education,* p. B5.

Zimmer, M. (2007, February 16). Guerrilla puzzling: A model for research. *The*

Chronicle of Higher Education, p. B5.

第12章　大学院生および専門職大学院の学生の能力開発プログラム

Academic Services, Graduate Division. (2008). *UC Santa Barbara. Certificate in college and university teaching*. Retrieved November 15, 2008, from http://www.graddiv.ucsb.edu/academic/CCUT/require/index.htm

Angelo, T. S., & Cross, K. P. (1993). *Classroom assessment techniques: A handbook for college teachers*. San Francisco: Jossey-Bass.

Bellows, L. (2008). Graduate student professional development: Defining the field. *Studies in Graduate and Professional Student Development, 11*, 2-19.

Boice, R. (2000). *Advice for new faculty members: Nihil nimus*. Needham Heights, MA: Allyn & Bacon.

Border, L. L. B. (2002, December). The Socratic portfolio: A guide for future faculty. *PSOnline, XXV* (4), 739-743.

Border, L. L. B. (2006). Two inventories for best practice in graduate student development. *Journal on Excellence in College Teaching, 17* (1 & 2), 739-743.

Border, L. L. B. (Ed.). (2008). *Studies in graduate and professional student development*. Stillwater, OK: New Forums.

Boyer, E. L. (1990). *Scholarship reconsidered: Priorities of the professoriate*. Princeton, NJ: Carnegie Foundation for the Advancement of Teaching.（=1996, 有本章訳，前掲書。）

Center for the Advancement of Engineering Education. (2008). *CAEE webpage*. Retrieved November 18, 2008, from http://www.engr.washington.edu/caee/overview.html

Center for the Integration of Research, Teaching, and Learning. (2008). *Project background*. Retrieved November 18, 2008, from http://www.cirtl.net/

Chism, N. V. N. (Ed.). (1987). *Employment and education of teaching assistants: Readings from a national conference*. Columbus: The Ohio State University.

Council of Graduate Schools. (n. d.). *Preparing future faculty*. Retrieved November 16, 2008, from http://www.cgsnet,org/Default.aspx?tabid=226

Gaff, J., Pruitt-Logan, A. S., Sims, L. B., & Denecke, D. D. (2003). *Preparing future faculty in the humanities and social sciences*. Washington, DC: Council of Graduate Schools.

Golde, C. M., & Dore, T. M. (2001). *At cross purposes: What the experiences of doctoral students reveal about doctoral education. A report prepared for the Pew Charitable Trusts*. Retrieved November 15, 2008, from http://www.phdsurvey.org

Goldschmid, M. L. (1993). Accountability in higher education: The employability of university graduates. *Proceedings: Improving university teaching 18th international conference* (pp. 529-539). Baltimore: University of Maryland and

University College.
GSI Teaching and Resource Center, Graduate Division, UC Berkeley. (2008a). *Mentoring in higher education*. Retrieved November 15, 2008, from http://gsi.berkeley.edu/conf_wkshop/mentoring_2009.html
GSI Teaching and Resource Center, Graduate Division, UC Berkeley. (2008b). *Professional standards and ethics in teaching*. Retrieved January 5, 2009, from http://gsi.berkeley.edu/ethics
Knapper, C. K. (1995). The origins of teaching portfolios. *Journal on Excellence in College Teaching, 6* (1), 45-56.
Lambert, L. M., & Tice, S. L. (Eds.). (1993). *Preparing graduate students to teach*. Washington, DC: American Association for Higher Education.
Lewis, K. (Ed.). (1993). *The TA experience: Preparing for multiple roles*. Stillwater, OK: New Forums.
Marincovich, M., Prostko, J., & Stout, F. (Eds.). (1998). *The professional development of teaching assistants*. Bolton, MA: Anker.
Mazur, E. (1997). *Peer instruction. A user's manual*. Upper Saddle River, NJ: Prentice-Hall.
Nyquist, J., & Woodford, B. (2000). *Re-envisioning the Ph. D.: What concerns do we have?* Seattle, WA: University of Washington, Center for Instructional Development and Research. Retrieved November 15, 2008, from http://www.grad.washington.edu/envision/project_resources/concerns.html
Nyquist, J. D., Abbott, R. D., Wulff, A. D., & Sprague, J. (Eds.). (1991). *Preparing the professoriate of tomorrow to teach: Selected readings in TA training*. Dubuque, IA: Kendall Hunt.
Pollock, S., & Finkelstein, F. (2008). Sustaining educational reforms in introductory physics. *Physics Review Special Topics: Physics Education Research, 4* (1), 010110.
Ronald E. McNair Postbaccalaureate Achievement Program. (2008). Retrieved December 29, 2008, from the U. S. Department of Education Web site at http://www.ed.gov/programs/triomcnair/index.html
Seldin, P. (1997). *The teaching portfolio: A practical guide to improved performance and promotion/tenure decisions*. Bolton, MA: Anker. (＝2007, 大学評価・学位授与機構監訳, 前掲書.)
Soracco, S. (2008). *Graduate writing resources*. Retrieved August 14, 2008, from University of California, Berkeley Graduate Division Web site: http://www.grad.berkeley.edu/acapro/academic_services.shtml#1
von Hoene, L. (2009). *Graduate, student teaching certificates*. Manuscript in preparation.
von Hoene, L., & Mintz, J. (2002). Research on faculty as teaching mentors: Lessons learned from a study of participants in UC Berkeley's seminar for facul-

ty who teach with graduate student instructors. In D. Lieberman & C. Wehlburg (Eds.), *To improve the academy: Vol. 20. Resources for faculty, instructional, and organizational development* (pp. 77-93). Bolton, MA: Anker.

Woodrow Wilson National Fellowship Foundation. (2005). *The responsive Ph. D.: Innovations in U. S. doctoral education.* Retrieved November 15, 2008, from http://www.woodrow.org/images/pdf/resphd/ResponsivePhD_overview.pdf

第13章　非常勤教員との協働

Combs, T. T., & Lucke, J. (2003, March). *"It's our Weekend!": A faculty academy promotes teaching excellence and community-building with part-time faculty.* Poster session presented at the American Association for Higher Education 2003 National Leaning to Change Conference, Washington, DC.

Eagan, K. (2007). A national picture of part-time community college faculty: Changing trends in demographics and employment characteristics. In R. L. Wagoner (Ed.), *New directions for community colleges, no.140. The current landscape and changing perspectives of part-time faculty* (pp. 5-14). San Francisco: Jossey-Bass.

Gappa, J. M., & Leslie, D. W. (1993). *The invisible faculty: Improving the status of part-timers in higher education.* San Francisco: Jossey-Bass.

Gappa, J. M., & Leslie, D. W. (1997). *Two faculties or one? The conundrum of part-timers in a bifurcated work force. New Pathways Working Paper Series, no. 6.* Washington DC: American Association for Higher Education.

Harber, F., & Lyons, R. E. (2007). A proven, comprehensive program for preparing and supporting adjunct faculty members. In R. E. Lyons (Ed.), *Best practices for supporting adjunct faculty* (pp. 186-198). Bolton, MA: Anker.

Jaschik, S. (2008, May 28). Professional development for adjuncts. *Inside Higher Education.* Retrieved November 9, 2008, from http://insidehighered.com/news/2008/05/28/nisod

Leslie, D. W., & Gappa, J. M. (2002). Part-time faculty: Committed and competent. In C. I. Outcalt (Ed.), *New directions for community colleges, no. 118. Community college faculty:Characteristics, practices, and challenges* (pp. 59-67). San Francisco: Jossey-Bass.

Lohi-Pasey, B., & Bennett, C. (2006). *Fostering learning: An adjunct faculty development model for evaluation, development, support and professional advancement.* Retrieved on November 9, 2008, from http://www.oln.org/conferences/ODCE2006/papers/fostering_learning/OCDE%20faculty%20development%20final.ppt

Lyons, R. E. (Ed.). (2007a). *Best practices for supporting adjunct faculty.* Bolton, MA: Anker.

Lyons, R. E. (2007b). Deepening our understanding of adjunct faculty. In R. E. Lyons (Ed.), *Best practices for supporting adjunct faculty* (pp. 1-12). Bolton, MA: Anker.

Minnesota State Colleges and Universities. *Center for teaching and learning tutorials.* Retrieved on November 9, 2008, from http://www.ctl.mnscu.edu/programs/educ_opp/tutorials.html

Murray, J. P. (2002). The current state of faculty development in two-year colleges. In C. I. Outcalt (Ed.), *New directions for community colleges, no. 118. Community college faculty: Characteristics, practices, and challenges* (pp. 89-97). San Francisco: Jossey-Bass.

National Center for Education Statistics. (2004). *2004 National study of postsecondary faculty (NSOPF:04) report on faculty and instructional staff in fall 2003.* Washington, DC: U. S. Department of Education, Institute of Education Sciences. Retrieved on November 9, 2008, from http://nces.ed.gov/pubsearch/pubsinfo.asp?pubid=2005172

Schuetz, P. (2002). Instructional practices of part-time and full-time faculty. In C. L. Outcault (Ed.), *New directions for community colleges, no. 118. Community college faculty: Characteristics, practices, and challenges* (pp. 39-46). San Francisco: Jossey-Bass.

Silliman, J. C. (2007). Supporting adjunct faculty through orientation and mentoring initiatives and an online professional development course. In R. E. Lyons (Ed.), *Best practices for supporting adjunct faculty* (pp. 158-185). Bolton, MA: Anker.

Smith, M., & Wright, D. (2000). Orientation of adjunct and part-time faculty: Exemplary models. In D. E. Greive & C. A. Worden (Eds.), *Managing adjunct and part-time faculty for the new millennium* (pp. 45-69). Elyria, OH: Info-Tec.

U. S. Department of Education. (2007). *Digest of education statistics. Chapter 3. postsecondary education.* Washington, DC: U. S. Department of Education, Institute of Education Sciences. Retrieved November 9, 2008, from http://nces.ed.gov/programs/digest/d07/

Wagoner, R. L. (Ed.). (2007). *New directions for community, colleges, no. 140. The current landscape and changing perspectives of part-time faculty.* San Francisco: Jossey-Bass.

Wallin, D. L. (2007). Part-time faculty and professional development: Notes from the field. In R. L. Wagoner (Ed.), *New directions for community colleges, no 140. The current landscape and changing perspectives of part-time faculty* (pp. 67-73). San Francisco: Jossey-Bass.

Yee, K. (2007). Ensuring an effective start for adjunct faculty: Orientation with multiple options. In R. E. Lyons (Ed.), *Best practices for Supporting adjunct faculty* (pp. 13-30). Bolton, MA: Anker.

第14章 キャリアの各段階における教員への支援

Austin, A. E. (2002a). Creating a bridge to the future: Preparing new faculty to face changing expectations in a shifting context. *Review of Higher Education, 26* (2), 119-144.

Austin, A. E. (2002b). Preparing the next generation of faculty: Graduate education as socialization to the academic career. *The Journal of Higher Education, 73* (2), 94-122.

Austin, A. E., & McDaniels, M. (2006). Preparing the professoriate of the future: Graduate student socialization for faculty roles. In J. C. Smart (Ed.), *Higher education: Handbook of theory and research, Vol. XXI* (pp. 397-456). Dordrecht, The Netherlands: Springer.

Austin, A. E., & Rice, R. E. (1998). Making tenure viable: Listening to early career faculty. *American Behavioral Scientist, 41* (5), 736-754.

Austin, A. E., Sorcinelli, M. D., & McDaniels, M. (2007). Understanding new faculty: Background, aspirations, challenges, and growth. In R. Perry & J. Smart (Eds.), *The scholarship of teaching and learning in higher education: An evidence-based perspective* (pp. 39-89). Dordrecht, The Netherlands: Springer.

Baldwin, R. G., DeZure, D., Shaw, Al, & Moretto, K. (2008). Mapping the terrain of mid-career faculty at a research university: Implications for faculty and academic leaders. *Change, 40* (5), 46-55.

Boice., R. (1992). *The new faculty member: Supporting and fostering professional development.* San Francisco Jossey-Bass.

Gappa, J. M., Austin, A. E., & Trice, A. G. (2007). *Rethinking faculty work: Higher education's strategic imperative.* San Francisco: Jossey-Bass.

Gappa, J. M., & MacDermid, S. M. (1997). *Work, family, and the faculty career. New Pathways Working Paper Series #8.* Washington, DC: American Association for Higher Education.

Golde, C. M. (1998). Beginning graduate school: Explaining first-year doctoral attrition. In M. S. Anderson (Ed.), *New directions for higher education, no. 101. The experience of being in graduate school: An exploration* (pp. 55-64). San Francisco: Jossey-Bass.

Golde, C. M., & Dore, T. M. (2001). *At cross purposes: What the experiences of today's doctoral students reveal about doctoral education.* Philadelphia: Pew Charitable Trusts.

Lindholm, J. A., Szelenyi, K., Hurtado, S., & Korn, W. S. (2005). *The American college teacher: National norms for the 2004-2005 HERI Faculty Survey.* Los Angeles University of California, Los Angeles, Higher Education Research Institute.

Menges, R. J. (1999). *Faculty in new jobs.* San Francisco: Jossey-Bass.

Moody, J. (2001). *Demystifying the profession: Helping junior faculty succeed.* New Haven, CT: University of New Haven Press.

National Association of Graduate-Professional Students. (2001). *The national doctoral program survey: Executive summary.* Washington, DC: National Association of Graduate-Professional Students.

Nerad, M., Aanerud, R., and Cerny, J. (2004). "So you want to become a professor!": Lessons from the PhDs-Ten Years Later study. In D. H. Wulff & A. E. Austin (Eds.), *Paths to the professoriate: Strategies for enriching the preparation of future faculty* (pp. 137-158). San Francisco: Jossey-Bass.

Nyquist, J. D., Manning, L., Wulff, D. H., Austin, A. E., Sprague, J., Fraser, P. K., Calcagno, C., & Woodford, B. (1999). On the road to becoming a professor: The graduate student experience. *Change, 31* (3),18-27.

Olsen, D., & Sorcinelli, M. D. (1992). The pretenure years: A longitudinal perspective. In M. D. Sorcinelli & A. E. Austin (Eds.), *New directions for higher education, no 48. Developing new and junior faculty* (pp. 15-25). San Francisco: Jossey-Bass.

Rice, R. E., & Sorcinelli, M. D. (2002). Can the tenure process be improved? In R. P. Chait (Ed.), *The questions of tenure* (pp. 101-124). Cambridge, MA: Harvard University Press.

Rice, R. E., Sorcinelli, M. D., & Austin, A. E. (2000). *Heeding new voices: Academic careers for a new generation.* Washington, DC: American Association of Higher Education.

Shih, M. Y., & Sorcinelli, M. D. (2007). Technology as a catalyst for senior faculty development. *Journal of Faculty Development, 21* (1), 23-31.

Solem, M. N., & Foote, K. E. (2004). Concerns, attitudes, and abilities of early career geography faculty. *Annuals of the Association of American Geographers, 1* (4), 889-912.

Sorcinelli, M. D. (2000). *Principles of good practice: Supporting early-career faculty. Guidance for deans, department chairs, and other academic leaders.* Washington, DC: American Association for Higher Education. Retrieved January 2, 2009, from http://www.umass.edu/cft/publications/early_career_faculty.pdf

Sorcinelli, M. D., & Austin, A. E. (Eds.). (1992). *New directions for higher education, no 50. Developing new and junior faculty.* San Francisco: Jossey-Bass.

Sorcinelli, M. D., & Austin, A. E. (2006). Developing faculty for new roles and changing expectations. *Effective Practices for Academic Leaders, 1* (11),1-16.

Sorcinelli, M. D., Austin, A. E., Eddy, P., & Beach, A. (2006). *Creating the future of faculty development: Learning from the past, understanding the present.* Bolton, MA：Anker.

Sorcinelli, M. D., Austin, A. E., & Trower, C. A. (2001). Paradise lost. *The Depart-

ment Chair, 12 (1), 1-3, 6-7.
Sorcinelli, M. D., & Jung, Y. (2006, June). *Mutual mentoring initiative: Envisioning a new culture of mentoring.* Poster presentation at the Fourth Annual International Conference on Teaching and Learning in Higher Education, Galway, Ireland.
Tierney, W. G., & Bensimon, E. M. (1996). *Promotion and tenure: Community and socialization in academe.* Albany: State University of New York Press.
Trower, C. A. (2005). How do junior faculty feel about your campus as a work place? *Harvard Institutes for Higher Education: Alumni Bulletin.* Cambridge, MA: Harvard University.
Trower, C. A., Austin, A. E., & Sorcinelli, M. D. (2001). Paradise lost: How the academy converts enthusiastic recruits into early career doubters. *American Association of Higher Education (AAHE) Bulletin, 53* (9), 3-6.
U.S. Department of Education, National Center for Education Statistics. (2004). *National Study of Postsecondary Faculty* (NSOPF:04). Washington, DC: Author. Retrieved January 2, 2009, from http://nces.ed.gov/pubsearch/pubsinfo.asp?pubid=2007175
Whitt, E. (1991). Hit the ground running: Experiences of new faculty in a school of education. *Review of Higher Education, 14* (2): 177-197.
Wulff, D. H., Austin, A. E., Nyquist, J. D., & Sprague, J. (2004). The development of graduate students as teaching scholars: A four-year longitudinal study. In D. H. Wulff & A. E. Austin (Eds.), *Paths to the professoriate: Strategies for enriching the preparation of future faculty* (pp. 46-73). San Francisco: Jossey-Bass.

第15章　組織開発

About the Commission. (2008). Retrieved January 30, 2009, from http://www.ed.gov/about/bdscomm/list/hiedfuture/about.html
Algert, N. E., & Stanley, C. A. (2007). Conflict management. *Effective Practices for Academic Leaders, 2* (9), 1-16.
Baron, L. (2006). The advantages of a reciprocal relationship between faculty development and organizational development in higher education. In S. Chadwick-Blossey & D. R. Robertson (Eds.), *To improve the academy: Vol. 24. Resources for faculty, instructional, and organizational development* (pp. 29-43). San Francisco: Jossey-Bass.
Bergquist, W. H. (1992). *The four cultures of the academy: Insight and strategies for improving leadership in collegiate organizations.* San Francisco: Jossey-Bass.
Bergquist, W. H., & Pawlak, K. (2008). *Engaging the six cultures of the academy: Revised and expanded edition of the four cultures of the Academy* (2nd ed.).

San Francisco: Jossey-Bass.

Boyer, E. (1990). *Scholarship reconsidered: Priorities of the professoriate.* Princeton, NJ: Carnegie Foundation for the Advancement of Teaching. (=1996, 有本章訳, 前掲書.)

Diamond, R. M. (2005). The institutional change agency: The expanding role of academic support centers. In S. Chadwick-Blossey (Ed.), *To improve the academy: Vol. 23. Resources for faculty, instructional, and organizational development* (pp. 24-37). Bolton, MA: Anker.

Gillespie, K. H. (2000). The challenge and test of our values: An essay of collective experience. *To improve the academy: Vol. 18. Resources for faculty, instructional, and organizational development* (pp. 27-37). Bolton, MA: Anker.

Gillespie, K. H. (Ed.). (2002). *A guide to faculty development: Practical advice, examples, and resources.* Bolton, MA: Anker.

Hutchings, P., & Shulman, L. S. (2007). *The scholarship of teaching: New elaborations, new developments.* Stanford CA. Carnegie Foundation for the Advancement of Teaching. Retrieved January 30, 2009, from http://www.carnegiefoundation.org/publications/sub.asp?key=452&subkey=613

Lee, V. S., Hyman, M. R., & Luginbuhl, G. (2007). The concept of readiness in the academic department: A case study of undergraduate education reform. *Innovative Higher Education, 32* (1), 19-34.

Lucas, A. F. (1994). *Strengthening departmental leadership: A team-building guide for chairs in colleges and universities.* San Francisco: Jossey-Bass.

Lucas, A. F. (2002). Increase your effectiveness in the organization: Work with department chairs. In K. Gillespie (Ed.), *A guide to faculty development: Practical advice, examples, and resources* (pp. 157-166). Bolton, MA: Anker.

Lucas, A. F., & Associates (2000). *Leading academic change: Essential roles for department chairs.* San Francisco: Jossey-Bass.

Office of Faculty and Organizational Development. (n. d.). Michigan State University. Retrieved January 30, 2009, from http://fod.msu.edu/

Palmer, P. J. (1998, October 9). Melange. *The Chronicle of Higher Education,* p. B12.

POD Network. (2003). *The mission.* Retrieved January 13, 2009, from http://podnetwork.org/about/mission.htm

Senge, P. M. (1990). *The fifth discipline: The art and practice of the learning organization.* New York: Doubleday. (=1995, 宇部信之訳, 前掲書.)

Sorcinelli, M. D., Austin, A. E., Eddy, P. L., & Beach, A. L. (2006). *Creating the future of faculty development: Learning from the past, understanding the present.* Bolton, MA: Anker.

Southern Association of Colleges and Schools (2008). *Principles of accreditation: Foundations for quality enhancement.* Atlanta: Southern Association of Col-

leges and Schools.
Stanley, C. A., & Algert, N. E. (2007). An exploratory study of the conflict management styles of department heads in a research university setting. *Innovative Higher Education, 32* (1), 49-66.
Teaching Learning Center. (n. d.). *Café conversations*. University of Nevada, Las Vegas. Retrieved January 30, 2009, from http://www2.tlc.unlv.edu/tlc/registration/winterspring.php?semester=spring&year=2009
The Quality Enhancement Plan. (2008). Southern Association of Colleges and Schools. Retrieved January 30, 2009, from http://www.sacscoc.org/pdf/081705/QEP%20Handbook.pdf
UW ADVANCE. (n. d.). *Leadership workshops*. Retrieved January 30, 2009, from http://www.engr.washington.edu/advance/workshops/
Walsh, D. C. (2006). *Trustworthy leadership: Can we be the leaders we need our students to become?* Kalamazoo, MI: Fetzer Institute.

あとがき

Angelo, T. A., & Cross, K. P. (1993). *Classroom assessment techniques: A handbook for college teachers.* San Francisco: Jossey-Bass.
Astin, A., et al. (1974), *Faculty development in a time of retrenchment.* New Rochelle, NY: Change.
Bergquist, W. (1992). *The four cultures of the academy.* San Francisco: Jossey-Bass.
Bergquist, W. (1995). *Quality through access, access with quality.* San Francisco: Jossey-Bass.
Bergquist, W., & Armstrong, J. (1986). *Planning effectively for educational quality.* San Francisco: Jossey-Bass.
Bergquist, W., & Pawlak, K. (2008). *Engaging the six cultures of the academy.* San Francisco: Jossey-Bass.
Birnbaum, R. (1988). *How colleges work: The cybernetics of academic organization and leadership.* San Francisco: Jossey-Bass.
Bledstein, B. (1976). *The culture of professionalism: The middle class and development of higher education in America.* New York: Norton.
Brown, W., & Shukraft, R. C. (1971). Personal development and professional practice in college and university professors. Unpublished doctoral dissertation, Graduate Theological Union, Berkeley, CA.
Friedman, M. (Ed.). (1973). *Facilitating faculty development.* San Francisco: Jossey-Bass.
Friedman, T. (2008). *Hot, flat, and crowded.* New York: Farrar, Straus & Giroux. (=2007, 伏見威蕃訳, 『グリーン革命—温暖化, フラット化, 人口過密化する社会』上・下, 日本経済新聞社.)

Gladwell, M. (2000). *The tipping point.* Boston: Little, Brown. (＝2007，高橋啓訳，『急に売れ始めるにはワケがある―ネットワーク理論が明らかにする口コミの法則』ソフトバンククリエイティブ．)

Lindquist, J. (1978). *Strategies for change.* Washington, DC: Council of Independent Colleges.

Rogers, E. (1962). *Diffusion of innovations* (1st ed.). New York: Free Press.

Rogers, E. (2003). *Diffusion of innovations* (5th ed.). New York: Free Press.

Sanford, N. (1980). *Learning after college.* Berkeley, CA: Montaigne Press.

Sorcinelli, M. D., Austin, A. E., Eddy, P. L., & Beach, A. L. (2006). *Creating the future of faculty development: Learning from the past, understanding the present.* Bolton, MA: Anker.

執筆者

編著者

ケイ・J・ガレスピー（Kay J. Gillespie）　コロラド州立大学名誉教授。コロラド大学ボルダー校でドイツ文学の博士号を取得。コロラド州立大学教授法サービスセンター副センター長，高等教育専門性開発ネットワーク（POD）会長を歴任。

ダグラス・L・ロバートソン（Douglas L. Robertson）　シラキュース大学で文化地理学の博士号を取得。フロリダ国際大学高等教育教授及び学士課程学部長。5つの大学で教授を務め，4つの大学で専門性開発センターを改革し，3つでセンター長を歴任。PODの運営委員，編集委員長を務める。

著者

アン・E・オースティン（Ann E. Austin）　ミシガン州立大学高等教育，生涯学習のMildred B. Erickson（ミルドレッド・B・エリクソン）卓越教授。ミシガン大学で高等教育の博士号を取得。研究・教育・学習統合センター（CIRTL）の主任共同研究員。ミシガン州高等教育機関長。FDに関する著作多数。アメリカの代表的なFD研究者の一人。

ウィリアム・H・バークィスト（William H. Bergquist）　大学院長として44冊の著作がある国際的なコンサルタント。PODの一員としてFDのシリーズを出版。*International Coaching in Organizations*の創刊者の一人。

ローラ・L・B・ボーダー（Laura L. B. Border）　コロラド大学大学院生教員プログラムのリーダー。コロラド大学ボルダー校でフランス文学の博士号を取得。*Collage and Montage*の共編者。2002〜2004年のPOD会長。CIRTLのコロラド大学リーダー。

ヘレン・バーンスタッド（Helen Burnstad）　ジョンソン郡コミュニティカレッジの職員・組織開発名誉センター長。アーカンサス大学から高等教育行政の修士号を取得。

ナンシー・バン・ノート・チズム（Nancy Van Note Chism）　インディアナ大学教育学部高等教育・学生支援教授。オハイオ州立大学から教育政策・リーダーシップの博士号を取得。インディアナ大学−パデュー大学インディアナポリス校で，FD活動及び組織開発を推進。

マーガレット・W・コーエン（Margaret W. Cohen）　ミズーリ大学セントルイス校教育心理学教授・専門開発担当副学長補佐，同大学教育・学習センターの創設時センター長。セントルイス・ワシントン大学で教育心理学の博士号を取得。

コンスタンス・ユーイング・クック（Constance Ewing Cook）　ミシガン大学副教務担当副学長補佐，同大学学習・教育研究センター長。教育診断担当教授。ボストン大学で政治科学の博士号を取得。

ドナ・E・エリス（Donna E. Ellis）　ウォータールー大学教授法センター副センター長。ウォータールー大学で言語学修士を取得。同大学経営科学の博士論文執筆候補者。

ジェニファー・L・フランクリン（Jennifer L. Franklin）　アリゾナ大学IR計画支援センター，教員及びコース評価部門上級コンサルタント。学習技術センター教授法開発及び評価専門家。インディアナ大学で教授システム技術の博士号を取得。

デビッド・ゴスリング（David Gosling）　高等教育コンサルタント。英国プリマス大学客員研究員。リーズ大学で教育哲学の博士号を取得。2002年まで東ロンドン大学の教育開発部門長。

シンシア・J・ホス（Cynthia J. Hoss）　グランサム大学の筆頭副学長。ネブラスカ大学リンカーン校でカリキュラム，授業，管理運営の教育博士号を取得。34年間，2年制の公私立カレッジ，4年制大学に勤務し，北米職員・プログラム・組織開発協議会（NCSPOD）の会長を2年間務める。

アラン・カリッシュ（Alan Kalish）　オハイオ州立大学大学教育推進センター長，教育政策・リーダーシップ併任教授。インディアナ大学で英米文学の博士号を取得。

サリー・クーレンシュミット（Sally Kuhlenschmidt）　1994年までウェスタンケンタッキー大学で卓越した教育のための大学教員センター長。パデュー大学で臨床心理学博士を取得し，PODの遠隔会議システムを立ち上げ，遠隔会議資源委員会の委員を長く務める。

バージニア・S・リー（Virginia S. Lee）　高等教育コンサルタント。コース及びカリキュラム開発，探求学習，機関レベルの教育改革の企画立案業務。*Teaching and Learning Through Inquiry: A Guidebook for Institutions and Instructors*（2004）の編集。2008年にはPOD会長。ノースカロライナ大学チャペルヒル校で教育心理学の博士号を取得。

ミシェル・マリンコビッチ（Michele Marincovich）　スタンフォード大学の教育・学習センター長，学士課程教育担当副学長補佐。ジョージタウン大学で東アジア史の博士号を取得。前POD会長。

キム・M・ムーニィ（Kim M. Mooney）　フランクリン・ピース大学学士課程同窓会副会長。教務担当副学長。ニューハンプシャー大学で社会心理学の博士号を取得。セントローレンス大学の教育・学習センター創設時のセンター長，同大学副学長補佐。

エド・ニール（Ed Neal）　ノースカロライナ大学チャペルヒル校で成人高等教育の博士号を取得。同校のファカルティ・ディベロップメント創設時の室長。現在高等教育コンサルタント。

レズリー・オルトクイスト‐アーレン（Leslie Ortquist-Ahrens）　オターバインカレッジ教育・学習センター長，外国語准教授。インディアナ大学でドイツ大衆文化比較の博士号を取得。初年次教育で「グローバル市民」を担当し，総合学習を講義。

マシュー・L・オウレット（Mathew L. Ouellett）　マサチューセッツ大学アマースト校教育センター長。同大学から公正教育で教育博士号を取得。スミスカレッジでファカルティ・ディベロップメント・プログラムの実施に責任を持ち，アメリカにおける人種差別と社会事業についての講義を担当。

アイオラ・ピード‐ニール（Iola Peed-Neal）　ノースカロライナ大学グリーンボロ校で美術学の修士号を取得し，ノースカロライナ大学チャペルヒル校で教育・学習センター長補佐，ファカルティ・ディベロッパー。2008年に退職後，教育改善のコンサルタント。

キャスリン・M・プランク（Kathryn M. Plank）　オハイオ州立大学大学教育推進センター副センター長。教育政策リーダーシップの非常勤准教授。ペンシルバニア州立大学から英語学の博士号を取得。

マイケル・レダー（Michael Reder）　コネチカットカレッジ・ジョイ・シッチマン・マンコフ教育・学習センター長。マサチューセッツ大学アマースト校で英文学の博士号を取得。POD刊行物 *Essays on Teaching Excellence*，PODシリーズ *Thriving in Academe* の顧問委員会委員。雑誌 *Innovative Higher Education* の編集査読委員。

メアリー・ディーン・ソルチネッリ（Mary Deane Sorcinelli）　マサチューセッツ大学アマースト校の教育政策，研究，運営の教授。同校FD担当副学長補佐。マサチュー

セッツ大学アマースト校で教育政策，研究，運営の教育博士号を取得。インディアナ大学ブルーミングトン，マサチューセッツ大学アマースト校で20年以上にわたり，専門性開発及び組織開発に従事。

クリスティン・A・スタンレー（Christine A. Stanley） テキサスA&M大学教授。多様性推進担当筆頭副学長補佐兼副学長。テキサスA&M大学でカリキュラム・教授法の博士号を取得。2000-2001年POD会長。

テリー・A・ター（Terri A. Tarr） インディアナ大学-パデュー大学インディアナポリス校（IUPUI）心理学部非常勤教員，同大学教育・学習センター副センター長。パデュー大学で学校心理学の修士号及び博士号を取得。ボール州立大学で学士号を取得。1998-2006年までIUPUIファカルティ支援室長を務める。

マイケル・ジオール（Michael Theall） ヤングストン州立大学（YSU）教師教育担当准教授。2009年のPOD会長。シラキュース大学でインストラクショナル・デザイン，開発，評価で博士号を取得。大学院教育，初年次教育を担当し，シラキュース大学ビーグリィ教育カレッジの専門性開発プログラムを運営。

フランクリン・トゥーイット（Franklin Tuitt） デンバー大学モルグリッジ教育カレッジの高等教育プログラム長，助教。ハーバード教育大学院で博士号を取得。

リンダ・M・フォン・ヘーネ（Linda M. von Hoene） カリフォルニア大学バークレー校の大学院生講師教育・資源センター長。UCバークレーの大学院生に高等教育の学習，コースデザインを指導。

キャスリン・M・ウェールバーグ（Catherine M. Wehlburg） テキサス基督教大学の評価・質強化室長。フロリダ大学で教育心理学の博士号を取得。

トッド・D・ザカライセック（Todd D. Zakrajsek） ノースカロライナ大学チャペルヒル校の優秀教員センター長。セントラルミシガン大学に教育革新センター，サウスオレゴン大学に教育・学習センターを創設。サウスオレゴン大学では心理学部准教授。

翻 訳 者

羽田貴史［はた・たかし］（監訳）
広島大学名誉教授・東北大学名誉教授。北海道大学大学院教育学研究科博士課程中退，修士（教育学）。福島大学助教授，広島大学高等教育開発研究センター教授，東北大学高度教養教育・学生支援機構教授を経て退職。研究分野：大学史・高等教育論。主な著書：『東北大学ライブラリィ7　大学教員の能力—形成から開発へ—』（共著，東北大学出版会，2013），『もっと知りたい大学教員の仕事　大学を理解するための12章』（編著，ナカニシヤ出版，2015），『グローバル時代の教養教育を求めて』（編著，東北大学出版会，2018）。

今野文子［こんの・ふみこ］
学習・研修デザイナー（フリーランス／マレーシア在住）。東北大学大学院教育情報学教育部博士課程後期修了，博士（教育情報学）。メルボルン大学高等教育研究センター博士研究員，東北大学高等教育開発推進センター助教，東北大学高度教養教育・学生支援機構講師を経て現職。研究分野：教育工学。主な著書：『PDブックレット　授業参観のすすめ』（編著，東北大学高度教養教育・学生支援機構，2017）。

串本　剛［くしもと・たけし］
東北大学高度教養教育・学生支援機構准教授。広島大学教育学研究科博士課程修了，博士（教育学）。首都大学東京助教，東北大学高等教育開発推進センター講師を経て現職。研究分野：高等教育論。主な著書：濱名篤他編『大学改革を成功に導くキーワード30』（分担執筆，学事出版，2012），『大学教員の能力—形成から開発へ—』（分担執筆，東北大学出版会，2013）。

立石慎治［たていし・しんじ］
国立教育政策研究所高等教育研究部研究員，同生徒指導・進路指導研究センター研究員（併任）。広島大学大学院教育学研究科博士課程後期修了，博士（教育学）。東北大学高等教育開発推進センター助教，同大学教育支援センター研究開発員を経て現職。研究分野：高等教育論。主な著書：小方直幸編『高等教育研究叢書108　企業からみた専門学校教育』（分担執筆，学事出版，2012），『大学教員の能力—形成から開発へ—』（分担執筆，東北大学出版会，2013）。

杉本和弘［すぎもと・かずひろ］
東北大学高度教養教育・学生支援機構教授．同教育評価分析センター長。名古屋大学大学院教育学研究科博士課程修了，博士（教育学）。広島大学高等教育研究開発センターCOE研究員，大学評価・学位授与機構評価研究部准教授，鹿児島大学教育センター高等教育研究開発部准教授，東北大学高等教育開発推進センター准教授を経て現職。研究分野：比較教育学，高等教育論。主な著書：『高等教育質保証の国際比較』（共編著，東信堂，2009）。

佐藤万知［さとう・まち］
広島大学高等教育研究開発センター・准教授。オックスフォード大学教育学部博士課程修了。DPhil（OXON）。東北大学高等教育開発推進センター講師を経て現職。研究分野：高等教育論。主な著書：*Dilemmas of Public University Reform in Malaysia*（Monash University Press, 2007）. Gornall, L., Cook, C., Daunton, L., Salisbury, J., and Thomas, B., eds., *Academic Working Lives: Experience, Practice and Change*（分担執筆，Bloomsbury, 2013）。

索　引

[あ行]

アメリカ高等教育学会のプログラム評価の指針　97, 98
委員会業務と教員によるガバナンス　260
ウェブサイト
　FD活動　155；ニュースレター　67, 156；「高等教育専門性開発ネットワーク」(POD Network) を参照
ウェブ上のリソース　74
運営と時間管理　83, 84
HBCUファカルティ・ディベロップメント・ネットワーク　25
FD委員会のイベントへの参加　68
FDモデル
　小規模カレッジの―　189-195
オーストラレーシア高等教育研究・開発協会　135
オハイオ州立大学教育アカデミー　176
オリエンテーション　33, 64, 65, 228, 231
オンライン・プログラム　227

[か行]

会議，会合（カンファレンス），大会　73, 85, 201, 211, 248
外国からの仲間の招聘　138
開発担当者のための国際会議　136
開発担当者のための国際機関誌　136
学習評価技術（CATs）　123
学生の学習の評価
　ファカルティ・ディベロップメントと―　19, 22
学科長や他のアドミニストレーターとの協働　245, 256-258
カナダ高等教育教育・学習協会（STLHE）　135, 158
ガバナンス組織　76
カリキュラム改革
　研究大学における―　175
カリキュラムの改善　22
カリキュラムの知識　115
カレッジと総合大学　「小規模カレッジ」

「研究大学」を参照
刊行物　60, 61, 72, 73, 155, 156
関連資料　60, 61
　既刊文献　72, 73；ニュースレター　67, 155, 156
機関誌　→専門誌
機関文化
　規模　185
規模と教育する文化　184-186
キャリア初期の大学教員　237-242
キャリア中期の大学教員　242-246
キャリア後期の大学教員　246, 247
教育
　―と学習の向上に関する一般的指針　124, 125；―と研究　188；意図的―　187
教育イノベーションへの資金提供　178
教育開発担当者のスキルと知識
　―に関する結論　86, 87；一般的な―　71-74；運営，複数の仕事，仕事管理　77-79；教育機関の問題　75-77；コミュニケーションスキル　79-82；人材管理と財源管理　84, 85；文章能力　82, 83；ワークショップ　85, 86
教育開発担当者のコミュニケーションスキル　79-83
教育開発担当者のための倫理指針　53, 120
教育開発に関する図書　72, 73
教育開発の定義　39
教育開発プログラムの開始
　教育用テクノロジー　47, 48, 176, 177；サービス　51-53；助言グループ　53；ディレクター　49-51；ブランド構築　53, 54；ミッション　44-47；予算，収支　48, 84, 85；倫理指針　53, 120
教育開発プログラムのディレクター
　小規模カレッジの―　185, 186；理想的な―　49, 50；固定または交代制　50, 51
教育開発プログラムの予算　48, 85；「補助金助成プロジェクトの運営」も参照
教育学の知識　115, 116；「プログラムの型と原型」も参照

教育機関のガバナンスに関する文書　76,
　　77
教育実践の評価
　　―に関する結論 126；学習評価の手段
　　122, 123；学生の動機づけ 117, 118；教
　　育と学習の向上に関する一般的指針
　　124, 125；教育評価の手段 120-122；教
　　師の知識 114-116；形成的目的と総括的
　　目的のためのデータ 111, 112；授業研
　　究と教育と学習に関する学究的活動
　　123, 124；大学教育の諸側面 116；大学
　　の影響 117
教育スキル（大学院生）　208, 209
教育スタイルと教育方法の多様性の重視
　　187, 188
教育と学習に関する学究的活動（SoTL）
　　72, 123, 124, 180, 181
教育内容の知識　114-116
教育に対する学生の評価　116, 117, 120,
　　121
教育用テクノロジー組織との統合　37
教師の知識とファカルティ・ディベロッ
　　パー　114-116
研究大学
　　―におけるFD活動 175-181；―におけ
　　る教育センターの使命 168-170；―にお
　　けるセンターのリーダーシップに関する
　　指針 170-175；―に関する結論 182
高等教育専門性開発ネットワーク（POD
　　Network）　3, 25, 31, 42, 43, 60, 152
　　―刊行物 61, 73；―綱領 248；―小規
　　模カレッジ委員会 183, 184；―年次大
　　会 61, 201, 211, 249；―のウェブサイ
　　ト 30, 46, 57, 73, 114, 158；―の会員数
　　27；―の設立 16；―倫理指針 53, 81；
　　TAの訓練（育成、開発）と― 201-
　　203；リストサーブ 114
高等教育の環境がもたらす課題と複雑さ
　　253-256
公民権法　201
国際FD活動のための資金調達　140
国際教育開発コンソーシアム　134, 213
国際教育・学習研究学会　136
個人とのコミュニケーションと集団とのコ
　　ミュニケーション　82

コンサルテーション　212；「メンター」
　　「メンタリング」も参照
　　個人―　33

[さ行]

サバティカル（研究休暇）　14, 245
授業観察　33, 63, 64, 80, 86, 122
授業研究と教育と学習に関する学究的活動
　　（SoTL）　123, 124, 180, 181
守秘義務　53, 80, 81, 120, 122
小委員会活動　65-67
小規模カレッジ
　　―に関する結論 198, 199；―のFDの管
　　理運営 189-193；―のFDモデル 189-
　　194；―の指針となる原則 186-188；―
　　のための実際的戦略 195-198；―の定
　　義 184-186
小規模カレッジ委員会（PODネットワー
　　ク）　183, 184
小グループ授業分析（SGID）　33, 101, 121
助言グループ　53
迅速コース分析　121
スキルと知識
　　大学院生が必要とする―　207-211；「教
　　育開発担当者のスキルと知識」を参照
スタンフォード大学教育・学習センター
　　（CTL）　167, 171, 173
専門誌
　　―と大学院生 203；開発担当者のための
　　国際機関誌 136
専門職の国際組織　134-136
総合大学　「小規模カレッジ」「研究大学」
　　を参照
組織開発
　　―に関する結論 264, 265；―の定義
　　250；学部、全学レベルの組織と― 259,
　　260；学科長、アドミニストレーターと
　　― 256-259；関係性と― 250, 251；高
　　等教育環境の複雑さと― 253-256；文脈
　　と― 251, 252；委員会業務と教員によ
　　るガバナンス 260, 261；コミュニティ
　　と集団過程 261-263
組織文化
　　規模 184-186；→機関文化

[た行]

大会 →会議
大学院生及び専門職大学院の学生
　―の修了認定プログラム　206；―の専門誌　203；―のソクラテス・ポートフォリオ　210, 211；―の大学教員準備プロジェクト　21, 204, 205；―のための訓練の背景　21, 201；―のための知識・技術　211, 212；―のメンタリング　206, 209；―のライティング・プログラム　205, 206；―のリーダーシップ・プログラム　206；―向け専門性開発の見本　212；TAプログラム　203, 204
大学院生が必要とするスキルと知識　207-211
大学開発の定義　39
大学教員準備プログラム　21, 204
大学教員のキャリアの各段階
　―の概説　234, 237；キャリア初期　237, 242；キャリア中期　242-246；キャリア後期　246, 247
大学教員の役割の複雑化　20-22
大学当局（協働）　81, 245, 256-260
卓越した教育に関する教員コロキウム　226
多文化に対応したFD活動
　研究大学における―　172
多様性の問題
　研究大学と―　172；ファカルティ・ディベロップメントについての概観と―　24-26
中等後教育改善財団　154
TAプログラム　203；「大学院生及び専門職大学院の学生」を参照
ティーチング・サークル　34
ティーチング・ポートフォリオ　121, 122, 210, 211, 230
テクノロジー
　―に関する結論　159；―の影響　19, 23, 24；―の倫理的，法的利用　152；―への大学教員の反応　144-147；―を効果的に使う上での4つの課題　143；FD活動と―　154-156；管理業務と―　156-158；教育用―　47, 48, 176, 177；教師の評価と―　153, 154；デジタル情報に関するリテラシーと―　150；評価と―　152-154；問題解決技能と―　150, 151；技術サポート・トレーニング　66；統合　148, 149；評価方法　147, 148
テニュア・昇進関連の準備　65
テニュアのプロセス　92, 238, 239
動機付けと学習　117, 118

[な行]

ニーズ・関心事の調査　66, 67, 77, 78, 105, 106
ニュースレター　67, 156
　関連資料　60, 61；既刊文献　72, 73

[は行]

発達・教育評価センター　114
PODネットワーク　→高等教育専門性開発ネットワーク
PODネットワーク小規模カレッジ委員会　183, 184
非常勤教員
　―と常勤教員との比較　222；―に関する結論　233；―に対する認識および態度　222, 223；―の概況　219-221；―の数　221, 222；―の種類　221, 222；―のためのオリエンテーション　228-230；―のためのオンライン・プログラム　227；―のための教育活動への支援　230-232；―のための専門性開発プログラム　224-228；―のための表彰と報奨　232；―のニーズ　228-232；―への対価　226, 227
ビデオ撮影　121, 122
秘密保持　→守秘義務
ファカルティ・ディベロップメント
　―の定義　18-19；「教育開発プログラム」も参照
ファカルティ・ディベロップメント委員会
　―に関する結論　69；他部局との調整と―　62；運営　62；管理　60；Q＆A　67；使命　57；小委員会活動　65；プログラムの企画　63；メンバー　59；目標　58
ファカルティ・ディベロップメントに関する活動の各段階　15-18
ファカルティ・ディベロップメントについ

索引　337

ての概観
カリキュラムの改善 22；教員と学生の多様性 24-26；現在の課題 19, 20；言葉 13, 14；大学教員の役割 20-22；段階 15-18；テクノロジー 23, 24；用語 18, 19；歴史 14, 15

ファカルティ・ディベロップメントの国際展開
グローバル化と― 127, 128；外国からの仲間の招聘 138；開発・研究プロジェクトにおける協働 138；教育開発センターの課題 133；国際FD活動のための資金調達 140；国際的な視点から見た概説 129；仲間との協働 137

ファカルティ・ラーニング・コミュニティ 34

フォーカスグループ 77

復員兵援護法 201

プログラムの型と原型
―に関する結論 39, 40；―の背景 27-29；新しいタイプのプログラム 36-39；センターの種類 29-32；プログラムのカテゴリー 32-36

プログラムのブランド構築 53, 54

プログラム評価
―と目標の統合 98-100；―に関する結論 109, 110；―のサイクル 100-109；―の重要性 95；―のためのAAHEの指針 97, 98；―の文脈 95-97

プログラム評価のサイクル 100
成果と測定の決定 102-104；データの解釈と報告 106-108；データの収集 104-106；目標設定 100；ループを完結する 108, 109

文章能力（教育開発担当者） 82, 83

変化を導く評価
ファカルティ・ディベロップメントと― 22

補助金助成プロジェクトの運営 34

[ま行]

マーケティング
非常勤教員と― 227, 228

ミシガン大学学習・教育研究センター 27, 167, 173, 174

ミッション
教育開発プログラムの― 44-46

メンター 21, 206, 212, 242

メンタリング 209, 246

[ら・わ行]

労働組合化の進んだ教育機関 75

ワークショップ 32, 212
―の実施 85；卒業生のための― 212；テニュア・昇進関連の準備をするための― 65

Best Practices for Supporting Adjunct Faculty 224

Change（雑誌） 60

Chronicle of Higher Education（週刊誌） 83, 255

The Teaching Professor 114

「Tomorrow's Professor」リストサーブ 74

FD ガイドブック
大学教員の能力開発

2014年2月25日 初版第1刷発行
2018年7月10日 初版第2刷発行

編著者	ケイ J. ガレスピー
	ダグラス L. ロバートソン
監訳者	羽田貴史
訳　者	今野文子　串本剛　立石慎治
	杉本和弘　佐藤万知
発行者	小原芳明
発行所	玉川大学出版部

〒194-8610 東京都町田市玉川学園6-1-1
TEL 042-739-8935　FAX 042-739-8940
http://www.tamagawa.jp/up/
振替　00180-7-26665

装幀　　　　　渡辺澪子
印刷・製本　　藤原印刷株式会社
乱丁・落丁本はお取り替えします。
©Tamagawa University Press 2014　Printed in Japan
ISBN978-4-472-40487-0 C3037 / NDC377

玉川大学出版部の本

学びのティップス　大学で鍛える思考法
近田政博 著

大学での学習法・思考法や自発的に学ぶ習慣をつけるコツの数々を紹介する。高校時代とは異なる大学の授業や学習のスタイルにどのように適応すればいいかを詳しく解説。
A5判並製・104頁　本体1,200円

＊

大学生のための「読む・書く・プレゼン・ディベート」の方法
松本茂，河野哲也 著

知的な学生生活，社会人生活に必要な4つの基礎力の本質を，正攻法で伝授。情報の収集・整理のしかたから主張・議論のしかたまでを，実践的に身につける。
A5判並製・160頁　本体1,400円

＊

大学教員のための授業方法とデザイン
佐藤浩章 編

大学教員に求められる知識と技能を提供。授業で学習内容をどう構成するか，どう教えるのかを説明する。すぐに使える資料や授業実践例を掲載。
AB判並製・160頁　本体2,300円

＊

学生の理解を重視する大学授業
ノエル・エントウィスル 著／山口栄一 訳

教科を深く理解する力を学生に身につけさせるには大学教師はどのような授業をすればいいのか。教科の体系によって異なる教授法の具体例，よい授業のポイントを解説する。
B5判並製・212頁　本体3,300円

＊

学習経験をつくる大学授業法
L. ディー・フィンク 著／土持ゲーリー法一 監訳

学生が能動的に学習できるようにするにはどのような授業をすればよいのか。意義のある学習経験をつくる統合的なコースデザインや学習目標を効果的に達成するツールを紹介。
A5判並製・344頁　本体3,800円

表示価格は税別です。

玉川大学出版部の本

大学教育の再構築　学生を成長させる大学へ
金子元久 著

大学教育の根本的な問い直しが迫られている。教育と学習の大規模な調査結果を分析。知識や汎用能力を獲得して自己を確立する教育プログラムの重要性や職業との関連を考察。
A5上製・224頁　本体3,800円

＊

学びの質保証戦略
山田礼子 著

学生の学習成果の評価や学びの質保証，大学ランキング，高大接続などの問題に各国の大学はどのように対処しているのか。成長著しいアジア諸国や英米豪の大学の戦略を探る。
A5判並製・180頁　本体2,600円

＊

授業評価活用ハンドブック
山地弘起 編著

学生による授業評価の歴史と機能から，アンケートのつくり方，評価を授業に生かす方法など，授業評価のすべてを概観するのに最適な手引き書。
A5判並製・216頁　本体3,400円

＊

学びを共有する大学授業　ライフスキルの育成
島田博司 著

学生が人間関係力や社会性を身に付け充実した大学生活を送れるように「自分史エッセイづくり」等のプロジェクトを実践。ライフスキルを育成する大学授業のあり方を考える。
A5判並製・340頁　本体3,500円

＊

アメリカの産学連携と学問的誠実性
宮田由紀夫 著

産学連携が活発に行われる一方，学問的誠実性が歪められてきている。産学連携の先進国アメリカにおける不正や捏造の実態と，弊害を減らし便益を最大にする方策を分析する。
A5上製・264頁　本体4,200円

表示価格は税別です。

玉川大学出版部の本

IR 実践ハンドブック　大学の意思決定支援

リチャード D. ハワード 編／大学評価・学位授与機構 IR 研究会 訳

学習成果や学内の情報を分析した結果を自己評価や質保証，計画策定につなげていく技術やデータ分析の手法を解説。説明責任を果たし意思決定，戦略形成に寄与するノウハウを網羅。

A5判並製・356頁　本体3,600円

*

大学の IR　Q&A

中井俊樹，鳥居朋子，藤井都百 編

教育活動や経営活動の改善，外部評価への対応など大学の意思決定を支援する IR の業務を解説。データの収集や分析の方法，報告提案の留意点などの実践的知識・技能を紹介。

A5並製・212頁　本体2,000円

*

大学の教務　Q&A

中井俊樹，上西浩司 編

教務の業務を遂行する上で知っておきたい実践的知識を Q & A 形式で学ぶ。経験豊富な職員らが，現場で蓄積された知識や具体的対応策を回答。短大，大学院，高専にも好適。

A5判並製・184頁　本体1,500円

*

大学教育を変える教育業績記録　ティーチング・ポートフォリオ作成の手引

ピーター・セルディン 著／大学評価・学位授与機構 監訳／栗田佳代子 訳

教育業績の評価と教育活動の改善のために使用されるティーチング・ポートフォリオ。その作成方法から，学問領域別の実例までを詳説。ベストセラー第 3 版の邦訳。

A5判並製・400頁　本体5,500円

*

ベストプロフェッサー

ケン・ベイン 著／高橋靖直 訳

ベストプロフェッサー63人の授業の進め方や学生への接し方を分析。学生のやる気を起こし，効果的な学習環境を創造する方法を紹介。優れた大学教師のティーチングの基本。

A5判並製・216頁　本体3,000円

表示価格は税別です。